优婆塞戒经

中国佛学经典宝藏

86

能 学 译

星云大师总监修

人民东方出版传媒
东方出版社

图书在版编目（CIP）数据

优婆塞戒经 / 能学 译 . —北京：东方出版社，2018.11
（中国佛学经典宝藏）
ISBN 978 - 7 - 5060 - 8635 - 6

Ⅰ . ①优… Ⅱ . ①能… Ⅲ . ①佛经 Ⅳ . ① B942

中国版本图书馆 CIP 数据核字（2015）第 299845 号

本书中文简体字版权由上海大觉文化传播有限公司独家授权出版
中文简体字版专有权属东方出版社

优婆塞戒经
（YOUPOSEJIE JING）

译　　者：能　学
责任编辑：王梦楠
出　　版：东方出版社
发　　行：人民东方出版传媒有限公司
地　　址：北京市东城区东四十条 113 号
邮　　编：100007
印　　刷：北京京都六环印刷厂
版　　次：2018 年 11 月第 1 版
印　　次：2018 年 11 月第 1 次印刷
开　　本：880 毫米 ×1230 毫米　1/32
印　　张：14.375
字　　数：243 千字
书　　号：ISBN 978 - 7 - 5060 - 8635 - 6
定　　价：68.00 元
发行电话：（010）85924663　85924644　85924641

总序

星云

自读首楞严，从此不尝人间糟糠味；

认识华严经，方知已是佛法富贵人。

诚然，佛教三藏十二部经有如暗夜之灯炬、苦海之宝筏，为人生带来光明与幸福，古德这首诗偈可说一语道尽行者阅藏慕道、顶戴感恩的心情！可惜佛教经典因为卷帙浩瀚、古文艰涩，常使忙碌的现代人有义理远隔、望而生畏之憾，因此多少年来，我一直想编纂一套白话佛典，以使法雨均沾，普利十方。

一九九一年，这个心愿总算有了眉目。是年，佛光山在中国大陆广州市召开"白话佛经编纂会议"，将该套丛书定名为《中国佛教经典宝藏》①。后来几经集思广

---

① 编者注：《中国佛教经典宝藏》丛书，大陆出版时改为《中国佛学经典宝藏》丛书。

益，大家决定其所呈现的风格应该具备下列四项要点：

一、**启发思想**：全套《中国佛教经典宝藏》共计百余册，依大乘、小乘、禅、净、密等性质编号排序，所选经典均具三点特色：

1. 历史意义的深远性
2. 中国文化的影响性
3. 人间佛教的理念性

二、**通顺易懂**：每册书均设有原典、注释、译文等单元，其中文句铺排力求流畅通顺，遣词用字力求深入浅出，期使读者能一目了然，契入妙谛。

三、**文简意赅**：以专章解析每部经的全貌，并且搜罗重要的章句，介绍该经的精神所在，俾使读者对每部经义都能透彻了解，并且免于以偏概全之谬误。

四、**雅俗共赏**：《中国佛教经典宝藏》虽是白话佛典，但亦兼具通俗文艺与学术价值，以达到雅俗共赏、三根普被的效果，所以每册书均以题解、源流、解说等章节，阐述经文的时代背景、影响价值及在佛教历史和思想演变上的地位角色。

兹值佛光山开山三十周年，诸方贤圣齐来庆祝，历经五载、集二百余人心血结晶的百余册《中国佛教经典宝藏》也于此时隆重推出，可谓意义非凡，论其成就，则有四点可与大家共同分享：

一、**佛教史上的开创之举**：民国以来的白话佛经翻译虽然很多，但都是法师或居士个人的开示讲稿或零星的研究心得，由于缺乏整体性的计划，读者也不易窥探佛法之堂奥。有鉴于此，《中国佛教经典宝藏》丛书突破窠臼，将古来经律论中之重要著作，做有系统的整理，为佛典翻译史写下新页！

二、**杰出学者的集体创作**：《中国佛教经典宝藏》丛书结合中国大陆北京、南京各地名校的百位教授、学者通力撰稿，其中博士学位者占百分之八十，其他均拥有硕士学位，在当今出版界各种读物中难得一见。

三、**两岸佛学的交流互动**：《中国佛教经典宝藏》撰述大部分由大陆饱学能文之教授负责，并搜录台湾教界大德和居士们的论著，借此衔接两岸佛学，使有互动的因缘。编审部分则由台湾和大陆学有专精之学者从事，不仅对中国大陆研究佛学风气具有带动启发之作用，对于台海两岸佛学交流更是帮助良多。

四、**白话佛典的精华集萃**：《中国佛教经典宝藏》将佛典里具有思想性、启发性、教育性、人间性的章节做重点式的集萃整理，有别于坊间一般"照本翻译"的白话佛典，使读者能充分享受"深入经藏，智慧如海"的法喜。

今《中国佛教经典宝藏》付梓在即，吾欣然为之作序，并借此感谢慈惠、依空等人百忙之中，指导编修；吉广舆等人奔走两岸，穿针引线；以及王志远、赖永海等大陆教授的辛勤撰述；刘国香、陈慧剑等台湾学者的周详审核；满济、永应等"宝藏小组"人员的汇编印行。他们的同心协力，使得这项伟大的事业得以不负众望，功竟圆成！

《中国佛教经典宝藏》虽说是大家精心擘划、全力以赴的巨作，但经义深邃，实难尽备；法海浩瀚，亦恐有遗珠之憾；加以时代之动乱，文化之激荡，学者教授于契合佛心，或有差距之处。凡此失漏必然甚多，星云谨以愚诚，祈求诸方大德不吝指正，是所至祷。

一九九六年五月十六日于佛光山

原版序
敲门处处有人应

星云

　　《中国佛教经典宝藏》是佛光山继《佛光大藏经》之后，推展人间佛教的百册丛书，以将传统《大藏经》精华化、白话化、现代化为宗旨，力求佛经宝藏再现今世，以通俗亲切的面貌，温渥现代人的心灵。

　　佛光山开山三十年以来，家师星云上人致力推展人间佛教，不遗余力，各种文化、教育事业蓬勃创办，全世界弘法度化之道场应机兴建，蔚为中国现代佛教之新气象。这一套白话精华大藏经，亦是大师弘教传法的深心悲愿之一。从开始构想、擘划到广州会议落实，无不出自大师高瞻远瞩之眼光，从逐年组稿到编辑出版，幸赖大师无限关注支持，乃有这一套现代白话之大藏经问世。

　　这是一套多层次、多角度、全方位反映传统佛教文化的丛书，取其精华，舍其艰涩，希望既能将《大藏经》

深睿的奥义妙法再现今世，也能为现代人提供学佛求法的方便舟筏。我们祈望《中国佛教经典宝藏》具有四种功用：

一、是传统佛典的精华书

中国佛教典籍汗牛充栋，一套《大藏经》就有九千余卷，穷年皓首都研读不完，无从赈济现代人的枯槁心灵。《宝藏》希望是一滴浓缩的法水，既不失《大藏经》的法味，又能有稍浸即润的方便，所以选择了取精用弘的摘引方式，以舍弃庞杂的枝节。由于执笔学者各有不同的取舍角度，其间难免有所缺失，谨请十方仁者鉴谅。

二、是深入浅出的工具书

现代人离古愈远，愈缺乏解读古籍的能力，往往视《大藏经》为艰涩难懂之天书，明知其中有汪洋浩瀚之生命智慧，亦只能望洋兴叹，欲渡无舟。《宝藏》希望是一艘现代化的舟筏，以通俗浅显的白话文字，提供读者遨游佛法义海的工具。应邀执笔的学者虽然多具佛学素养，但大陆对白话写作之领会角度不同，表达方式与台湾有相当差距，造成编写过程中对深厚佛学素养与流畅白话语言不易兼顾的困扰，两全为难。

三、是学佛入门的指引书

佛教经典有八万四千法门，门门可以深入，门门是无限宽广的证悟途径，可惜缺乏大众化的入门导览，不易寻觅捷径。《宝藏》希望是一支指引方向的路标，协助十方大众深入经藏，从先贤的智慧中汲取养分，成就无上的人生福泽。

四、是解深入密的参考书

佛陀遗教不仅是亚洲人民的精神归依，也是世界众生的心灵宝藏。可惜经文古奥，缺乏现代化传播，一旦庞大经藏沦为学术研究之训诂工具，佛教如何能扎根于民间？如何普济僧俗两众？我们希望《宝藏》是百粒芥子，稍稍显现一些须弥山的法相，使读者由浅入深，略窥三昧法要。各书对经藏之解读诠释角度或有不足，我们开拓白话经藏的心意却是虔诚的，若能引领读者进一步深研三藏教理，则是我们的衷心微愿。

大陆版序一

（签名）

　　《中国佛教经典宝藏》是一套对主要佛教经典进行精选、注译、经义阐释、源流梳理、学术价值分析，并把它们翻译成现代白话文的大型佛学丛书，成书于二十世纪九十年代，由台湾佛光文化事业有限公司出版，星云大师担任总监修，由大陆的杜继文、方立天以及台湾的星云大师、圣严法师等两岸百余位知名学者、法师共同编撰完成。十几年来，这套丛书在两岸的学术界和佛教界产生了巨大的影响，对研究、弘扬作为中国传统文化重要组成部分的佛教文化，推动两岸的文化学术交流发挥了十分重要的作用。

　　《中国佛学经典宝藏》则是《中国佛教经典宝藏》的简体字修订版。之所以要出版这套丛书，主要基于以下的考虑：

　　首先，佛教有三藏十二部经、八万四千法门，典籍浩瀚，博大精深，即便是专业研究者，穷其一生之精力，恐也难阅尽所有经典，因此之故，有"精选"之举。

其次，佛教源于印度，汉传佛教的经论多译自梵语；加之，代有译人，版本众多，或随音，或意译，同一经文，往往表述各异。究竟哪一种版本更契合读者根机？哪一个注疏对读者理解经论大意更有助益？编撰者除了标明所依据版本外，对各部经论之版本和注疏源流也进行了系统的梳理。

再次，佛典名相繁复，义理艰深，即便识得其文其字，文字背后的义理，诚非一望便知。为此，注译者特地对诸多冷僻文字和艰涩名相，进行了力所能及的注解和阐析，并把所选经文全部翻译成现代汉语。希望这些注译，能成为修习者得月之手指、渡河之舟楫。

最后，研习经论，旨在借教悟宗、识义得意。为了将其思想义理和现当代价值揭示出来，编撰者对各部经论的篇章品目、思想脉络、义理蕴涵、学术价值等所做的发掘和剖析，真可谓殚精竭虑、苦心孤诣！当然，佛理幽深，欲入其堂奥、得其真义，诚非易事！我们不敢奢求对于各部经论的解读都能鞭辟入里，字字珠玑，但希望能对读者的理解经义有所启迪！

习近平主席最近指出："佛教产生于古代印度，但传入中国后，经过长期演化，佛教同中国儒家文化和道家文化融合发展，最终形成了具有中国特色的佛教文化，给中国人的宗教信仰、哲学观念、文学艺术、礼仪习俗等留下了深刻影响。"如何去研究、传承和弘扬优秀佛教文化，是摆在我们面前的一个重要课题，人民东方出版传媒有限公司拟对繁体字版的《中国佛教经典宝藏》进行修订，并出版简体字版的《中国佛学经典宝藏》，随喜赞叹，寥寄数语，以叙因缘，是为序。

二〇一六年春于南京大学

大陆版序二

依空

　　身材高大、肤色白皙、擅长军事的亚利安人，在公元前四千五百多年从中亚攻入西北印度，把当地土著征服之后，为了彻底统治这里的人民，建立了牢不可破的种姓制度，创造了无数的神祇，主要有创造神梵天、破坏神湿婆、保护神毗婆奴。人们的祸福由梵天决定，为了取悦梵天大神，需要透过婆罗门来沟通，因为他们是从梵天的口舌之中生出，懂得梵天的语言——繁复深奥的梵文，婆罗门阶级是宗教祭祀师，负责教育，更掌控了神与人之间往来的话语权。四种姓中最重要的是刹帝利，举凡国家的政治、经济、军事、文化等等都由他们实际操作，属贵族阶级，由梵天的胸部生出。吠舍则是士农工商的平民百姓，由梵天的膝盖以上生出。首陀罗则是被踩在梵天脚下的土著。前三者可以轮回，纵然几世轮转都无法脱离原来种姓，称为再生族；首陀罗则连轮回的因缘都没有，为不生族，生生世世为首陀罗，子孙也倒霉跟着宿命，无法改变身份。相对于此，贱民比首陀罗更为卑微、低贱，连四种姓都无法跻身其中，只能从事挑粪、焚化尸体等最卑贱、龌龊的工作。

出身于高贵种姓释迦族的悉达多太子，为了打破种姓制度的桎梏，舍弃既有的优越族姓，主张一切众生皆平等，成正等觉，创立了佛教僧团。为了贯彻佛教的平等思想，佛陀不仅先度首陀罗身份的优婆离出家，后度释迦族的七王子，先入山门为师兄，树立僧团伦理制度。佛陀更严禁弟子们用贵族的语言——梵文宣讲佛法，而以人民容易理解的地方口语来演说法义，这就是巴利文经典的滥觞。佛陀认为真理不应该是属于少数贵族、知识分子的专利或装饰，而应该更贴近普罗大众，属于平民百姓共有共知。原来佛陀早就在推动佛法的普遍化、大众化、白话化的伟大工作。

佛教从西汉哀帝末年传入中国，历经东汉、魏晋南北朝、隋唐的漫长艰巨的译经过程，加上历代各宗派祖师的著作，积累了庞博浩瀚的汉传佛教典籍。这些经论义理深奥隐晦，加以书写的语言文字为千年以前的古汉文，增加现代人阅读的困难，只能望着汗牛充栋的三藏十二部扼腕慨叹，裹足不前。

如何让大众轻松深入佛法大海，直探佛陀本怀？佛光山开山宗长星云大师乃发起编纂《中国佛教经典宝藏》。一九九一年，先在大陆广州召开"白话佛经编纂会议"，订定一百本的经论种类、编写体例、字数等事项，礼聘中国社科院的王志远教授、南京大学的赖永海教授分别为中国大陆北方与南方的总联络人，邀请大陆各大学的佛教学者撰文，后来增加台湾部分的三十二本，是为一百三十二册的《中国佛教经典宝藏精选白话版》，于一九九七年，作为佛光山开山三十周年的献礼，隆重出版。

六七年间我个人参与最初的筹划，多次奔波往来于大陆与台湾，小心谨慎带回作者原稿，印刷出版、营销推广。看到它成为佛教徒家中的传家宝藏，有心了解佛学的莘莘学子的入门指南书，为星云大师监修此部宝藏的愿心深感赞叹，既上契佛陀"佛法不舍一众"的慈悲本怀，更下启人间佛教"普世益人"的平等精神。尤其可喜者，欣闻现大陆出版方东方出版社潘少平总裁、彭明哲副总编亲自担纲筹划，组织资深编辑精校精勘；更有旅美企业家鲁彼德先生事业有成之际，秉"十方来，十方去，共成十方事"之襟怀，促成简体字版《中国佛学经典宝藏》的刊行。今付梓在即，是为序，以表随喜祝贺之忱！

二〇一六年元月

目　录

译经前的说明

白话译者　释能学　谨识

现有中文的佛经，都是唐宋以前翻译的古文，受新教育的年轻一辈，是没有几人能看得懂的，虽然有不少注解可以帮助他们了解，但注解如果把名相术语解释得太广泛了，反易使人了解枝末小节，而忽略了全经连贯的大意。所以时至这新时代，佛教要想普及于受白话教育的年轻一代，已刻不容缓地需要有文字简洁而浅易的白话佛经。但是要将古文的佛经译成白话，既费时间，又劳心神，更须有庞大的经费，所以也不是一件容易的事。

本人自香港求学回台后，就很有心愿要从事这一工作，然一直限于时间，且短于经费，所以迟迟未果。可是回想到如果要等到有充足的时间和经费才去从事，恐怕永难实现，所以现今本人已抱定决心，将于百忙中抽空来做，只要一有空就拿起译笔，译一句算一句，译一本算一本。有印一本的钱就印一本，有印两本的钱就印两本，做到哪里算到哪里。今以本人粗浅的学识和有限的时间、金钱，要来从事这一艰巨的工作，确实是一种大胆的尝试，也实在太不自量力了。然念及佛教界至今发心从事这一工作者尚少，所以只好贸然行之。今后只要一有空，就要将比较常用的单行本佛经陆续译出。每本译出，将各印数千本寄赠给各寺院结缘参考。诸大德如果认为这一工作对普及佛法或使佛经大众化有所助益，敬请随意捐款助印，即功德无量。凡捐款助印，其姓名和金额将附印于经后，以资纪念，与经同垂不朽。

本人译白话佛经，有下面几点原则：

一、所用的字句，尽量和原文保持关联。尽量利用原文的字眼，再另加添少数字使其白话化，所以虽然是白话，而仍多少能保持原貌。如"不可思议"一词，本来可以意译成"难于想象和描述"，但是为了要使所译的文字不和原文脱节，所以只好译成"不可以心思口议"。又如"一时"，本来可以译为"有一次"，而本人即将其译成"有一个时候"，使原文中的"思""议""一""时"等字眼，在白话经中仍能保留，这样有个好处，就是读了我译的白话经文以后，同时也能了解原文的字义，且不会与原文脱节。

二、凡佛学辞典有得查的名相术数，本人就不加以解释，因为本人是在翻译，而不是在写注解。且译白话经的用意，是要读者能贯通地了解全文的大意，而不是要人去细究那些术数名相。又本人译中遇到术数名相，也尽量保存其原有的字眼字数，以免与辞典用字不符，如"四谛"一词，本可译为"四种真理"，但恐读者在佛学辞典上会查不到"四种真理"一词，所以只好仍译成"四谛"。

三、尽量做原文的忠实译者，凡原文没有的意义，不乱加添；原文有的，也不乱删减。除非为了使古文白话化，而不得已加添些虚字，但力求不失原意。如"一时佛在舍卫国"的"佛"字，有的人可能就会将其译成：有一次"释迦牟尼佛"在舍卫国。但本人只将其译成：有一个时候"佛陀"在舍卫国。虽然明知原文中的"佛"字是指释迦牟尼佛，但因原文没有"释迦牟尼佛"几字，而只有一个"佛"字，所以只忠实地将其译成"佛陀"，如果强将"释迦牟尼"四字加上，就已有点像注解而不是翻译了。为了要做原文的忠实译人，所以不随便加减，以免失真。

本人所译的白话佛经，虽然不臻理想，也不是最好的标准本，但或可作为后贤的参考。在翻译中，本人每为一个词句的选择，常推敲思虑良久，然局限于自己浅陋的见识，仍难免有所疏漏，尚祈诸先进不吝指教，并多予支持与资助，谢谢！今承各方诸大德的捐助和鼓励，顺此致谢。

1 卷一

第一品　聚集大会

正像这些是我亲自听闻到的：有一个时候，佛陀在中印度的舍卫国，祇陀太子所献的树林中，阿那邠坻给孤独长者献地所建的精舍里，和大比丘僧众一千二百五十人，另有五百位比丘尼、一千位优婆塞在家居士、五百个乞丐儿。

当时在大会里有一位长者的儿子，名叫作善生，禀白佛陀说："世上最尊的佛陀啊！外教道人的六师，常演说他们的法门，教导众生说：'如果能够在早晨恭敬礼拜六个方向，就能得增长寿命和财富。为什么呢？因为东方的国土属于帝释天主，有人能礼拜供养的，释提桓因天主就会对他护佑帮助。南方的国土属于阎罗王，有人能礼拜供养的，那阎罗王就会对他护佑帮助。西方的国土属于水神龙王婆娄那天神，有人能礼拜供养的，那婆娄那水神龙王就会对他护佑帮助。北方的国土属于夜叉拘毗罗天神，有人能礼拜供养的，那夜叉拘毗罗天神就会对他护佑帮助。下方的国土属于火神天众，有人能礼拜供养的，火神就会对他护佑。上方的国土属于风神天众，有人能礼拜供养的，风神就会对他护佑。'世上最尊的佛陀啊！在佛法中，也有这样六方的说法吗？"

佛陀回答说："善良的男子啊！在我的佛法中，也有六方的说法，也就是六种能度入圣境的波罗蜜。东方就是布施济助能度入圣境的檀那波罗蜜，为什么呢？因为最初出现的布施，就是出生智慧光的原因助缘呀！那东方是属于众生的自心，如果有众生能供养奉行那布施济助的檀那波罗蜜，就会增长寿命和财富。南方就是持守戒律能度入圣境的尸罗波罗蜜，为什么呢？因为持守戒律的尸罗波罗蜜名叫作右位上等，如果有人能供养奉行，也能得增长寿命和财富。西方就是忍受侮辱能度入圣境的羼提波罗蜜，为什么呢？因为那西方名叫作后面，忍受侮辱就是把一切恶劣法，都抛弃于后面呀！如果有人能供养奉行，就能得增长寿命和财富。北方就是专精迈进能度入圣境的毗梨耶波罗蜜，为什么呢？因为北方名号叫作战胜各种恶法，如果有人能供养奉行，就能得增长寿命和财富。下方就是静心禅定能度入圣境的禅那波罗蜜，为什么呢？因为能正确观察下面的地狱、饿鬼、畜生等三种恶劣道途呀！如果有人能供养奉行，也能得增长寿命和财富。上方就是般若圣智能度入圣境的般若波罗蜜，为什么呢？因为上方就是证得至高无上没有生灭的圣智呀！如果有人能供养奉行，就能得增长寿命和财富。善良的男子啊！这六方法门是属众生自心，不是像外教道人六师所说六方都是属于鬼神。"

善生请问："这六方法门，谁才能奉行供养呢？"

佛陀说："善良的男子啊！只有菩萨才能奉行供养。"

善生问："世上最尊的佛陀啊！是什么定义，才名叫作菩萨呢？"

佛陀说："能证得菩提觉智，才名叫作菩萨；具有菩提觉性，才名叫作菩萨。"

善生问："世上最尊的佛陀啊！如果说已经证得菩提觉智以后，才名叫作菩萨的话，那还未供养奉行那六方法门而证得菩提觉智，怎么能得名叫作菩萨呢？如果具有菩提觉性，就名叫作菩萨，谁具有这觉性呢？具有这觉性的众生，就能供养奉行这六方法门，如果没有具这觉性的众生，就不能供养奉行这六方法门。由于这缘故，如来不应该说：'那六方法门，是属于众生自心。'"

佛陀说："善良的男子啊！不是已经证得菩提觉智，才名叫作菩萨。为什么呢？因为已经证得菩提觉智的人，名叫作佛。还未证得菩提觉智而尚在修的，才名叫作菩萨；也不是具有不变的菩提觉性，名叫作菩萨啊！善良的男子啊！一切众生，没有不变的菩提觉性，就像那些众生没有不变的人类、天神本性，或狮子、老虎、野狼、狗犬等本性。于现在世中，因为和合众多的善业作为主因助缘，就得到人类天界身的果报；因为和合不善的罪业作为主因助缘，就得到狮子等畜生身的果报。菩萨也是这样，因为修行和合众多的善业作为主因助缘，又发立求证菩提觉智的心志，所以名叫作菩萨。如果有人说'一切众生原就具有菩萨本性'的，这意义是不正确的。为什么呢？因为如果原就具有菩萨本性的话，就应该不须再修善业作为主因助缘，而供养奉行六方的法门了。善良的男子啊！如果本就具有不变的菩萨性，就没有初发心的菩萨和退心转变心志的菩萨。所以菩萨是由于修积多得无法计量的功德善业作为主因助缘，又发立求证菩提觉智的心志，才名叫作菩萨的本性。

　　"善良的男子啊！有些众生，最初信受修行外教邪道法，后来因为不再乐于外教经典颠倒错谬的邪说，而发立求证菩提觉智的心志；或有的众生，安住于寂静的处所，内心有善根作为主因助缘，而发立求证菩提觉智的心志；或有的众生，观悟生死轮回的痛苦过失，而发立求证菩提觉智的心志；或有的众生，见到恶人造恶业和听到造罪恶感苦报，而发立求证菩提觉智的心志；或有的众生，深知自身内心有贪心爱欲、嗔恨恚怒、愚暗痴迷、悭吝嫉妒，为此呵斥自责，所以才发立求证菩提觉智的心志；或有的众生，见到那些外教道人，或具有天眼通、天耳通、他心通、宿命通、神足通等五种神通的神仙，而发立求证菩提觉智的心志；或有的众生，想要知道世间是有边际或没有边际，所以才发立求证菩提觉智的心志；或有的众生，看见听闻到如来那不可能心思口议的微妙智慧法力，所以发立求证菩提觉智的心志；或有的众生，对苦恼的众生生起怜悯救济的心，所以发立求证菩提觉智的心志；或有的众生，因为爱护众生，所以发立求证菩提觉智的心志。

"善良的男子啊！发立求证菩提觉智的心志，共分有三种，就是所谓下等心、中等心、上等心，如果说众生有固定不变的菩提觉性，为什么说有这三种呢？众生发下等心也能够精进变作中等心；中等心勤修也能变作上等心；上等心也有可能退作中等心；中等心也有可能退作下等心。众生能够勤于修习多得无法计量的善法，所以能够增进向上；不能勤修而懈怠，便会退失变为下等。如果对善法能勤修精进，就名叫作不退步；如果不勤修精进，就名叫作退步。在任何时候，都恒常为救度一切没有边际的众生修集善法，就名叫作不退步不转变；如果不能这样，这就名叫作退步转变，这样的菩萨就会有退转心和恐怖心。如果在任何时间中，都能为救度一切众生修集各种善法，而得到不退步转变，由于这缘故，我就会预计这个人，决定于不久的将来当会证得阿耨多罗三藐三菩提的佛果位。

　　"善良的男子啊！三种求证菩提觉智的心志没有固定不变的本性，如果有固定不变的本性，那些已经发立求证声闻乘阿罗汉或缘觉乘辟支佛心志的人，就不能发立求证佛果菩提觉智的心志。善良的男子啊！譬喻像众多的僧人，没有不变的定性，这三种觉性也是这样。如果有人说'一定有不变的本性'的，这就名叫作外教邪道。为什么呢？因为那些外教邪道等，没有由因结果的说法，像他们所说的自在天神本来自然而有，不是造因也不是结果。

　　"善良的男子啊！或是有人说'本具菩萨的本性，就譬喻石矿中，具有固定的金子性质，由于用善巧方便的技术和各种原因助缘加以发掘冶炼，才得到金子应用。本具的菩萨本性也是像这样'的话，这是外道梵志的说法。为什么呢？因为外道梵志等时常说：'有尼拘陀树的种子，就具有尼拘陀树，眼疾会热痛是眼里原本就具有火性和沙石。'由于这缘故外道梵志没有由因感果的说法,因就是果,果就是因。尼拘陀树的种子具足就有尼拘陀树,应当知道这就是外道梵志所说的因果。这义理并不正确,为什么呢?由于因的种子很细小,而果的树棵很粗大呀!如果说正常的眼中就一定本具有火性,那眼睛应该会被烧痛,眼睛如果被烧了,怎么还能够看见呢?如果正常的眼中就本具有沙石,沙石就会遮碍眼睛,眼睛如果有了遮碍,又怎么能够看见呢?善良的男子啊!像那外道梵志说:'有就是永远有,没有就是永远没有。没有就不会生起,有就不应该消灭。'如果说矿石中具有金子的本性,既然是金子就不可以说是本性,既然是本性就不可以说是金子。善良的男子啊!由于各种原因助缘所成的,就会有和合,因缘和合的缘故,本来没有,后来就变成有。像外道梵志所说:'没有就永远没有。'这义理怎么讲得通呢?金子合了水银,金子就变坏消灭。如果说'有永远有而不应该消灭',这义理怎么讲得通呢?如果说众生具有不变的菩萨本性,这名叫作外道的说法,不能名叫作佛教道理。善良的男子啊!譬喻像和合了矿石等各种主因助缘的缘故,而有金子可用;菩萨的觉性也是这样。众生内心有思求,就名叫作意欲心志,由于这意欲志愿和修习善业的原因助缘,而发立求证菩提觉智的心志,这就名叫作菩萨的觉性呀!善良的男子啊！譬喻像众生起先没有求证菩提觉智的心志，后来发立才有这心志，觉性也是像这样，起先没有，后来变成有，由于这缘故，不可以说众生一定具有不变的觉性。

"善良的男子啊！由于求证般若大智慧，所以名叫作菩萨，因为想要悟知世间一切万法的真实体性，又要广大修习智慧和福德二种庄严，又能道心戒行坚固，又能多方广度众生，为度众生又能不惜自己的身体生命，这就名叫作菩萨修习实行大乘法。善良的男子啊！菩萨有二种：第一种是还会退步转变的菩萨，第二种是坚定不退的菩萨。已修佛身三十二种瑞相的福德善业的，就名叫作不退步转变；如果还未能修习，这就名叫作还会退步转变。菩萨又分有二种：第一种是出家菩萨，第二种是在家菩萨。出家菩萨奉行持守八条重戒，戒行具足而清净不犯，这就名叫作不退步；在家菩萨奉行持守六条重戒，戒行具足而清净不犯，也名叫作不退步。

"善良的男子啊！外教道人修禅定断除五欲所得的福德，超胜于欲界一切众生所有的福德；证小乘声闻初果须陀洹的人，更超胜于一切外教道人异端的执见；证小乘声闻第二果斯陀含的人，更超胜于一切须陀洹初果；证小乘声闻第三果阿那含的人，更超胜于一切斯陀含第二果；证小乘声闻第四果阿罗汉的人，更超胜于一切阿那含第三果；证小乘缘觉辟支佛的人，更超胜于阿罗汉第四果；在家学佛的人，发了求证菩提觉智的心志而行大乘菩萨行，就已超胜于一切小乘缘觉辟支佛果位。出家修行的人，能发立求证菩提觉智的心志，这并不算很难；在家信佛的人，能发立求证菩提觉智的心志而修菩萨行，这才名为不可能心思口议的稀有。为什么呢？因为在家信佛的人，受很多恶劣的因缘条件所缠绕着呀！在家信佛的人，发立求证菩提觉智的心志时，从欲界的四天王天，甚至到色界顶的阿迦尼吒色究竟天那些天神，都大惊讶欢喜，而这样说：‘我们现今已经得到人类天界的导师了！’”

第二品　发立求证菩提佛果的心志

善生说：“世上最尊的佛陀啊！众生怎么发立求证菩提佛果的心志呢？”

佛陀说：“善良的男子啊！众生因为二种事，所以发立求证菩提佛果的心志：第一是为增长寿命，第二是为增长财物。又有的人为二种事：第一是为了不断绝菩萨的种性，第二是为要断除众生的罪业、苦痛、烦恼。又有的人为二种事：第一是自己观察在多得无法计量的生生世世轮回中，受尽很大的苦恼，不能获得快乐利益；

第二是自知虽然有多得无法计量像恒河里沙粒的诸位佛，都不能度脱我这凡夫身，我应当发菩提心勤修才能自己度脱。又有二种事：第一是为救度众生做各种功德善业，第二是发菩提心以后所修的善业不会退失。又有二种事：第一是为了超胜一切人间天界的果报，第二是为了超胜一切声闻乘阿罗汉和缘觉乘辟支佛等二种小乘的果报。又有二种事：第一是为求证菩提觉道，自愿忍受极大的苦恼；第二是为获得无法计量的广大利益。又有二种事：第一是了知过去世、未来世多得像恒河沙粒的诸位佛，起先都一样像我这凡夫身；第二是深信观知菩提佛果是人人可以修证得的圣法，所以发菩提心。又有二种事：第一是观察了知十住的菩萨果位前六住的人虽然还有退步转变心，但已经超胜于所有声闻乘阿罗汉和缘觉乘辟支佛；第二是为精勤专心求证至高无上的佛果位。又有二种事：第一是想要使令一切众生，都得到解脱苦恼；第二是想要使令众生解脱后所得利益，都超胜于那些外教邪道所得的果报。又有二种事：第一是不舍弃一切众生而发心救度，第二是为舍离一切烦恼。又有二种事：第一是为了断除众生现在所受的一切苦恼，第二是为教导遮防众生于未来不要再造恶业受苦恼。又有二种事：第一是为断除证般若智慧的所知障碍，第二是为断除众生身心的烦恼惑、业、苦三障。

"善良的男子啊！发立求证菩提佛果心志的人，有五种事情必须修习：第一，要亲近善好的师友；第二，要断除嗔恨恚怒的心；第三，要随顺师长的教导训诲；第四，对众生要生起怜悯心；第五，对佛法要勤修专精迈进。又有五种事情也必须学习：第一是不专门寻见他人过错；第二是教化众生虽见他的过错，而内心仍不后悔厌倦；第三是证得善好的圣法以后，内心也不生起骄傲怠慢；第四是看见他人有好事善业，不生起嫉妒心；第五是观看那些众生，就像自己独一儿子的想法。

　　"善良的男子啊！有智慧的人，发立了求证菩提佛果的心志以后，就能够破除坏灭各种恶业等苦果，就像坏灭了世界最高大的须弥山。有智慧的人，为了三种事情的缘故，而发立求证菩提佛果的心志：第一是因为看见这恶劣世界中，具有时劫、见解、烦恼、众生、寿命等五种混浊的众生；第二是因为见于如来具有不可能心思口议的神通圣道法力；第三是因为听闻佛陀如来具有极好音、柔软音、和适音、尊慧音、不女音、不误音、深远音、不竭音等八种微妙声音。又有二种事情使发菩提心：第一是明了地自知己身有很多苦恼；第二是了知众生的苦痛，像自己身受苦痛，为断除那些众生的苦痛，就像在断除自己的苦痛那样没有不同。

　　"善良的男子啊！如果有人能发立求证菩提佛果的

心志，应当知道这种人就是真正能礼敬奉行六方法门，而增长寿命和法财，不是像外教道人所宣说的那样。"

第三品　大悲悯心

善生说："世上最尊的佛陀啊！那些外教道人六师等，不说因果的道理，如来现今说：'因有二种：第一是生起的因，第二是明了的因。'像佛陀最初所说的发立求证菩提佛果的心志，是生起的因还是明了的因呢？"

佛陀说："善良的男子啊！我对众生或说一种因，或说二种因，或说三种因，或说四种因，或说五种因，或说六种因、七种因，甚至十二种因。所说的一种因，就是生起的因呀！所说的二种因，就是生起的因和明了的因。所说的三种因，就是烦恼、业力、外在的器世界。所说的四种因，就是固体的地大、液体的水大、温热的火大、空气的风大等四大。所说的五种因，就是十二因缘中爱、取、有、生、老死等未来世的五支因果。所说的六种因，就是契合佛理又契合众生根机的佛经中所说的能作因、俱有因、同类因、相应因、遍行因、异熟因等六种因。所说的七种因，就像《法华经》里所说的。所说的八种因，就是十二因缘里的识、名色、六入、触、受、爱、取、有等现在世的八支。所说的九种因，就是《大城经》里所说的。所说的十种因，像佛为摩男优婆塞所说的。所说的十一种因，就像《智印经》所说的。所说的十二种因，就是无明、行、识、名色、六入、触、受、爱、取、有、生、老死等十二因缘。善良的男子啊！一切有烦恼漏失的世间法，有多得无法计量而没有边际的因；一切没有烦恼漏失的出世法，也有多得无法计量而没有边际的因。有智慧的人，由于想要穷尽了知，所以发立求证菩提佛果的心志，由于这缘故如来名叫作一切智的圣者。

"善良的男子啊！一切众生，发立求证菩提佛果的心志，或有生起的因，或有明了的因，或是兼有生起的因和明了的因。你们现今应当知道，所谓生起的因，就是大悲悯心，因为有这大悲悯心，所以便能发立求证菩提佛果的心志，由于这缘故，大悲心就是生起的因呀！"

善生问："世上最尊的佛陀啊！怎样才能得修于悲悯心呢？"

佛陀说："善良的男子啊！有智慧的人深深体见一切众生，沉没在生死苦恼的大海里，想要去救拔拯济他们，所以生起悲悯心。又看见众生未具有佛的十种智力、四种没有任何畏怯、大悲三念等，我应当怎样使令他们具备满足，所以生起悲悯心。又看见众生虽然内心很多怨恨恶毒，但还是将他们当作亲人想，所以生起悲悯心。又看见众生迷失于正当的道路，又没有人指示引导，所以生起悲悯心。又看见众生耽卧于财、色、名、食、睡的五种贪欲泥沼里，而不能出脱，且还依旧放肆纵逸，所以生起悲悯心。又看见众生常被钱财物品或妻妾子女所缠缚，而不能舍离，所以生起悲悯心。又看见众生因姿色、体力、寿命胜于他人，而生起骄傲我慢心，所以生起悲悯心。又看见众生被邪恶又相知认识的师友所诳骗迷惑，所以生起要亲近的想法，就像六师的外教邪道等，所以生起悲悯心。又看见众生堕生于凡夫有情的三界，受着各种苦恼，且还依旧乐于耽着，所以生起悲悯心。又看见众生造了杀、盗、淫等身业和妄言、绮语、恶口、两舌等口业，以及贪、嗔、痴等意业，共十种不善的恶业，多感受痛苦的果报，且还依旧乐于耽着，所以生起悲悯心。又看见众生渴求于财、色、名、食、睡等五种贪欲，就像口渴又饮咸水，所以生起悲悯心。又看见众生虽然想要求得福乐，却不造福乐的善因；虽然不乐见痛苦的果报，却喜欢造作感苦果的恶因；想要享受天界的福乐，却不具足遵守五戒十善，所以生起悲悯心。

"又看见众生对于虚幻没有实在的自我和我所有的一切，生起有实在自我和我所有的想法，所以生起悲悯心。又看见众生没有一定的有情性，轮回流转于天、人、畜生、饿鬼、地狱等五道有情中，所以生起悲悯心。又看见众生畏惧投生、衰老、死亡的苦果，而却再造投生、衰老、死亡的业因，所以生起悲悯心。又看见众生受尽身心的苦恼，而却再造会感受苦恼的恶业，所以生起悲悯心。又看见众生受着恩爱别离的痛苦，而却不能断除爱念，所以生起悲悯心。又看见众生处在无明烦恼的黑暗中，却不知道去炽盛地燃起智慧的灯明，所以生起悲悯心。

"又看见众生被烦恼热火所燃烧，而不能求学三昧禅定的清凉水去熄灭，所以生起悲悯心。又看见众生为贪求财、色、名、食、睡的五种欲乐，而造了无法计量的罪恶，所以生起悲悯心。又看见众生虽知五种贪欲会产生苦恼，却仍贪求不停息，譬喻像饥饿的人吃了有毒的饭，所以生起悲悯心。又看见众生处在恶劣的世间，遭遇暴虐的君王，受了很多苦恼，可是还依旧放肆纵逸，所以生起悲悯心。又看见众生流转于苦海中受着投生苦、衰老苦、病痛苦、死亡苦、求不得苦、爱别离苦、怨憎会苦、五阴炽盛等八种苦，而不知道去断除这些苦果的起因，所以生起悲悯心。又看见众生受着饥渴和寒热，不能得到安乐自在，所以生起悲悯心。

"又看见众生毁犯了禁戒而造罪恶，当会感受地狱、饿鬼、畜生的苦报，所以生起悲悯心。又看见众生所希求的姿色体力、延寿长命、安稳快乐、善辩才能等，都不能自在如意，所以生起悲悯心。又看见众生残障六根器官不俱全，所以生起悲悯心。又看见众生出生于没有佛法的边疆僻地，而不能修学善好的佛法，所以生起悲悯心。又看见众生处于饥馑挨饿的世间，身体羸弱消瘦，互相抢劫掠夺，所以生起悲悯心。又看见众生处于战乱的刀兵灾劫，互相残杀伤害，恶毒心增强旺盛，将来当会感受无法计量的痛苦果报，所以生起悲悯心。

"又看见众生虽然值遇佛陀出生在人世，又听闻了佛陀所说像甘露的清净佛法，却不能信受修持，所以生起悲悯心。又看见众生信从邪恶的师友，始终不肯追随信从善好知识师友的教导，所以生起悲悯心。又看见众生有很多财产宝物，却不能施舍行善，所以生起悲悯心。又看见众生耕田种作或商贾贩卖，一切营生都很辛苦，所以生起悲悯心。又看见众生，不论是父母、兄弟、妻妾子女、奴隶婢女、家眷亲属、宗族家室等，不能相互敬爱体念，所以生起悲悯心。善良的男子啊！有智慧的人，应当观察了知三界最高的非想非非想处天所得八万长劫的寿命和禅定安乐，寿尽一样会堕落受着像地狱的苦报，三界里的一切众生都平等共同有这苦恼，所以生起悲悯心。

"善良的男子啊！还未证得圣道时，能做这样观察怜悯，这就名叫作悲悯；如果证得圣道以后，那怜悯就叫作大悲悯心。为什么呢？因为还未证得圣道时，虽然做了这样观察怜悯，但观察悲悯心都有边际限度，所怜悯的众生也是一样有限度；既然证得圣道以后，观察怜悯心和所怜悯的众生，都广大得没有边限，由于这缘故可得名叫作大悲悯心呀！还未证得圣道时，悲悯心会被所观境界转动，所以只名叫作悲悯；既然证得圣道以后，圣智不会被所观境界转动，所以名叫作大悲悯心。还未证得圣道时，未能救济那些众生出离苦海，所以只名叫作悲悯心；既然证得圣道以后，能广大救济众生出离苦海，所以名叫作大悲悯心。还未证得圣道时，悲悯心不能和般若慧共同相应而行，所以只名叫作悲悯心；既然证得圣道以后，悲悯心和般若慧能共同相应而行，所以名叫作大悲悯心。

"善良的男子啊！有智慧的人修习悲悯心，虽然未能即时断除众生的苦恼，可是对众生已经能产生无法计量广大利益的事情。善良的男子啊！六种能度入圣境的波罗蜜行，都是以悲悯心作为生起的主因。

"善良的男子啊！菩萨有二种：第一种是出家菩萨，第二种是在家菩萨。出家菩萨要修悲悯心，不是很困难；在家菩萨要修悲悯心，才是困难。为什么呢？因为在家修的人，有很多恶劣的外境因缘条件呀！善良的男子啊！在家修的人，如果不能修行悲悯心，就不能得到在家居士所受优婆塞戒的戒体；如果能修行悲悯心，就便能够获得戒体。

"善良的男子啊！出家修行的人，只能具备修足后面五种度入圣境的波罗蜜，因为出家只能法施不能财施，所以不具备修足布施度檀波罗蜜；在家修的人，就能具备修足布施度。为什么呢？因为在家修在一切时中，都能修财施、法施、无畏施等一切施呀！所以在家修应当先修习悲悯心，如果能修悲悯心，应当知道这种人就能具备修足持守戒律、忍受侮辱、专精迈进、禅定静虑、般若智慧等。如果能修习悲悯心，就能做到难施舍也能施舍，难忍受也能忍受，难做到也能做到。由于这意义的缘故，就知道所有善法，都是以悲悯心为根本。

"善良的男子啊！如果有人能修习这悲悯心，应当知道这种人就能坏灭恶业，就像坏灭一座须弥妙高山，在不久的将来当会证得阿耨多罗三藐三菩提佛果位。这种人所做即使只是少许的功德善业，所获得的善好果报，也会大得像须弥山那样。"

第四品　解脱慧

佛陀说："善良的男子啊！如果善良的男子或善良的女人，有修习悲悯心的人，应当知道这种人，就能证得一种法体，叫作解脱分。"

善生说："世上最尊的佛陀啊！所说的法体，是什么为体呢？"

佛陀说："善良的男子啊！就是身体、口舌、心意为体。这身体、口舌、心意的法体，是从方便修法证得的。方便修法有二种：第一是由耳朵听闻佛法，第二是内心思悟佛法。另有三种：第一是施舍恩惠，第二是持守戒律，第三是多听闻佛法。"

善生说："世上最尊的佛陀啊！像佛陀所说，从三种方便修法，证得解脱分的法体。修这三种方便法，有一定的数量吗？"

佛陀说："不！善良的男子啊！为什么呢？因为有的人虽于多得无法计量的生生世世中，用多得无法计量的财物，施舍济助多得无法计量的人们，但还是不能证得解脱分的法体；有的人于一短时中，用一把面食，施舍给一个乞丐儿，却能够证得这解脱分的法体。有的人于多得无法计量的诸位佛处所，领受持守佛的禁戒，也还不能证得解脱分的法体；有的人于一日一夜间，领受持守不杀生、不偷盗、不奸淫、不妄语、不饮酒、身不涂饰香鬘、不坐高广大床、不歌舞观听等八戒，和过午不食的持斋，就能获得解脱分的法体。有的人于多得无法计量的生生世世中，于多得无法计量的诸位佛处所，听受修持阅读背诵契经、重颂、讽诵、因缘、本事、本生、未曾有、譬喻、论议、自说、方广、授记等十二部类的佛经，也还不能证得解脱分的法体；有的人只读了一首四句的偈颂，就能获得解脱分的法体。为什么呢？因为一切众生，心念不同样呀！善良的男子啊！如果一个人不能专一心神观察了知生死轮回的过咎祸患和证入涅槃圣域的安详妙乐，像这种人，虽然也施舍恩惠、持守戒律、多听闻佛法，终究还是不能证得解脱分的法体；如果能够厌离生死轮回的过咎祸患，又能深刻体见证入涅槃圣域的功德和安详妙乐，这样的人，虽然只是少许施舍、少时间守戒、少许听闻佛法，也就能获得解脱分的法体。

"善良的男子啊！要证得这法体，在三种时候里：有佛出世或佛法住世时，或缘觉辟支佛出世时，如果没有这二种佛法住世，或只有色界顶的阿迦尼吒色究竟天的修行者讲说解脱法的时候，这人听闻以后，就能证得解脱分的法体。善良的男子啊！我在往昔过去世，最初发立学佛的心志时，都不曾见到有佛或缘觉辟支佛出世，只听闻色界净居五不还天的修行者讲说解脱法，我当时听了以后，立即便发立求证佛果的心志。

"善良的男子啊！这解脱法，不是欲界的天神所能证得。为什么呢？因为欲界的天神放任纵逸地享受各种欲乐呀！也不是色界的天神所能证得。为什么呢？因为他们无法修施舍济助、持守戒律、多听闻佛法的三种方便修法呀！也不是无色界的天神所能证得。为什么呢？因为无色界的众生已经没有身体和口舌的形体呀！这解脱分的法体，是身体、口舌、心意呀！北俱卢洲郁单越的人民，也不能证得。为什么呢？因为那里的人民长寿又享受欲乐无法修那三种方便修法呀！这解脱分，只有三种人能证得，就是所谓声闻乘罗汉、缘觉乘辟支佛、大乘菩萨。众生如果遇到善好的知识师友，会转变声闻乘的解脱分，证得缘觉乘的解脱分；或转变缘觉乘的解脱分，证得大乘菩萨的解脱分。只有菩萨所证得的解脱分法体，不可能退步转变，不可能失坏。"

善生说："世上最尊的佛陀啊！讲说佛法的人，又用什么义理做标准，而能善于分别了知这些人有证得解脱分法，或这些人没有证得解脱分法呢？"

佛陀说："善良的男子啊！这解脱分法，有二种人能证得，就是在家人和出家人。这二种人能以至诚心听闻佛法，听闻以后又能信受修持，听闻地狱、饿鬼、畜生等三种恶劣道途的罪苦，内心生起怖畏，身体的毛发都惊恐得竖立起来，眼泪鼻涕哭泣得横流着。坚心持斋守戒，甚至小小的罪过都不敢去毁犯，应当知道这种人就是已经证得解脱分的法体。

"善良的男子啊！那些外教道人，获得非想非非想处天的禅定果位，寿命长得无法计量，如果不能证得解脱分的法体，应当观察了知这种人，将来寿尽还是有机会堕入地狱的；如果有人虽然在阿鼻无间地狱经过多得无法计量的长劫时间，受尽极大的刑罚苦恼，但只要能证得这解脱分的法体，应当观察知道这种人，将来一定可以成为证入涅槃圣域的人。善良的男子啊！所以我对已经生于非想非非想处天的郁头蓝弗仙人，生起悲哀怜悯的心；对于堕无间地狱而能悔过将出脱的提婆达多，不生起可怜的心。善良的男子啊！像舍利弗等，在六万长劫时间中求学大乘的菩提觉道，之所以还会退心，就是因为他们还未证得解脱分的法体，虽然这样，他们还超胜于缘觉乘辟支佛的根性而智慧锐利。

"善良的男子啊！这解脱法有三种，就是所谓下等、中等、上等。下等的就是声闻乘的阿罗汉，中等的就是缘觉乘的辟支佛，上等的就是大乘菩萨乃至诸位佛。善良的男子啊！有的人勤于求受在家居士的优婆塞戒，于多得无法计量的生生世世中，依照所听闻而修行，但也还是不能证得和圣道合一的戒体。有的出家人求受比丘戒或比丘尼戒，于多得无法计量的生生世世中，依照所听闻而修行，也还是不能证得和圣道合一的戒体。为什么呢？因为他们不能获得解脱分的法体呀！所以他们的遵守戒律只可以名叫作修习戒律，不能名叫作坚持戒律。善良的男子啊！如果那些菩萨证得解脱分的法体，到终都不愿意造各种业，而求生于欲界、色界、无色界天，只常求愿生于能救度利益众生的处所。如果自己确定知道有生于天界的善业，就回转这些善业，归向求生于人类中。所谓善业就是施舍济助、持守戒律、修习禅定等。善良的男子啊！如果声闻乘的人，初果证得解脱分法，不超过投生三次身，就会得到俱全解脱，缘觉乘辟支佛的人，也是这样。初地以上的大菩萨摩诃萨，证得解脱分以后，为救度众生虽然经过多得无法计量身的出生，但常久不会退心转变，这不退步转变的心，胜于一切声闻乘和缘觉乘的二种小乘圣者。

"善良的男子啊！如果证得这解脱分的法体，虽然只是少许的施舍，也会获得无法计量的善好果报，少许时间的守戒和少许时间的听闻佛法，也是像这样。这种人假使处于地狱、饿鬼、畜生三种恶劣道途，始终也不会和那三种恶劣道途的众生同样受苦。如果那些菩萨获得这解脱分的法体，就名叫作调和柔软的境地。为什么名叫作调和柔软的境地呢？因为一切烦恼，已经渐渐微弱呀！这名叫作逆于生死流转。善良的男子啊！有四种人：第一种是随顺生死流转，第二种是逆于生死流转，第三种是不随顺也不逆于生死流，第四种是登到于彼岸圣域。善良的男子啊！这解脱法，对于声闻乘的人，名叫作柔软的境地；对于那些菩萨，也是名叫作柔软的境地，又名叫作欢喜地。是什么义理，名叫作欢喜地呢？因为所闻圣法不会再退失呀！这才名叫圣位的菩萨呀！是什么义理，名叫作菩萨呢？因为自心已经觉悟又能恒常觉悟众生的心呀！这种菩萨，虽然也了知外教典籍，但自己不去信受修持，也不会教别人去学习。这些菩萨不是名叫作人类或天神，不被属于天界、人类、畜生、饿鬼、地狱等五种道途所摄，这就名叫作修行没有障碍的圣道。

"善良的男子啊！所谓菩提佛果，有四类种子：第一是不贪着财物，第二是修道不惜自己的身体生命，第三是能修忍受侮辱的道行，第四是能怜悯救度众生。善良的男子啊！能增进助长这菩提种子，又有五种事情：第一是对自己身心，不生起轻薄的想法，认为我不可能证得阿耨多罗三藐三菩提的佛果位；第二是修道自身受尽苦楚，内心也不会厌弃后悔；第三是勤于修行专精迈进，不休止不停息；第四是能救济解除众生无法计量的苦恼；第五是恒常赞叹佛陀、佛法、僧尼等佛教三宝的殊胜微妙功德。有智慧的人，修习菩提圣道时，常应当修习积集这五种事情，才会增进助长菩提种子使炽盛。又有六种事情可以修成菩提佛果，就是所谓布施济助能度入圣境的檀那波罗蜜和持守戒律、忍受侮辱、专精迈进、禅定静虑，乃至般若圣智能度入圣境等的六种波罗蜜多。修这六种事情，因为行一种事会更增进，那就是不放任纵逸。菩萨如果放任纵逸不勤修，就不能增长这六种修行的事情；如果身心能不放任纵逸，六度的道行就能够增长。善良的男子啊！菩萨求于菩提佛果的时候，有四件事情需要学习：第一是亲近学习善好的师友，第二是道心坚固难被破坏，第三是能够实行最难行的道行，第四是怜悯救度众生。又有四件事也需要学习：第一是看见他人得到利益，内心生起欢喜心；第二是恒常乐于称赞他人的功果美德；第三是恒常乐于修习积集忆念佛陀、佛法、僧尼、戒律、天界、死亡等六种常应忆念的处所法门；第四是勤于讲说生死流转所有各种过患祸咎。善良的男子啊！如果有人说，离了上面二类的四种事情合共八法，而能证得菩提佛果的，没有这个可能。善良的男子啊！如果有菩萨，才初发立求证至高无上的菩提佛果心志时，就可以名叫作至高无上种植福德的田地，所以这样的菩萨，已胜于一切世间的事物和各类众生。

　　"善良的男子啊！虽然有人说：'有多得无法计量的世界，也有多得无法计量的佛。'然而这佛的圣道，还是很难得遇到。为什么呢？世界多得没有边际，众生也一样多得没有边际，众生多得没有边际，佛也是像这样。假使成佛证圣道会很容易证得的话，一位世上最尊的佛陀，就应当能教化度脱一切众生，如果这样，那各世界里的众生，就应当有边际穷尽的一天。善良的男子啊！一位佛出生在世间的时候，能够救度九万九那由他的人，声闻乘的弟子，度一那由他，而那些众生还是不可能度尽，所以名叫作没有边际。由于这缘故我在声闻小乘的佛经里说：'没有十方世界的诸位佛。'为什么呢？因恐众生误以为佛多法易闻而轻慢佛的圣道呀！诸位佛的圣道，不是世间法所能含摄，所以如来所说没有虚妄。世上最尊的如来没有嫉妒心，由于佛的圣道很难得遇到，所以说'没有十方世界诸位世上最尊的佛陀'。

　　"善良的男子啊！有多得无法计量的众生，发立求证菩提佛果的心志，但多数不能究竟至终地修行菩萨道而成佛。如果有人责难反问说：'如果现在世有多得无法计量的诸位佛，为什么佛经中只说过去和未来两世有多得无法计量的佛，而不曾说现在世也有多得无法计量的佛呢？'善良的男子啊！因为我是在一个佛国世界里说：'过去世和未来世，有像恒河里沙粒那么多的佛，于现在世中，只有一位佛呀！'善良的男子啊！悟真如实性的圣义，才能成佛得道，虽然有多得无法计量的众生修行佛的圣道，但有多数都会退心转变，长时中只偶然有一人，才能成佛而得度脱，就像千百朵庵摩罗树花只偶然结一粒果实，又像千百粒鱼卵子只偶然产出一条鱼。

"善良的男子啊！菩萨有二种：第一种是在家菩萨，第二种是出家菩萨。出家菩萨要证得解脱分的法体，不是很困难；在家菩萨能证得的，才是困难。为什么呢？因为在家修的人，被很多恶劣的因缘条件所缠缚围绕着呀！"

第五品　三种菩提觉智

善生说："世上最尊的佛陀啊！像佛陀所说，菩萨有二种：第一种是在家菩萨，第二种是出家菩萨。菩提觉智有三种：第一种是声闻乘阿罗汉的菩提觉智，第二种是缘觉乘辟支佛的菩提觉智，第三种是大乘菩萨诸位佛的菩提觉智。如果证得菩提觉智，就名叫作佛，为什么声闻乘的阿罗汉和缘觉乘的辟支佛也证得菩提觉智，而不能名叫作佛呢？如果觉悟了万法空性，就名叫作佛，声闻乘和缘觉乘的圣者，也觉悟了万法空性，是什么缘故，不能名叫作佛呢？如果证得一切智，名叫作佛，声闻乘和缘觉乘的圣者，也是证得一切智，又是什么缘故，不能名叫作佛呢？所说的一切，就是生死苦果、惑业集因、灭患圣果、修圣道因的四种谛理。"

佛陀说："善良的男子啊！菩提觉智有三种：第一种是从听闻而证得，第二种是从思虑而证得，第三种是从修行而证得。声闻乘的人，由于是从听闻佛法而证得，所以不能名叫作佛。辟支佛缘觉乘的人，是从思虑以后，得少分觉智，所以名叫作辟支佛。如来无师自证，不是依靠听闻和思虑而证得，是从修行而证得，觉悟世间和出世间一切万法，所以名叫作佛。善良的男子啊！了知万法体性，所以名叫作佛。万法体性有二种：第一种是总体相，第二种是各别相。声闻乘的人，只了知总体相，所以不能名叫作佛。辟支佛缘觉乘的人，同样了知总体相，但不是从听闻证得，名叫作辟支佛，但也不能名叫作佛。世上最尊的如来，总体相和各别相，一切都觉悟了知，不是依靠听闻和思虑而证得，是无师独自觉悟，从修行而证得，所以名叫作佛。善良的男子啊！世上最尊的如来，缘一切法的智慧圆满具足；声闻乘和缘觉乘，虽然了知四种谛理，但缘一切法的智慧不具足，由于这意义的缘故，不能得名叫作佛。世上最尊的如来，缘一切法的智慧圆满具足，所以能得名叫作佛。

"善良的男子啊！像印度的恒河流水，有三种兽类要一起渡过河流，就是兔子、马、有香气的大象。兔子游水脚踩不到河底，浮在水面而渡过；马游水脚有时或踩到河底，有时或踩不到河底；象脚就完全尽踩到底。所说的恒河流水，就是譬喻十二因缘的生死流转大河呀！声闻乘阿罗汉渡出生死流的时候，就像那兔子；缘觉辟支佛渡出生死流的时候，就像那马匹；如来渡出生死流的时候，就像那有香气的大象，所以只有如来才能得名叫作佛。声闻乘和缘觉乘的圣者，虽然断除了烦恼，还不能断除无明的习性劣气；如来就能拔除一切烦恼和无明的习性劣气根源，所以名叫作佛。

"善良的男子啊！疑惑有二种：第一种是烦恼的疑惑，第二种是无法记明是善是恶的疑惑。声闻乘和缘觉乘的二种小乘人，只断除烦恼的疑惑，不能断除非善非恶的无记疑惑；如来都完全断除这二种疑惑，所以名叫作佛。善良的男子啊！声闻乘的人，厌离于广见多闻；缘觉乘的人，厌离于多思虑；佛对于这广见多闻和多思虑的二种，内心不会疲倦厌弃，所以名叫作佛。

"善良的男子啊！譬喻像清净的物品，放置于清净的器皿里，外表里面都清净；声闻乘和缘觉乘的圣者，内心智慧虽然清净，而业报所感的身体器官并不清净。

如来就不是这样，内心的智慧和身体的器官都清净，所以名叫作佛。善良的男子啊！清净有二种：第一种是智慧清净，第二种是道行清净。声闻乘和缘觉乘的圣者，虽然有清净的智慧，但是道行还未完全清净；世上最尊的如来，智慧和道行都完全清净，所以名叫作佛。

"善良的男子啊！声闻乘和缘觉乘的圣者，他们的道行都是有边际有限度的；世上最尊的如来，那道行是广大得没有边际，所以名叫作佛。善良的男子啊！世上最尊的如来，能够在一念间破除坏灭二种障碍：第一是障碍智慧的所知障，第二是障碍解脱的烦恼障，所以名叫作佛。如来具足菩提心的智慧因和佛果的智慧果，所以名叫作佛。

"善良的男子啊！如来出言说话，没有前后二种矛盾，没有任何错谬，也没有虚妄不实。智慧光明没有障碍，乐于讲说佛法也是这样，具足了知一切因的智慧、了知一切时的智慧、了知一切相的智慧，没有盖覆掩藏，无须用心守护身、口、意也不会犯错，没有人能说出佛的过错，都能了知一切众生烦恼缠结的起因助缘和灭烦恼缠结的主因助缘。世间利、衰、毁、誉、称、讥、苦、乐等八法，都不能污染佛的心。具有广大的怜悯心，能救拔众生的苦恼。具足十种智力和说一切智、说烦恼漏净尽、说障圣道的烦恼、说灭尽业苦的圣道等四种没有任何怖畏。具大慈悲心和众生信佛而心不喜、众生不信而心不忧、众生或信或不信而心也不喜不忧等三种安住心念，身体和内心的二种力量，都圆满具足。

"佛的身力是怎样圆满具足呢？善良的男子啊！欲界第二层天的三十三天忉利天，有一座大城，名叫作善见城，那座城的范围纵直和广阔都是满十万里，宫殿厅室有一百万间，那些天神有一千零六十六万六千六百六十六位。夏天三个月的时候，忉利天主释提桓因，要前往波利质多香遍树林里欢心享受娱乐。乾陀山有一只具有香气的大象，名叫作伊罗钵那，具备足足有七个头，天帝释提桓因发起心念要用象，大象知道即刻就来。善见城里所有那些天神都变小，坐在那大象的头上，旋即行走地前往。那树林离去善见城五十由旬（由旬即由延，每由旬约行军一天的路程），这只大象的身力，胜过一切香气大象的身力，即使和合这样的香气大象一万八千只，那身力也只能敌过佛陀一骨节的力量，所以佛的身力超出胜过一切众生的身力。

"世界多得没有边际，众生也是多得没有边际，如来的心智法力，也是这样没有边际，由于这些缘故只有如来能得名叫作佛，不是声闻乘和缘觉乘的二种小乘圣人可以名叫作佛呀！由于如来具有这些意义的缘故，名叫作至高无上的导师，名叫作大丈夫，是人类中的香气大象、狮子、龙王，能调伏、驾御、指示、引导众生，名叫作掌舵的大船师，名叫作治众生心病的大医师，是大牛中的王，是人类中的牛王，名叫作出淤泥而不染的清净莲花，是无师而独自觉悟，作为那些众生的眼目呀！是施法无畏的大施主，是出家僧中的大沙门，是清净梵行的大婆罗门，内心寂静持守戒律，勤于实行专精迈进，已到达于圣境彼岸，获得解脱一切烦恼业障痛苦。善良的男子啊！声闻乘和缘觉乘，虽然也证有菩提觉智，但都没有具备这些事情，所以只有如来名叫作佛。

"善良的男子啊！菩萨有二种：第一种是在家菩萨，第二种是出家菩萨。出家菩萨要分别修证这三种菩提觉智，是不困难；在家菩萨要分别修证这三种菩提觉智，才是困难。为什么呢？因为在家修的人，被很多恶劣的因缘条件所缠绕呀！"

第六品　修三十二种瑞相的善业

善生说："世上最尊的佛陀啊！像佛陀所说的，菩萨具有那么大的身力，什么时候才能够成就呢？"

佛陀说："善良的男子啊！初修成三十二种瑞相的善业时就会成就。善良的男子啊！菩萨修习积集这些善业时，就能得名叫作菩萨，而且兼证得二种禅定：第一是修菩提佛果的禅定，第二是三界有情的禅定。又再证得二种禅定：第一是能了知宿世生命的禅定，第二是生起正法修证因的禅定。善良的男子啊！菩萨从开始修三十二种瑞相的善业，甚至到证得阿耨多罗三藐三菩提的佛果位，在那中间，多方听闻佛法而没有厌倦。大菩萨摩诃萨每修一种瑞相，都是修积一百种福德善业作为围绕庄严而成，修心时五十种福德善业，具心时五十种福德善业，这就是名叫作百种福德善业。

　　"善良的男子啊！世间一切福德，不及如来一毛孔的功德；如来一切毛孔的功德，不如一种妙好的功德；聚积合了八十种妙好的功德，不及一种瑞相功德；所有一切瑞相功德，不如佛面眉间白毫毛光瑞相功德；白毫毛光瑞相功德，又不能及于佛头顶的无见顶瑞相。

　　"善良的男子啊！菩萨恒常于多得无法计量的长劫时间中，为那些众生做大利益众生的事情，至诚专心勤于修习做一切善好的业行，所以如来成就具足了多得无法计量的功果美德。这三十二种瑞相，就是发大悲悯心利益众生的果报呀！统治四大部洲的转轮圣王虽然也具有这三十二种瑞相，但瑞相不是很明显和完全具足成就。感这瑞相的善业本体，就是身体、口舌、心意三种业行。要修这些善业时，不是在天界中或北俱卢洲郁单越的地方可以修，只有在南赡部洲、东胜身洲、西牛货洲等三个地方可以修，且修成男子大丈夫身，不是女人身呀！大菩萨摩诃萨修满这善业以后，名叫作修满三个阿僧祇无法计量的长劫时间，次第获证得阿耨多罗三藐三菩提的佛果位。

"善良的男子啊！我于古往过去世宝顶佛的处所，修满第一个阿僧祇无法计量的长劫时间；又于然灯佛的处所，修满第二个阿僧祇无法计量的长劫时间；到迦叶佛的处所，修满第三个阿僧祇无法计量的长劫时间。善良的男子啊！我于古往过去世的古释迦牟尼佛处所，开始发立要求证阿耨多罗三藐三菩提佛果位的心志，发立了这心志以后，亲近供养了多得无法计量像恒河里沙粒那么多的诸位佛，种植各种善行的根本，修行圣道，持守戒律，专精迈进，多方听闻佛法。善良的男子啊！大菩萨摩诃萨修这三十二种瑞相的善业以后，自心明了知道一定会证得阿耨多罗三藐三菩提佛果位，就像观赏自己手掌中的庵摩勒果那样清楚。那善业虽然有一定，但修习时的先后次第，就不必固定呀！

"或者有的人说：'如来是先修得牛王绀青眼目的瑞相。为什么呢？因为修菩萨行的时候，于多得无法计量的生生世世中，乐于用慈善的眼睛温和地顾视众生，所以应是先修得牛王绀青眼目的瑞相，次再修得其余的各种瑞相。'或者有的人说：'如来应是先修得八种清净梵音的瑞相，其余的瑞相再次第修得。为什么呢？因为修菩萨行的时候，于多得无法计量的生生世世中，恒常用柔软语句和诚实的语句，教导度化众生，所以应是先修得八种清净梵音的瑞相。'或者有的人说：'如来应是先修得无人能见佛头顶的瑞相，其余的瑞相再次第修得。为什么呢？因为修菩萨行的时候，于多得无法计量的生生世世中，亲近供养很多师长和诸位佛、菩萨，头顶伏地叩头礼拜，破除骄傲我慢心呀！所以应是先修得无人能见佛头顶的瑞相。'或者有的人说：'如来应是先修得眉间白毫毛放光的瑞相，其余的瑞相再次第修得。为什么呢？因为修菩萨行的时候，于多得无法计量的生生世世中，不曾诳骗一切众生呀！所以应是先修得眉间白毫毛放光的瑞相。'善良的男子啊！除了世上最尊的佛陀，其余没有人能说清这三十二种瑞相的善业。

"善良的男子啊！或者又有人依次第地说：'如来是先修得足底下平满的瑞相，其余的瑞相再次第修得。为什么呢？因为修菩萨行的时候。于多得无法计量的生生世世中，遍布施舍、持守戒律和修习积集圣道时，那内心不摇动，所以是先修得足底下平满的瑞相。'得到这瑞相以后，依次第再获得足底下有千辐轮的瑞相。为什么呢？因为修菩萨行的时候，于多得无法计量的生生世世中，供给奉养父母、师长、善好的朋友等，如法地拥护照顾一切众生，所以依次再得手足有千辐轮的瑞相。得这瑞相以后，依次第再获得纤长手指的瑞相。为什么呢？因为修菩萨行的时候，至诚心领受持守第一条和第四条的优婆塞在家居士菩萨戒，所以依次得到纤长手指的瑞相和足跟圆满足跌高长的瑞相。得这瑞相以后，依次第再获得身膊丰满的瑞相。为什么呢？因为修菩萨行的时候，善于接受师长、父母、善知识师友所教导呀！所以依次得到身膊丰满的瑞相。得这瑞相以后，依次再得手足指间连合的网缦瑞相。为什么呢？因为修菩萨行的时候，用布施、爱语、同事、利行等四种摄度众生的方法去摄度众生呀！所以依次得到手足指间网缦的瑞相。

　　"得这瑞相以后，依次第获得手足柔软胜其余身体的瑞相。为什么呢？因为修菩萨行的时候，于多得无法计量的生生世世中，用手抚摩清洗师长、父母的身体，除去他们身上的垢秽，又用香油涂抹他们，所以依次得到手足柔软的瑞相。得这瑞相以后，依次得到身毛向上披靡的瑞相。为什么呢？因为修菩萨行的时候，于多得无法计量的生生世世中，恒常化度众生，使令他们修习布施持戒等一切善法，所以依次得到身毛向上披靡的瑞相。得这瑞相以后，依次第获得像鹿王脚胫的瑞相。为什么呢？因为修菩萨行的时候，至诚心听闻佛法，至诚心讲说佛法，是为了坏灭生死轮回各种过咎呀！所以依次得到像鹿王脚胫的瑞相。得这瑞相以后，依次第获得身体方正圆满的瑞相，就像树干正直的尼拘陀树王。为什么呢？因为修菩萨行的时候，于多得无法计量的生生世世中，恒常施舍治病的医药给一切众生，所以依次得到身体方正圆满的瑞相。

"得这瑞相以后，依次第获得手长过膝盖的瑞相。为什么呢？因为修菩萨行的时候，始终不曾欺瞒诳骗一切贤人圣者、父母、师长、好友善知识，所以依次得到手长过膝盖的瑞相。得这瑞相以后，依次得到像象王和马王阴部密藏的瑞相。为什么呢？因为修菩萨行的时候，于多得无法计量的生生世世中，看见心生怖畏的众生，都能救助保护他们，内心也生起惭愧心，不说他人过错，善于掩覆他人的罪过，所以依次得到像象马阴部密藏的瑞相。得这瑞相以后，依次得到柔软的身肤，每一毛孔中都生长一根毛的瑞相。为什么呢？因为修菩萨行的时候，于多得无法计量的生生世世中，亲近正智的人，乐于听闻佛法，乐于谈论佛法，听闻以后又乐于实修，又乐于整治道路，除去路上的棘刺，所以依次得到皮肤柔软，每一毛孔中都生长一根毛的瑞相。得这瑞相以后，依次第获得佛身黄金色的瑞相。为什么呢？因为修菩萨行的时候，于多得无法计量的生生世世中，时常施舍给众生房屋舍宅、卧床用具、饮料食物、照明灯火等，所以依次得到佛身黄金色的瑞相。

"得这瑞相以后，依次第获得头、胸、脐间和四肢等七处都丰满的瑞相。为什么呢？因为修菩萨行的时候，于多得无法计量的生生世世中，应可嗔怒的处所不生起嗔怒心，随着众生所需求的乐于施舍，所以依次得到身体七处丰满的瑞相。得这瑞相以后，依次第再获得缺骨处丰满的瑞相。为什么呢？因为修菩萨行的时候，于多得无法计量的生生世世中，善于能够分别了知善和不善的相状，所说的话没有错谬，不说不合正义的，可信受的佛法，口里时常宣传演说；不可信受的，不随便讲说宣传，所以依次得到缺骨处丰满的瑞相。

"得这瑞相以后，依次再得二种瑞相：第一是上身像狮子身，第二是面颊像狮子面，二种瑞相都像狮子。为什么呢？因为修菩萨行的时候，于多得无法计量的生生世世中，自己不曾两舌挑拨离间，也教他人不要做，所以依次得到这二种瑞相。得这瑞相以后，依次再得三种瑞相：第一是四十颗牙齿，第二是牙齿洁白清净相，第三是牙齿整齐周密相。为什么呢？因为修菩萨行的时候，于多得无法计量的生生世世中，常以十善法去教化众生，众生听受以后，心生欢喜，并时常乐于称扬他人的善事功德，所以依次再得这三种瑞相。得这瑞相以后，依次第再获得四门牙白净的瑞相。为什么呢？因为修菩萨行的时候，于多得无法计量的生生世世中，修欲界的慈、悲、喜、舍，乐于思念善法，所以依次得到四个门牙白净的瑞相。得这瑞相以后，依次再得滋味中最上好滋味的瑞相。为什么呢？因为修菩萨行的时候，于多得无法计量的生生世世中，随时布施，不等待他人求于自己，然后才布施，所以依次得到滋味中最上好滋味的瑞相。得这瑞相以后，依次再得到二种瑞相：第一是佛头顶隆起一红肉髻，第二是宽广而长的舌头。为什么呢？因为修菩萨行的时候，于多得无法计量的生生世世中，至诚专心信受修持十善法的圣教，兼能化度众生，所以依次得到这二种瑞相。得这瑞相以后，依次再得梵音深远的瑞相。为什么呢？因为修菩萨行的时候，于多得无法计量的生生世世中，自己不曾有恶毒的口舌，也教他人不要做，所以依次得到梵音深远的瑞相。

"得这瑞相以后，依次再得眼睫像牛王和青绀色眼目的瑞相。为什么呢？因为修菩萨行的时候，于多得无法计量的生生世世中，用平等慈善的眼目，顾视冤家和亲人呀！所以依次得到牛王眼睫和青绀色眼睛的瑞相。得这瑞相以后，依次再得眉间白毫毛放光的瑞相。为什么呢？因为修菩萨行的时候，于多得无法计量的生生世世中，宣说纯正的佛法和真实的佛法而不虚妄，所以依次得到眉间白毫毛放光的瑞相。得这瑞相以后，依次再得无人能见佛头顶的瑞相。为什么呢？因为修菩萨行的时候，于多得无法计量的生生世世中，常头顶伏地叩头礼拜一切圣者贤人、师长、父母，尊重赞叹，恭敬供养，所以获得无人能见佛头顶的瑞相。

"善良的男子啊！菩萨有二种：第一种是在家菩萨，第二种是出家菩萨。出家菩萨要修这些善业，不是很困难；在家菩萨能修这些善业，才是困难。为什么呢？因为在家修的人，被很多恶劣的外境因缘条件所缠绕呀！"

2 卷二

第七品　发立誓愿

善生问："世上最尊的佛陀啊！能感这三十二种瑞相的善业，是什么人才能修习去做呢？"

佛陀说："善良的男子啊！只有有智慧的人才能修习去做。"

善生又问："世上最尊的佛陀啊！怎样才名叫作有智慧的人呢？"

佛陀说："善良的男子啊！如果能够善心发立求证至高无上佛果的大誓愿，这就名叫作有智慧的人。大菩萨摩诃萨发立求证菩提佛果的心志以后，身体、口舌、心意等三种业行所修所做的善业功德，都愿意为众生而修，将来证得佛果，但愿一切众生也共同证得。又大菩萨摩诃萨恒常亲近佛菩萨、声闻乘阿罗汉、缘觉乘辟支佛、善好相知认识的师友等，并奉献供养、恭敬礼拜、咨询请问高深的佛法，信受修持而不忘失。

"发立大誓愿这样说：'我现今亲近诸位佛菩萨、声闻乘阿罗汉、缘觉乘辟支佛、善好的师友等，宁可于多得无法计量的生生世世中受大苦恼，不对于求证菩提佛果生起退步转变的心意。众生如果用恶毒的心来打骂或毁谤、侮辱我本身，但愿我因为这样更能增长慈悯心，而不生起嗔恨报复的恶毒心念。但愿我以后投生，不论投生在任何处所，都不要受报成女人的身体，或没有生殖器根，或兼具男女二根的阴阳人，或做他人奴隶婢女的身份。又愿使令我自身有自由自在的力量，他人能被我指使，不要使令他人有自在权力而驱使我。但愿使令我本身六根器官都俱全足够，远离恶劣的坏朋友，不要投生到恶劣的国家或边疆蛮裔的处所，恒常生在豪贵的族姓，形色体力都殊胜特好，财宝富裕自在使用。能得善好意念的心、自在无碍的心，身心能得勇敢健康。凡是有任何言说，听闻的人都乐意接受；远离各种障碍，没有放肆纵逸的行为，远离身体、口舌、心意等一切恶行罪业，恒常为众生做广大利益的事情；为了救度利益众生，不贪惜自己的身命，不为自己的身命而造作恶业；利益众生时，不希求感恩回报。恒常乐于信受修持十二部类的佛经，自己信受修持以后，更能转而教导他人；能坏灭众生邪恶的见解和罪恶惑业，一切世间事都不能超胜于我，证得殊胜的果位以后，又能转而教导他人。善能救治众生身体和内心的重大病苦，看见离散破坏的，能使令和合重圆；看见恐怖畏怯的，能为他做救助保护，救护以后，并为他讲说各种佛法，使令他听闻以后，内心能得调适降伏。看见饥饿的，甚至能施舍自身，使令他人得到饱满，只愿他不要生起贪念恶心，当他在啖吃我的肉时，就像在吃草木果实。恒常乐于奉献供养师长、父母、善友、耆宿有德的人等，在冤家或亲戚中，那内心平等一样。恒常修于忆念佛陀、忆念佛法、忆念僧尼、忆念戒律、忆念施舍、忆念上天等的六种忆念和没有实在自我的观想，以及十二因缘。弘法于没有佛陀、佛法、僧尼等佛教三宝的处所，乐于在寂静处，修集慈悲的道行。一切众生如果看见我本身，或听闻接触我的人，都能远离内心的烦恼。'菩萨虽然知道除了菩提佛果位，已不再希求其余的果报，但为了救度众生的缘故，只求能弘扬佛法利益众生。善良的男子啊！菩萨如果能这样发立大誓愿，应当知道这个人，就是拥有至高无上佛法财宝的长者，是已在希求法王佛果而尚未得法王佛果的人。

"善良的男子啊！大菩萨摩诃萨具备修足三种善事，就能得名叫作拥有佛法财宝的长者：第一是内心不甘愿乐于外教邪道的典籍，第二是内心不贪恋耽着于生死世间的欲乐，第三是恒常乐于奉献供养佛陀、佛法、僧尼的佛教三宝。又有三种善事：第一是为别人受苦，内心不生起后悔；第二是具备修足至高无上的微妙智慧；第三是自己具有善法功德时，不生起骄傲怠慢心。又有三种善事：第一是为救度众生虽受地狱苦，而内心却像在享受色界三禅天的禅悦妙乐；第二是看见他人获得利益，不生起嫉妒心；第三是所做的功德善业，都不是为自己的生死果报。又有三种善事：第一是看见他人受苦，就像自己在受苦一样没有不同；第二是所修的功德善事，都是为了救度众生；第三是善于做各种方便法，使令他人脱离苦恼。

"又有三种善事：第一是观悟生死世间的欲乐，就像会伤害人的大毒蛇；第二是乐于处住在生死世间，是为救度利益众生；第三是观悟没有生灭万法体性的安忍圣智，有很多各种功果美德。又有三种善事：第一是能施舍自己的身体，第二是能施舍自己的生命，第三是能施舍财物。施舍这三种事物，都是为救助众生。又有三种善事：第一是多听闻佛法而没有厌倦，第二是能忍受各种恶毒的伤害，第三是也能教他人修忍辱行。又有三种善事：第一是自心能反省自己的过错，第二是善于隐覆他人的罪过，第三是乐于修习慈悲心。又有三种善事：第一是以至诚心奉行持守佛制的禁戒，第二是用布施济助、慈爱语言、利益行为、相同从事等四种摄度众生的方法去摄取众生，第三是口里出言都很柔软不粗鲁。又有三种善事：第一是能广大做佛法的布施，第二是能广大做财物布施，第三是将这二种布施也劝众生去实行。

"又有三种善事：第一是常用大乘佛法去教化众生，第二是常修辗转精进倍增向上的道行，第三是对于任何众生，不生起轻慢的心想。又有三种善事：第一是内心虽然还具有烦恼，为度众生而还堪能忍受；第二是虽知烦恼的过失不能脱离世间，为度众生乐而不厌；第三是自心虽具有烦恼，却能坏灭他人的烦恼结缚。又有三种善事：第一是看见他人得到利益，内心欢喜就像自己得到一样；第二是自己得到平安快乐，不乐于独自享受；第三是在下乘的境界中，不生起满足的想法。又有三种善事：第一是听闻各种菩萨所修的苦行，内心不怖畏退怯；第二是看见有人来乞求，始终不说没有而不给；第三是始终不生起心念认为我胜于一切。

"善良的男子啊！菩萨如果能观察起因，观察结果，能观察什么因得什么果，能观察果报的起因，这些菩萨能断灭凡夫惑业的因和生死的苦果，就能证得圣道的因和涅槃的圣果。菩萨如果能断灭世间因果而证得出世因果，这就名叫作证得佛法圣果，是证悟万法的法王，通达一切法自在没有障碍。

"善良的男子啊！菩萨有二种：第一种是在家菩萨，第二种是出家菩萨。出家菩萨能发立这样的誓愿，不是很困难；在家菩萨能发立这样的誓愿，才是困难。为什么呢？因为在家菩萨，被很多恶劣的环境因缘条件所缠绕呀！"

第八品　假名和实义的菩萨

善生说："世上最尊的佛陀啊！像佛陀所说，菩萨有二种：第一种是假名的菩萨，第二种是实义的菩萨。怎样名叫作假名的菩萨呢？"

佛陀说："善良的男子啊！众生如果发立求证菩提佛果的心志以后，还是乐于信受外道邪术和他们的经典书籍，修持讽诵，背诵阅读，又将这外道邪法去教化众生。为了自己的身体生命，而杀害其他的生命，不乐于修习慈悲心。于生死世间中，时常造各种业，而受生死世间的欲乐。对佛法没有信心，对于佛陀、佛法、僧尼的佛教三宝，生起疑惑迷惘心。保护爱惜自己的身体生命，不能忍受他人的侮辱，语言粗犷蛮横，懊悔怨恨，放肆纵逸。对于自身，生起自暴自弃轻薄的想法，自认我不可能证得至高无上的菩提佛果。在烦恼中，生起恐怖的心想，也不勤修坏灭烦恼结缚的方便法门。内心时常生起悭吝、贪欲、嫉妒、嗔恨心，亲密接近邪恶朋友，懒惰懈怠散乱心，乐于处在无明迷惑中。不信受修学布施济助、持守戒律、忍受侮辱、勤勉精进、禅定静虑、般若智慧等六种能度入圣境的波罗蜜，不乐意修习福德，不观悟生死苦痛，常乐于感受忆持他人的邪恶语言，这就名叫作假名的菩萨。

"善良的男子啊！又有一种众生，发立求证菩提佛果的心志，想要证得阿耨多罗三藐三菩提的佛果位，听闻到要经过多得无法计量的长劫时间苦行修道，然后才能证得佛果，听闻以后心生后悔，虽然还在修行佛道，心志并不真实，没有惭愧心，不生怜悯众生的心。乐于信奉外教邪道，杀猪羊祭祀天神。对佛法虽有微小信仰，但信心并不坚固。为贪求五欲的享乐，造各种恶业，倚恃自己的形色、生命、财富等，生起自大骄傲怠慢心，所做颠倒错谬，不能得到利益。为求生死世间的福乐，而行布施济助；为求生天享乐，而领受持守禁戒，虽然也修禅定，只为求寿命增长，这也名叫作假名的菩萨。

"所谓实义的菩萨，就是能听信佛法深奥的真义，乐于亲近善良朋友，乐于供给奉养师长、父母甚至善良朋友，乐于听闻如来十二部类的佛经，而信受修持、阅读背诵、书写印经、思虑经义。为求学佛法的原因缘故，甚至不惜自己的身体生命、妻妾子女、财产宝物，那信佛的道心很坚固，又能怜悯一切众生。口里说话柔软温和，先语劝导，说实在话，口里没有恶毒语言和挑拨离间的两舌语。对于自身，不生起自暴自弃的看轻想法，舒伸双手给众生恩惠施舍，没有禁止固守。常乐于修持打磨锐利那智慧的刀剑，虽然偶尔学习外教典籍，是为破除他们的邪谬见解，而超出胜于邪谬见解，善于了知方便法门去调伏邪恶的众生。于广大群众处所，内心不生起恐惧怖畏。时常教导众生说：'菩提佛果勤修是很容易证得。'这样能够使令听闻的人不会生起怖畏退心。

"勤修道行专精迈进，轻贱舍离于烦恼，使令那些烦恼不得自在生起。内心不放肆纵逸，时常修学忍受侮辱。为要证涅槃圣果，持守戒律专精迈进。愿为众生趋前奔走，给众生驱使，使令他们安稳欢喜享受娱乐。为他人受苦，内心不生起后悔；看见他人退失菩提心志，内心生起怜悯。能救一切众生各种苦恼，能观悟生死流转所有的过失罪苦，能具备至高无上六种能度入圣境的波罗蜜多道行。所做世间事务，都能超胜那些众生。对佛、法、僧三宝的信仰心很坚固，修集慈悲救世的功德善行，也不希求慈悲救世的果报。于冤家和亲人中，那内心没有二种差别。惠施济助时平等一样，舍身救人时也是这样。了知世间无常变化的真相，为上求佛道和下化众生而不惜身体生命。

"用四种摄度众生的方法，去摄取众生学佛。了知世间谛理的缘故，能随顺任何众生的根性而说话。为了救度众生而受苦的时候，那内心不动摇，就像须弥妙高山那么坚固。虽然看见众生造了很多罪恶，但有少许善行的，内心始终不会忘记。对于佛陀、佛法、僧尼等三宝，坚信不会生起疑心，而乐于奉献供养。如果只是少许财物时，首先施给贫穷的人，然后再施于种福的田地；先为贫苦的人救拔，然后再为富有的人。乐于称赞他人的善行，为他开启涅槃圣境。所有各种技能才艺，都想使令他人学习，见别人所学胜于自己，为他生起欢喜心。不挂念自己的利益，只时常挂念要利益他人。身体、口舌、心意等三种业行所做的各种善事功德，始终不是为自己而做，恒常都是为了他人，这就名叫作实义的菩萨。

"善良的男子啊！菩萨有二种：第一种是在家菩萨，第二种是出家菩萨。出家菩萨要做实义的菩萨，是不算难；在家菩萨要做实义的菩萨，才是困难。为什么呢？因为在家修的人，被很多恶劣的环境因缘条件所缠绕呀！"

第九品　实义菩萨的道心坚固

善生说："世上最尊的佛陀啊！所谓实义菩萨，怎样自己能知道是实义菩萨呢？"

佛陀说："善良的男子啊！大菩萨摩诃萨要修学外道的苦行时，应先自己生起为度外道而修此苦行的警诫心。善良的男子啊！我忆念往昔过去世修行菩萨道的时候，先跟从外教道人领受苦行修法，至诚专心遵奉实行，内心没有退步转变。于多得无法计量的生生世世中，用灰土涂抹身体，只吃胡麻、小豆、粳米、粟米、稀等，每天只吃一粒；用荆棘中可恶的尖刺、柞木干枝、地上石砾等，作为睡卧床具；用牛屎、牛尿等，作为治病的药方。在盛夏的几个月里，用五种炎热烫炙身体；十月孟冬以后的寒冷季节，用冷冻的冰块衬贴身体。或忍受着吃草、吃根、吃茎、吃叶子、吃果实、吃泥土、吃风露等。修这些等各种苦行的时候，对自身或他人身体都没有什么利益。虽然这样，还是依旧内心没有退步转变，胜于一切外教道人的苦行。

"善良的男子啊！我于往昔过去世，为四种事情的缘故，曾舍弃自己的身体生命：第一是为破除众生各种烦恼的缘故，第二是为使令众生享受安稳快乐的缘故，第三是为除却坏灭对自身的贪恋执着，第四是为报答父母生育教养的恩德。菩萨如果能这样不惜自己的身体生命，就一定能自知是实义菩萨。

"善良的男子啊！我于往昔过去世，为求纯正的佛法，剜挖自身的肉做燃灯三千六百盏。我于当时，内心还具足着烦恼，身体实在感觉很痛苦，但为了度脱那些众生的缘故，谕令内心要坚强，而不生起退步转变心。当时就得到具足三种事情：第一是终毕究竟没有退步转变心，第二是能做得为实义菩萨，第三是名叫作不可能心思口议。这就名叫作菩萨不可能心思口议的事情。

"又我在往昔过去世时，为求得真正的佛法，在一个长劫时间中，全身四周左右，忍受着千疮的痛苦。当时我内心还是具足一切各种烦恼，身体实在感觉很痛苦，但是为了能得度脱那些众生，谕令内心要坚强，而不生起退步转变心，这就名叫作菩萨不可能心思口议的事情。

"又我在往昔过去世，为救一只鸽子的缘故，舍弃这身体。当时我内心还是具足一切各种烦恼，身体实在感觉很痛苦，但是为了能得度脱那些众生，谕令内心要坚强，而不生起退步转变心，这就名叫作菩萨不可能心思口议的事情。善良的男子啊！一切罪恶的有情众生和烦恼恶业，就是修菩萨道的庄严伙伴。为什么呢？因为一切凡夫众生，没有智慧和正确忆念的心思，所以将烦恼当作怨敌；而菩萨有智慧且正确忆念的心思都具足，所以将烦恼当作修道的伴侣，罪恶的有情众生和恶业也是这样，都是修道的伴侣。

"善良的男子啊！舍离了烦恼，终归都不能再感得受生恶劣有情众生的身。所以菩萨为度众生虽然外表示现造作恶业，实在不是身体、口舌、心意的恶念所造作，那是为留世间救度众生的誓愿力；由于这誓愿力，而去受生投胎做恶兽的身形，这是为要调教降伏那些恶性众生的缘故。菩萨示现受生做畜生的身形以后，仍是善于了知人的语言、佛法的语句、诚实的话、不是粗恶的话、不是没有意义的话，内心恒常怜悯众生，修集慈悲行善的功德，没有放肆纵逸，这就名叫作菩萨不可心思口议的事情。

"善良的男子啊！我于往昔过去世，受生投胎做熊的身形时，虽然内心具有烦恼，但是那些烦恼对于我，没有生起的自在力量。为什么呢？因为我具有正确心念的智慧呀！我于当时，由于怜悯众生，拥护纯正的佛法，修行佛法的道行，受生投胎做瞿陀牛身、劫宾阇罗鸟身、兔子身、蛇身、龙身、象身、金翅鸟身、鸽子身、鹿身、猕猴身、公羊身、鸡身、雉身、孔雀身、鹦鹉身、虾蟆身等，我受生这些鸟兽身的时候，虽然内心具有烦恼，但是那些烦恼对于我，没有生起的自在能力。为什么呢？因为我具有正确心念的智慧呀！且怜悯众生，拥护纯正的佛法，修行佛法的道行。

"善良的男子啊！于饥馑挨饿的时世，我发立大愿，由于我誓愿力的缘故，受生做大鱼身，这是为了要使那些众生脱离于饥渴的苦难，使那些吃了我鱼身的，都能安心修道、忆念圣道，没有恶行罪过。流行疾病瘟疫的时世，我又发立大誓愿，出于这誓愿力的缘故，我化身作为能治病的药树，那些有疾病的，看见、嗅闻、摸触到我药树和吃了我的皮肤、血肉、骨髓的，疾病就都消除痊愈。善良的男子啊！大菩萨摩诃萨为救度众生受了这些苦痛，内心仍不退步转变，这就名叫作实义的菩萨。

"菩萨修行六种能度入圣境的波罗蜜多行时，始终不希求能得六种波罗蜜的果报，只是以能利益众生为要事。菩萨深深了知世间生死轮回的过患，之所以还乐于处住世间，是为救度利益众生，使能受到安稳快乐呀！菩萨了知出世的解脱是安乐，而世间的生死是过患，而为救度众生却能处住世间，这就名叫作菩萨不可能心思口议的事情。

"菩萨对众生所做的利益行，不希求他人感恩报答；但是受了他人恩惠之处，却时常思念要返回报答。

善良的男子啊！一切众生恒常希求自己得到利益；菩萨所修道行，恒常希求利益他人，这就名叫作菩萨不可能心思口议的事情。大菩萨摩诃萨内心虽然还具足着烦恼，但对于冤家和亲人，都能平等地救度利益，这就名叫作菩萨不可能心思口议的事情。

"善良的男子啊！像那些外教邪道教化众生时，或者用恶毒的语句，或用鞭打，或责骂侮辱，或摈弃他使令出去，然后调教降伏他。菩萨就不是这样，教化众生的时候，没有用粗野恶毒的语句和嗔恨的语气，或花言绮语，只有用柔软的语气和真实的语句，众生听闻以后，就像青莲花遇到月亮而开花和红莲花遇到太阳而开花。

"善良的男子啊！菩萨施济时，财物虽然很少，看见很多来乞求的人，也不会生起厌倦心，这就名叫作菩萨不可能心思口议的事情。菩萨教化那些盲人、聋子、口喑哑巴、愚痴鲁钝、未开化的边疆僻地人、恶性众生时，内心没有疲倦厌烦，这就名叫作菩萨不可能心思口议的事情。

"善良的男子啊！菩萨有四种不可能心思口议的事情：第一是所喜爱的贵重物品，能够拿来施舍给别人；第二是内心虽然还具有烦恼，却能忍受恶毒陷害的事情；第三是被破坏离散的群众，能使之再和合；第四是临到寿终时见到恶境界，能讲说佛法转变他。这就名叫作菩萨四种不可能心思口议的事情。又有三种事情是不可能心思口议的：第一是呵斥责骂一切各种烦恼；第二是处在烦恼中，而不舍烦恼；第三是内心虽然具有烦恼和烦恼所造的业，而不放肆纵逸。这就名叫作菩萨三种不可能心思口议的事情。又有三种事情是不可能心思口议的：第一是开始要施济的时候，内心生起欢喜快乐；第二是施济时是为帮助他人，不希求能得果报；第三是施济以后，内心快乐，不生起后悔厌恨。这就名叫作菩萨三种不可能心思口议的事情。善良的男子啊！大菩萨摩诃萨修这些道行时，自己反省观察那内心而自问：'我是假名的菩萨，还是实义的菩萨呢？'众生如果能够做这些事情，应当知道这个人就是实义菩萨呀！

"善良的男子啊！菩萨有二种：第一种是在家菩萨，第二种是出家菩萨。出家菩萨能做这些事情，是不太难；在家菩萨能做这些事情，才是困难。为什么呢？因为在家修的人，被很多恶劣的环境和因缘条件所缠绕呀！"

第十品　自利和利他

善生说："世上最尊的佛陀啊！什么是菩提觉智呢？

什么是菩提圣道呢？"

佛陀说："善良的男子啊！如果离了菩提觉智，就没有菩提圣道；离了菩提圣道，也就没有菩提觉智。菩提圣道就是菩提觉智，菩提觉智就是菩提圣道。胜过一切声闻乘阿罗汉和缘觉乘辟支佛所证得的道行圣果，这就名叫作佛的菩提觉智和菩提圣道。"

善生说："世上最尊的佛陀啊！声闻乘阿罗汉和缘觉乘辟支佛所证得的道行圣果，就是菩提觉智，就是菩提圣道，怎么说被胜过呢？"

佛陀说："善良的男子啊！声闻乘人和缘觉乘人，道行不是很广大，那圣智也不是一切都觉知，所以佛所证的菩提觉智和菩提圣道，才能得名叫作胜过。就像对世间一切经书，佛教十二部类的佛经是最胜第一。为什么呢？因为佛经所说的道理没有错谬没有颠倒呀！声闻和缘觉这二种小乘圣道，比于佛的菩提圣道，也是像这样。

"善良的男子啊！菩提圣道，就是修学，也是修学的果位。怎样名叫作修学呢？就是在修行菩提圣道时，还未能具足不退步转变的心，这就名叫作修学。已经证得不退步不转变的心，就名叫作修学的果位。还未得定有，就名叫作修学；已经得到定有，修到第三个长劫时间中，这就名叫作修学的果位。修学最初在第一个阿僧祇无量数的长劫时间中，还未能一切都惠施、在一切时都施舍、对一切众生都施舍。修到第二个阿僧祇无量数的长劫时间中，虽然能够一切都惠施，但是还未能在一切时都施舍和对一切众生都施舍。在这二处的阶段，这就名叫作修学。修到第三个阿僧祇无量数的长劫时间中，能够一切都惠施、一切时都能施舍、对一切众生都能施舍，这就名叫作修学的果位。

"善良的男子啊！菩萨还在修行布施济助、持守戒律、忍受侮辱、精进勤勉、禅定静虑、般若圣智等六度时，这就名叫作修学；修到度入那涅槃圣域的彼岸时，这就名叫作修学的果位。善良的男子啊！有的虽然是惠施济助，但不是能度入圣境的波罗蜜；有的虽有持戒等能度入圣境的波罗蜜，但不是名叫作惠施济助；有的也是惠施济助，也是能度入圣境的波罗蜜；有的不是惠施济助，也不是能度入圣境的波罗蜜。善良的男子啊！所谓惠施济助，但不是能度入圣境波罗蜜的：声闻乘阿罗汉、缘觉乘辟支佛、一切凡夫外教邪道异端谬见，甚至和在最初第一和第二阿僧祇无量数长劫时间中修行的菩萨，所遵行的惠施济助都是。所谓能度入圣境波罗蜜，但不是惠施济助的：持守戒律能度入圣境的尸罗波罗蜜到般若圣智能度入圣境的波罗蜜等都是。所谓也是惠施济助，也是能度入圣境波罗蜜的：就是菩萨修到第三个阿僧祇无量数的长劫时间中，所修行的惠施济助呀！

所谓不是惠施济助，也不是能度入圣境波罗蜜的：声闻乘人和缘觉乘人的持守戒律、修习禅定、忍受侮辱、慈悲待人等是。善良的男子啊！如果是惠施济助，但不是能度入圣境波罗蜜，这就名叫作修学；如果也是惠施济助，也是能度入圣境波罗蜜，这就名叫作修学的果位。

"善良的男子啊！所谓菩提觉智，就是烦恼漏失都净尽的智慧，也是没有生灭的圣智呀！为了要修证这二种智慧，勤心修集三十七种圣道品类，这就名叫作修学；证得菩提觉智以后，就名叫作修学的果位。自调伏眼睛等六根，次再教化调伏众生，这就名叫作修学；自己能得解脱，又能使令众生得到解脱，这就名叫作修学的果位。修习积集佛的十种智力、四种没有任何怖畏、大悲三念等，这就名叫作修学；具全修足获得佛十八种不共法，这就名叫作修学的果位。为利益自己和他人，造作各种功德善业，这就名叫作修学；能利益自己和他人以后，这就名叫作修学的果位。学习世间法，就名叫作修学；学得超出世间的圣法，就名叫作修学的果位。为救度那些众生，不吝惜身体、财宝，这就名叫作修学；为救度那些众生，也不吝惜自己的身体、财宝、寿命，这就名叫作修学的果位。能教化众生造作人间天界的善业，这就名叫作修学；能修证没有烦恼漏失的圣道净业，这就名叫作修学的果位。能施给众生一切财物，这就名叫作修学；能实行佛法的布施，这就名叫作修学的果位。能破坏消除自心的悭吝、贪欲、嫉妒等心，这就名叫作修学；自己破除以后又能破除他人的悭吝、贪欲、嫉妒等心，这就名叫作修学的果位。信受修持信心、精进、忆念、禅定、智慧等五种善法根本和修行忆念佛法，这就名叫作修学；自己修证又能教导他人实修积集而得成就圆满具足，这就名叫作修学的果位。

"善良的男子啊！菩萨具有信心的根本，自己得到利益以后，又能利益他人。如果只自己得到利益的，不能名叫作实在的利益；能又利益他人的，才能名叫作自己实在得到利益。为什么呢？因为大菩萨摩诃萨为了利益他人，对于自己的身体、生命、财物，不生起悭吝执着心，这样没有悭吝执着才能名叫作自己得到佛法的利益。菩萨确定了知，如果用声闻乘法、缘觉乘法、菩提觉道去教化众生，有的众生不能接受，就先用人间天界的世间快乐去感化教导他们，这就名叫作利益他人，能利益他人的，就是自己得到利益。菩萨如果不能自己和他人都兼得利益，只求自己得到利益，这就名叫作下品。为什么呢？因为这样的菩萨，于佛法财宝中，生起贪恋执着心，所以自己不能得到佛法的利益！修行的人如果置令他人受着苦恼不救助，只求自己处于安乐，这样的菩萨，不能利益他人；如果自己不能修布施济助、持守戒律、多闻佛法，虽然也会教他人去修，这就名叫作只利益他人而不能自己得到利益；如果自己具备修足信心等五种善法根本，然后又能转教他人，这就名叫作菩萨既自己得利益又利益他人。

"善良的男子啊！利益有二种：第一种是现在世的利益，第二种是后生来世的利益。菩萨如果只修造现在世的利益，是不能名叫作实在的利益；如果能修后世的功德善报，就能够使自己和他人都兼得利益。善良的男子啊！安乐有二种：第一种是世间的安乐，第二种是出世间的安乐；福德也是这样分有世间的福德和出世间的福德二种。菩萨如果能自己具备这二种安乐和二种福德，又兼能教化众生的，这就名叫作利益自己又利益他人。

"善良的男子啊！大菩萨摩诃萨具足一种法，就能使自己和他人都兼得利益，那就是不放肆纵逸。又有二种法，能使自己和他人都得利益：第一种是多听闻佛法，第二种就是多思考观察。又有三种法，能使自己和他人都兼得利益：第一种是能怜悯众生，第二种是勤于修行专精迈进，第三种是具足忆念三宝的心。又有四种法，能使自己和他人都得利益：就是行、住、坐、卧四种威严仪态。又有五种法，能使自己和他人都得利益：第一是培养信心的根本，第二是持守戒律，第三是多听闻佛法，第四是布施济助，第五是般若智慧。又有六种法，能使自己和他人都得利益：忆念佛陀、忆念佛法、忆念僧尼、忆念施济、忆念戒律、忆念上天等六种忆念。又有七种法，能使自己和他人都得利益：能坏灭傲慢、过慢、慢过慢、我慢、增上慢、卑慢、邪慢等七种傲慢心。

"善良的男子啊！如果有出家沙门僧人或婆罗门贵族、富翁长者、男人、女人，或那广大群众中，有犯任何过失，菩萨看见以后，先随应那众生的心意，然后为他们讲说佛法，使令能得调伏那恶性。如果不能先随应那众生的心意，便为他们讲说佛法，这就名叫作下品的菩萨。

"善良的男子啊！菩萨有二种：第一种是乐于亲近善好的师友，第二种是不乐于亲近善好的师友。乐于亲近善好的师友的，就能使自己和他人都得到利益；不乐于亲近善好的师友的，就不能使自己和他人都兼得利益。善良的男子啊！乐于亲近善好的师友的，又有二种：第一种是乐于奉献供养，第二种是不乐于奉献供养。乐于奉献供养的，就能使自己和他人都得到利益；不乐于奉献供养的，就不能使自他都兼得利益。乐于奉献供养的，又有二种：第一种是能听闻佛法，第二种是不能听闻佛法。能至诚专心听闻佛法的，就能使自己和他人都得到利益；不能至诚专心听闻佛法的，就无法使自他兼得利益。至诚专心听闻佛法的，又有二种：第一种是能请问义理，第二种是不能请问义理。能请问义理的，就能使自己和他人都得到利益；不能请问义理的，就不能自利和利他。能请问义理的，又有二种：第一种是能至诚心忆持，第二种是不能至诚心忆持。能至诚心忆持的，就能使自己和他人都得到利益；不能至诚心忆持的，就不能自利和利他。

"能至诚心忆持的，又有二种：第一种是能思虑，第二种是不能思虑。能思虑的，就能利益自己和他人；不能思虑的，就不能得名叫作自利和利他。能思虑的，又有二种：第一种是能了解义理，第二种是不能了解义理。能了解义理的，就能使自己和他人都得到利益；不能了解义理的，就不能得名叫作自利和利他。了解义理的人，又有二种：第一种是能依照佛法安住，第二种是不能依照佛法安住。能依照佛法安住的，就能使自己和他人都得到利益；不能依照佛法安住的，就不能名叫作自利和利他。

"能依照佛法安住的，又有二种：第一种是能具足有八种智，第二种是不能具足有八种智。是哪八种智呢？第一是了知一切法的智慧，第二是了知义理的智慧，第三是了知时机的智慧，第四是能知足的智慧，第五是了知自他的智慧，第六是了知群众的智慧，第七是了知根性的智慧，第八是了知上下根的智慧。这种人具足有这八种智慧，凡是有任何讲说，必定具足十六种事情：第一是合时说法，第二是至诚心说法，第三是有次第说法，第四是和合说法，第五是随着真义说法，第六是心生喜乐说法，第七是随着心意而说法，第八是不轻视群众说法，第九是不苛责群众说法，第十是依照佛法说法，第十一是自己和他人都得利而说法，第十二是不散乱说法，第十三是合于义理说法，第十四是真实正确说法，第十五是说法以后不生骄慢心，第十六是说法以后不希求世间的果报。

"像这样的人，也能顺从他人而听法，顺从他人听法的时候，具有十六种事情：第一是适时听法，第二是乐于听法，第三是至诚心听法，第四是恭敬心听法，第五是不求他人过失而听法，第六是不为相互论议而听法，第七是不为争胜而听法，第八是听法时不轻慢说法的人，第九是听法时不轻慢于佛法，第十是听法时始终不自看轻，第十一是听法时内心远离贪欲、嗔恚、睡眠、掉悔、疑等五种能覆盖智慧的烦恼，第十二是听法时是为信受、忆持、读诵，第十三是听法时是为断除财、色、名、食、睡的五种贪欲，第十四是听法时是为具足对三宝的信心，第十五是听法时是为调伏恶性的众生，第十六是听法时是为证入真空实性而断绝听闻的根尘。

　　"善良的男子啊！具足这八种智慧的人，既能讲说佛法又能听闻佛法，这样的人，就能使自己和他人都得到利益。不能具足这八种智慧的人，就不能得名叫作自利又利他。善良的男子啊！能讲说佛法的，又有二种：第一种是清净的，第二种是不清净的。不清净说法的，又有五种事情：第一种是为自己利益所以说法，第二种是为希求报答而说法，第三种是为要超胜他人所以说法，第四种是为求世间果报所以说法，第五种是疑惑而说法。清净的说法，又有五种事情：第一种是先施给饮食然后为他说法，第二种是为增长发扬佛陀、佛法、僧尼的佛教三宝而说法，第三种是为要断除自己和他人的烦恼所以说法，第四种是为分清辨别邪正所以说法，第五种是为使听的人能得到最殊胜的义理所以说法。

　　"善良的男子啊！不清净的说法，名叫作尘垢污秽，名叫作卖法，也名叫作污辱，也名叫作错谬，也名失去佛意。清净的说法，名叫作净洁，也名叫作真正的说法，也名叫作实在的法语，也名叫作佛法的聚集。

　　"善良的男子啊！如果能具足了知佛教十二部类的经典、语言声论、因明论，对因明的辩论了知原因、了知譬喻、了知自他所应取，这就名叫作正确的说法。听的人有四种：第一是概略听闻而多了解，第二是随分各别了解，第三是随着本意了解，第四是对于一字一字和一句一句了解。如来讲说佛法正为上面三种人，不是为第四种人。为什么呢？因为那不是大器呀！这四种人，分为二种：第一是熟的，第二是生的。熟的现在就能调伏，生的未来才能调伏。

"善良的男子啊！譬喻像树林，共有四种：第一种是容易伐困难出，第二种是困难伐容易出，第三种是容易伐容易出，第四种是困难伐困难出。在家的人，也有四种：第一种是容易调困难出，第二种是困难调容易出，第三种是容易调容易出，第四种是困难调困难出。这四种人，可分作三种：第一种是苛责以后才调伏，第二种是用柔软语而调伏，第三种是苛责和柔软语兼用使得调伏。又有二种：第一种是自己能调伏自己，不必假借他人；第二种是自己如果不能调伏自己，就要请他人帮忙使令调伏。又有二种：第一种是布施济助而调伏，第二种是念诵经咒而调伏。这调伏的方法，又有二种时候：第一是喜乐的时候，第二是苦恼的时候。为这四种人讲说纯正佛法的时候，有二种方便法：第一是善于了知世间的事情，第二是给他使用。善良的男子啊！菩萨如果能知道这二种方便法，就能使自他兼得利益；如果不能知道，就不能自利和利他。

"善良的男子啊！大菩萨摩诃萨为了利益他人，先学习了解外教典籍，然后分别了解佛教十二部类的经典。众生如果听闻了佛教十二部类的经典，就会对于外教典籍生起厌恶轻贱的心。又对众生讲说烦恼的过失和烦恼怎样解脱，赞叹善友的功德，苛责恶友的罪过，赞叹施济的功德，诋毁悭吝的过失。菩萨恒常寂静，赞叹寂静功德；常修佛法道行，赞叹佛法道行的功德，如果能够这样，就名叫作自他兼得利益。

　　"在家菩萨应该自己先调伏自己，如果不能调伏，就不出家。在家菩萨能多方度化人，出家菩萨就不这样方便。为什么呢？如果没有在家菩萨，就没有声闻乘阿罗汉、缘觉乘辟支佛、大乘菩萨等三乘的出家人，三乘人的出家、修道、持守戒律、诵经、坐禅等，都是先由在家而庄严。善良的男子啊！有佛道和有佛道的庄严，佛道就是所谓佛法道行；佛道的庄严就是所谓在家修。出家菩萨为教化在家人而修行于佛道；在家修的人为出家人而做佛法道行的庄严。在家修的人，多修二种法：第一是信受，第二是施济。出家的人，也修二种法：第一是读诵佛经，第二是教化众生。

　　"善良的男子啊！大菩萨摩诃萨兼有这四种法：信受、施济、读诵、教化，这样就名叫作自己得利益又利益他人。菩萨如果想要向众生讲说法界空性的深奥义理，应当先为众生讲说世间善法，然后才讲说很深奥的法界空性。为什么呢？因为这样容易教化呀！大菩萨摩诃萨应当善护一切众生的心意，如果不能善护，就不能教化调伏一切众生；菩萨也应当善护自身，如果不能善护自身，也就不能教化调伏众生。菩萨不是贪着身体、生命、财物，爱护身体、生命、财物，都是为教化调伏那些众生呀！大菩萨摩诃萨应当先自己除去恶习，然后才教别人除恶习；如果自己不能除去恶习，而能教化他人除恶习，没有这种道理。因此菩萨应当先自己布施济助、持守戒律、知道满足、勤行精进，然后才能教化他人。菩萨如果不能自己修行佛法道行，就不能得教化众生。

"善良的男子啊！众生的各种根性，共有三种；菩萨的各种根性，也有三种，就是所谓下根、中根、上根。下根的菩萨只能感化下根的众生，不能感化到中根和上根的众生；中根的菩萨能感化中根和下根的众生，不能感化到上根的众生；上根的菩萨就能感化下根、中根、上根三种众生。

"善良的男子啊！菩萨有二种：第一种是在家菩萨，第二种是出家菩萨。出家菩萨要自利和利他，是不会很困难；在家菩萨要修这自己和他人二种兼利，才是困难。为什么呢？因为在家菩萨，被很多恶劣的环境因缘条件所缠绕呀！"

第十一品　自己他人都得到庄严

善生说："世上最尊的佛陀啊！大菩萨摩诃萨要具足有几种法，才能自己和他人都兼得利益呢？"

佛陀说："善良的男子啊！要具足有八种法，才能自己和他人都得利益。是哪八种呢？就是：第一，寿命能长远；第二，身体具有上等美妙的形色；第三，身体具有大体力；第四，具有好的种族姓氏；第五，富饶有很多财宝；第六，俱全男子身体；第七，言语辩词明了，第八，于广大群众中没有畏惧。"

善生说："世上最尊的佛陀啊！是什么缘故，菩萨才能得寿命长久，甚至于广大群众中不生起怖畏呢？"

佛陀说："善良的男子啊！大菩萨摩诃萨，在多得无法计量的生生世世中，怀慈悲心不杀生，出于这缘故，而获得长寿的果报。又于多得无法计量的生生世世中，常施给众生衣服、明灯，出于这缘故，而获得上好形色的果报。又于多得无法计量的生生世世中，常坏灭骄慢自大心，出于这缘故，而投生于上等的种族姓氏。又于多得无法计量的生生世世中，常施给众生饮食，出于这缘故，身体具足大气力。又于多得无法计量的生生世世中，时常乐于讲说佛法，出于这缘故，得到富饶而有很多财宝的果报。又于多得无法计量的生生世世中，苛责嫌厌女人身的欠失，出于这缘故，而得到男子身的果报。又于多得无法计量的生生世世中，以至诚心持守戒律，出于这缘故，得到言语辩词明了的果报。又于多得无法计量的生生世世中，奉献供养佛陀、佛法、僧尼等佛教三宝，出于这缘故，于广大群众中没有畏惧。

"修这八种事，要具有三种善因净缘：第一是所施的物品清净，第二是行施的心清净，第三是受施的种福田地清净。怎样是所施的物品清净呢？就是那物品不是偷盗来的物品，不是圣法所遮禁的物品，不是众人公共的物品，不是佛陀、佛法、僧尼等佛教三宝的物品，不是原本施给一人而后又回转施给多人的物品，不是原本施给多人而后又回转施给一人的物品，不是恼怒他人而得的物品，不是诳骗他人而得的物品，不是欺负他人所得的物品，这就名叫作所施的物品清净。怎样是行施的心清净呢？就是行施的时候，不是为求得生死轮回中人天的善好果报，不是为求名望称誉胜于他人，不是为求得好的形色、体力、财物，不是为求自家事物连续不断或家眷部属多富饶，只为庄严菩提佛果所以施济，也为要调伏教化众生所以施济，这就名叫作行施的心清净。怎样是种福的田地清净呢？就是接受施济的人，能远离邪的见解、邪的思虑、邪的语言、邪的业行、邪的活命、邪的勤劳、邪的忆念、邪的静定等八种邪道，就名叫作受施的种福田地清净。善良的男子啊！因为这三种善因净缘，所以八种法才俱全足够。

"善良的男子啊！菩萨之所以求于长远的寿命，是为要使众生赞叹不杀生能长寿呀！菩萨之所以求于上等美好的形色，是为使令众生看见起欢喜心呀！菩萨之所以求于上等种族姓氏，是为使令众生能生起恭敬心呀！菩萨之所以求于具足的体力，是为要能平安地持守戒律、读诵经典、静坐修禅呀！菩萨之所以求于很多财宝，是为要救济调伏那些众生呀！菩萨之所以求得男子的身体，是为要成做佛教大器而兴盛善好的佛法呀！菩萨之所以求于语言辩词明了，是为要使令那些众生信受佛法的语句呀！菩萨之所以求于不畏惧广大群众，是为要使众生分明了别真实的佛法呀！

"善良的男子啊！所以菩萨具足了这八种法，就能自己和他人都兼得利益，能够这样修行，就名叫作真实的修行。善良的男子啊！大菩萨摩诃萨具有这八种法，而具足信受修持不杀生、不偷盗、不邪淫、不妄言、不绮语、不恶口、不两舌、不贪欲、不嗔恨、不愚痴等十种善法，而乐于将这些善法去感化他人；又具足信受修持优婆塞在家菩萨戒，也乐于将这些戒去教化他人。虽然得到美妙形色的身体，始终不会因为这样而生骄慢怠慢心。虽然持守清净戒律，且多方听闻佛经、专精迈进、有大气力、生在好的种族姓氏、富饶而有很多财宝，始终也不会因为这些而生起骄傲怠慢心。不用虚幻迷惑欺诳众生，不生起放肆纵逸心，而修身和同住、语和无诤、意和同悦、利和同均、戒和同守、见和同解等六种共住和敬。菩萨能具足修了这些道法，虽然还是在家修，但已和出家没有什么不同。这样的菩萨，始终不会成为他人造作罪恶的主因助缘。为什么呢？因为惭愧心很坚固呀！

"善良的男子啊！在家修的人，设使能于一世，领受持守这优婆塞在家菩萨戒，虽然后来生于没有佛陀、佛法、僧尼等佛教三宝的处所，至终也不会造作各种罪恶的主因助缘。为什么呢？这是出于二种缘故：第一是因为有智慧，第二是因为不放肆纵逸。善良的男子啊！以后在罪恶的处所，而不造作恶事，有四种缘故：第一是因为了知烦恼的过失，第二是因为不随着烦恼转，第三是因为能忍受那些恶毒痛苦，第四是因为不生起恐怖心。菩萨能具足有这四种法，就不会被那些痛苦和一切烦恼所倾倒摇动。善良的男子啊！不被摇动的菩萨有五种缘故：第一是乐于修习善法，第二是能分明辨别善和恶，第三是能亲近学习纯正的佛法，第四是能怜惜悯念众生，第五是恒常认识自己过去宿世生命的因果。

"善良的男子啊！菩萨具足了这八种法，如果听闻到讥笑毁谤，内心就堪能忍受；如果听闻到称美赞叹，内心反而生起惭愧。修行佛道时，心生欢喜自己庆慰，不生起骄傲怠慢心；能感化调伏恶人，见被破坏离散的群众，能使令和合团圆；宣扬他人善好的事情，隐藏他人的过咎丑事；他人所惭愧羞耻之处，始终不宣泄说出；闻知他人秘密的事情，不向其余的人说出；不为世俗的事情而做赌咒发誓；别人有少许恩德加惠自己，就思念要大大的报答；对自己有怨恨的人，恒常生起善意好心；怨仇人和亲人有同等的苦难，应该先救怨仇人。见有他人骂自己的，反而生起怜悯心；见他人来偷自己的物品时，默然不动声色然后感化他；见他人要来打自己的，生起悲悯心应付；看视那些众生，就像自己的父母；宁可丧失身体生命，始终不讲虚妄欺骗的话。为什么呢？因为知道有果报呀！

　　"对于那些烦恼，应生起怨敌的想法；于那些善好的佛法中，生起亲人旧友的想法。如果对于外在一切法，生起贪欲心，应当很快能够观察了悟贪欲的过失罪咎，对于一切烦恼，也应该这样。虽然长久和歹徒恶人同一处所居住，始终不于恶人中生起亲近相善的想法；虽然和善人不同一个处所居住止歇，始终不对他们而生起疏远的想法。虽然还要供给奉养父母和师长而谋生，但始终不会为这而做罪恶的事情。缺乏钱财的时候，看见有人来乞求，也不生起厌恶的想法；虽然不亲密去接近凶恶的人，而那内心恒常生起怜悯；恶人来加害自己，要用善意去回报他；自己享受福乐时，不去轻贱他人；看见他人受着困苦，不会生起欢喜心。

"身体的业行清净，保持行、住、坐、卧四种威严仪态，就将这修法，用来教化众生；口舌的业行清净，念诵阅读如来所说十二部类的佛经，就将这些佛法，用来教化众生；心意的业行清净，修慈、悲、喜、舍等四种没有限量的心，也将这修法，去开导教化众生。假使自身受了痛苦，而能使令他人受到安乐，也甘心乐于去做。世间的事情，虽然对自己的修行没有什么利益，为了救度众生，而也去学习它。所学的事理，在世间中是最殊胜，虽然能得通达一切，内心没有骄傲怠慢。将自己所了知的，勤于用来教化他人，要使令这教化的佛事，历经多世而不断绝；于亲友中，不使令做恶事，乐于将上面八种法教化众生。说造因或说感果，都没有错谬。所爱的别离时，内心不生起烦恼，因为观察了悟没有恒常不变呀！享受快乐的感受时，内心不耽着荒弛，因为观察了悟终归是苦恼没有恒常的快乐。善良的男子啊！菩萨具足了上面那八种法，就能施行造作此等的佛事。

"善良的男子啊！菩萨有二种：第一种是在家菩萨，第二种是出家菩萨。出家菩萨要修这八种法，不是很困难；在家菩萨要修习积集这八种法，才是困难。为什么呢？因为在家修的菩萨，被很多恶劣的环境因缘条件所缠绕呀！"

第十二品　福德智慧二种庄严

善生说："世上最尊的佛陀啊！菩萨要怎样才能使自己和他人都庄严呢？"

佛陀说："善良的男子啊！菩萨具足了二种法，就能使自己和他人都庄严：第一是福德，第二是智慧。"

善生说："世上最尊的佛陀啊！什么主因助缘，才能得到这二种庄严呢？"

佛陀说："善良的男子啊！菩萨修行积集六种能度入圣境的波罗蜜行，便能得到这二种庄严。布施济助、持守戒律、专精迈进，这三种名叫作福德庄严；忍受侮辱、禅定静虑、般若智慧，这三种名叫作智慧庄严。又有六种法，也是二种庄严的主因，就是所谓六种忆念：忆念佛陀、忆念佛法、忆念僧尼，这三种名叫作智慧庄严；忆念戒律、忆念施济、忆念上天，这三种名叫作福德庄严。

"善良的男子啊！菩萨具足了这二种庄严，就能使自己和他人都得到利益，能为那些众生忍受三种恶劣道途的苦痛，而内心不生起忧虑后悔。如果能够具足这二种庄严，就能得到微妙善巧方便的智慧，了知世间法和出世间法。善良的男子啊！福德庄严就是智慧庄严；智慧庄严就是福德庄严。为什么呢？因为有智慧的人，就能修行善法，具足十种善行，终必获得财富和大安乐自在；因为得到这二种庄严，所以能自己得到利益和利益他人。有智慧的人，所学习的世间法，于学识中最胜，出于这缘故，便能获得财富和大安乐自在。菩萨具足了这二种法，就能于现在世和未来世二世使自己和他人都得到利益。有智慧的人能分明了别世间法和出世间法，所谓世间法，就是一切世间的论说和一切世间的禅定；所谓出世间法，就是了知五阴、十二入和十八界等，菩萨了知这二种法的主因助缘，所以能够于现在世和未来世的二世，自己和他人都能得到利益。善良的男子啊！菩萨虽然知道世间的快乐虚妄不真实，却也能造作世间快乐的主因助缘。为什么呢？因为想要利益那些众生呀！

"善良的男子啊！这二种庄严，有二种真正的主因：第一是仁慈心，第二是悲悯心。修这二种主因，为救度众生虽然还流转于生死苦海里，心里不生起懊悔。

再说，菩萨具足二种法，而能庄严至高无上的菩提佛果：第一是不乐着贪恋生死，第二是深刻观察了悟解脱的安乐，因此也能于现在世和未来世的二世都得到利益，了知万法真相，证得大智慧，能使令自己和他人的财物寿命都得到增加延长。善良的男子啊！大菩萨摩诃萨具有这二种法，一切布施济助时，内心不生起忧虑懊悔，遇见各种恶毒事情，也堪能忍受。

"菩萨布施济助时，是观察二种受施的田地而修：第一是种福的田地，第二是贫穷的田地。菩萨想要增进福德，所以施济于贫苦的人；为要增进至高无上的微妙智慧，所以布施供养于种福的田地。为报答恩德，所以布施于种福的田地；生怜悯心，所以施给贫穷的人。为要舍除烦恼，所以布施于种福的田地；为要成就功德，所以施济于贫穷的人。为要增长一切安乐的主因助缘，所以布施于种福的田地；想要舍离一切苦恼的主因助缘，所以施济于贫穷的人。菩萨如果布施于所亲爱的人，是为报恩德呀！如果施济于冤家仇人，是为消除恶意呀！

"大菩萨摩诃萨看见来乞求的人，内心生起像一个独生子的想法，因此任凭自己的力量多少施给他，这就名叫作布施济助能度入圣境波罗蜜；菩萨修布施济助时，舍离于悭吝心，这就名叫作持守戒律能度入圣境的尸罗波罗蜜；施济时能忍受一切乞求人的话，这就名叫作忍受侮辱能度入圣境波罗蜜；所施济的物品，自己亲手授给，这就名叫作勤勉精进能度入圣境波罗蜜；施济时至诚专心系于一念，观悟于解脱，这就名叫作禅定静虑能度入圣境波罗蜜；不选择任何冤家亲人起分别相而行施济，这就名叫作般若智慧能度入圣境波罗蜜。

"善良的男子啊！就像那些众生起贪嗔心杀生时，一念心就具足了生死轮回的十二因缘；菩萨修施济时，也是像这样，一念心就具足了这六种能度入圣境的事，这就名叫作功行福德和智慧的庄严。再说！善良的男子啊！大菩萨摩诃萨造作佛所具十八种不共其他圣贤法的主因助缘，名叫作福德庄严；教导化度众生，都使令获得三种菩提果位，名叫作智慧庄严。再说！善良的男子啊！菩萨如果能够感化调伏众生，名叫作智慧庄严；和众生同受各种苦恼，名叫作福德庄严；菩萨能使令一切众生，舍离于邪恶错见，名叫作智慧庄严；能教导众生安住修于信心、施济、守戒、多方听闻佛法、智慧，名叫作福德庄严。再说！善良的男子啊！大菩萨摩诃萨具备修足五种法，就能庄严至高无上的菩提佛果。是哪五种法呢？第一是信仰心，第二是悲悯心，第三是勇猛健壮，第四是读诵世间的学说言论，内心不生起疲倦厌烦，第五是兼学世间各种业务，也不厌烦。

"善良的男子啊！菩萨具备修足二种庄严，就会有七种相状。是哪七种呢？第一是自己觉知所犯的罪过，第二是不宣说他人的过失，第三是乐于瞻看病人，第四是乐于施济贫人，第五是获立求证菩提佛果的心志，第六是内心不放肆纵逸，第七是于一切时间中，都恒常至诚专心修六种能度入圣境的波罗蜜。善良的男子啊！还有七种相状。是哪七种呢？第一是乐于感化冤家仇敌；第二是教化众生时不厌倦；第三是要使令道行成熟解脱；第四是尽自己所知道世间的语言、世间的事务，用来教化众生，而内心不贪恋执着；第五是能忍耐一切任何恶毒的事情；第六是始终不宣说他人所不喜欢的事情；第七是看见破犯戒律的人和弊坏的恶人，内心不生起嗔恨恚怒，而恒常生起可怜悲悯心。善良的男子啊！大菩萨摩诃萨能知道修这七种相状，就能自己得到利益和利益他人。

　　"善良的男子啊！菩萨有二种：第一种是在家菩萨，第二种是出家菩萨。出家菩萨为修二种庄严，不是很困难；在家菩萨要修习积集，才是困难。为什么呢？因为在家菩萨有很多恶劣的环境因缘条件所缠绕呀！"

3　卷三

第十三品　摄度吸取徒众

　　善生问："世上最尊的佛陀啊！菩萨具备修足智慧和福德二种庄严以后，要怎样才能得摄度蓄留徒众弟子呢？"

　　佛陀说："善良的男子啊！应该用布施济助、关爱语言、共同从事、利益行为的四种摄度众生的方法，而去摄引吸取徒众弟子，使令远离各种罪恶，增长各种善行佛法，至诚专心教导诏训，就像在教一个独生子不希求谢恩酬报，不是为求好的名望称誉，不是为求利益供养，不是为求自己的安乐。善良的男子啊！菩萨如果无法实行这些摄度众生的佛事，而吸取蓄留弟子的，就名叫作罪弊恶人、假名的菩萨、不是实义的菩萨，也名叫作下贱的旃陀罗，臭秽而不清净，是在破坏佛法，这种人不会受十方世界的诸位佛所怜悯怀念。善良的男子啊！菩萨如果能随着时候教戒徒众，所谓时候，就是起贪欲、恚怒、痴迷的时候。起贪欲心的结缚时，就应当为他说各种对治的修法，使令他能得以断除贪欲，其余的恚怒、痴迷二种也是这样。

"再次应当教他学习十二部类的佛经和修习禅定三昧，分别了知深奥的义理，调适那身体和内心，使令修习念佛、念法、念僧、念戒、念施、念天的六种忆念等不放肆纵逸的修法。能瞻顾调养病苦的人，不生起厌倦的心；能忍受别人的恶毒口舌、诽谤、责骂侮辱，痛苦加在自己的身心，也应当堪能忍受。设使他人有苦难，能够为他救援解除，消除那弊病罪恶和疑惑惘然的心。善于了知锐利根性、中等根性、愚钝根性，教导愚钝根性的人，使令生起信仰心；中等根性的人，能使令纯善贤淑；锐利根性的人，使令能得解脱。如果能够这样勤于教导诏训的，就名叫作实义的菩萨，这也名叫作善人，像分陀利白莲花，是人类中的香气大象，是善能调伏驾御的大丈夫，也名叫作伟大的航船舵手导师。

"善良的男子啊！宁可领受邪恶的戒条，在一日中砍断多得无法计量的命根，至终也不收养蓄留罪弊邪恶的弟子，而不能教导调伏。为什么呢？因为邪恶的戒条律仪，遭殃只齐止在自身；蓄养邪恶的弟子而不能教导训诲，却会使令多得无法计量的众生造作罪恶，并能毁谤多得无法计量善好微妙的佛法和破坏和合的僧团，使令很多众生造作五种无间地狱的重罪，因此更厉害于邪恶戒条律仪所犯的罪苦。

"善良的男子啊！菩萨有二种：第一种是在家菩萨，第二种是出家菩萨。出家菩萨有二种弟子：第一种是出家的弟子，第二种是在家的弟子。在家菩萨只有一种弟子，就是所谓的在家的弟子。出家菩萨应当教导出家的弟子学习十二部类的佛经，随着他所犯的戒律罪过，劝谕使令忏悔改过，教他修习八种智慧。是哪八种呢？就是：第一是了知佛法的智慧，第二是了知真义的智慧，第三是了知时机的智慧，第四是知道满足的智慧，第五是了知自己的智慧，第六是了知众人的智慧，第七是了知根性的智慧，第八是分明辨别的智慧。善良的男子啊！大菩萨摩诃萨，如果能够这样教导诏训，而调伏出家弟子，这样师父和弟子两个人，都能获得无法计量的利益。这样的师徒，就能振兴增光于佛陀、佛法、僧尼的佛教三宝。为什么呢？因为这样的弟子悟知八种智慧以后，就能勤于供侍奉养师长、亲教师和尚、耆老宿旧、有道德的人，能够接受善语劝导，能够勤于阅读背诵佛经，兼为众生做佛法的布施，内心不放肆纵逸，调伏化度众生，又能瞻顾病苦的人，施给贫苦困乏的人。

"善良的男子啊！出家菩萨如果有在家的弟子，也应当先教他不放肆纵逸的修法。能不放肆纵逸，就是佛法的道行。并供给奉养父母、诸位师长、亲教师和尚、耆老宿旧、有道德的人，施给他们安乐。至诚专心受守佛戒，不妄动毁犯戒律，受人寄存物品不求抵偿，遇见他人恚怒都能忍受侮辱。恶毒口舌、恶劣语句和没有意义的花言巧语，始终都不去说。怜惜悯念众生，对于那些国主帝王、贤人长者、文武大臣，恒常生起恭敬怖畏的心。能自己感化调伏妻妾子女和家眷部属，虽然分明了别怨亲，但是不轻视众生；除去骄慢心，不亲密接近恶友；节制饮食消除贪欲，减少欲求知道满足；于斗乱纷争的处所，自身不前往其中，甚至戏笑时也不说出恶劣的语句，这就名叫作不放肆纵逸的修法。

"出家的菩萨如果蓄留在家弟子，先应当教导告诉他不放肆纵逸的修法。受苦受乐时，常应当共同一起受。设使正在穷苦困乏，有任何需要的，除自留三种法衣和钵、坐卧垫具、滤水囊等六种物品以外，有就给他不应吝惜。病痛时，应当为他寻求所需要的医药；瞻顾病人的时候，不应该生起厌倦。如果自己没有物品可给，就应该四方出去寻求，如果寻求不能得到，就暂时借贷佛、法、僧三宝的物品，等病好瘥愈以后，再依世俗的价钱十倍偿还，像波斯匿王治国的正法。如果不能偿还，又应当教导他说：'你现今负欠三宝很多物品，不能得以偿还，就应当勤勉修行，证得初果的须陀洹圣果或二果斯陀含果、三果阿那含果，甚至四果阿罗汉果位；或能至诚专心发立求证菩提佛果的心志，或教化千万人，于佛法中生起清净的信仰心，或坏灭一个人殷重的邪恶错见。'出家的菩萨能够教导在家弟子这等善事，这师父和弟子两个人，都会得到无法计量的利益。

"善良的男子啊！在家的菩萨如果蓄留在家弟子，也应当先教导他不放肆纵逸的修法。所谓不放肆纵逸，就是能供给奉养父母、师长、亲教师和尚、耆老宿旧、有道德的人，又应当供给兄弟、妻妾子女、亲戚朋友、家眷部属、要远行的人和远方来到的人。所有僮工仆人或工作使唤的人，先给他们一些吃的和喝的，然后自己用。又应该教导他们使令信仰归向佛陀、佛法、僧尼的佛教三宝，共同受苦享乐，始终不要偏心独享。随着时节赏赐他们，不要使令受到饥饿寒冻；始终不加打骂，鞭打挞罚使受苦楚；应当用柔软的言语敦劝晓谕和教导诏训。设使有病苦，应当给他瞻顾治疗，随他有任何缺乏欠少，应当为他寻求索找。世间的事理，都要教导他。婚姻嫁娶所求对象，要匹配，不要选取卑劣下贱的。要教导他学习如来五部阿含经典。看见分离破坏的，能使令和好结合，和好结合以后，更使令增长善心。对一切出家的内外诸道人，都随意供养，始终不选择。为什么呢？因为先用布施供养摄化，以后当会调伏呀！用僧团的六和敬加以敬导诏示他们。如果想求财物，或商贾买卖，或农耕工作，或从政奉事国主帝王的，都恒常应当至诚专心如法而做。既得财物以后，就要如法守护，乐于做些善事福德；看见他人做善事时，内心生起欢喜。这些就名叫作不放肆纵逸的修法。在家菩萨如果能教导诲示弟子这些善事的，这老师和弟子二人，都会得到无法计量的利益。

"善良的男子啊！在家菩萨如果能自在无碍地成为大国主，就应当拥护爱惜百姓庶民，就像爱护自己的独生子，教导他们舍离那些罪恶，修行善好的佛法。看见犯罪做恶事的人，最多挝打骂辱地罚他，终归不杀断他的生命。人民所获得的财物，扣税最多取他六分之一。遇见嗔怒恶毒的人，教导他修习忍受侮辱和不放肆纵逸的道行，所说的话都很柔软。又能分明了别善良和歹恶的人，看见有小罪过的，隐忍而不过问。随着自己拥有的财物，时常行恩惠施济。随任自己的能力阅读背诵五部阿含经典；善于能够守护国家人民的身命财物；能够教化众生，不使令造作罪恶。看见贫穷的人，生起很大的可怜悲悯心。对于自己的国土，常修知道满足而不侵占他国。奸恶的小人来谗言诽谤，始终不要相信受骗。不要用非法的手段，强求索觅财物。如法地爱护国家人民，远离七种恶劣的行为：第一是不乐于樗蒲赌博、围棋、掷骰子玩六博，第二是不乐于射杀打猎，第三是不乐于饮酒，第四是不乐于起淫欲心，第五是不乐于出恶毒口舌，第六是不乐于两舌挑拨，第七是不乐于用非法的手段强取财物。

"常乐于恭敬供养出家的僧人，能使令国里人民，时常对国王，内心生起对待父母的想法；深信造什么因必得什么果；见有人胜于自己，不生起嫉妒心；看见自己胜于他人，不生起骄傲怠慢心。知道受人恩惠就要报答恩德，受小恩要大报答。能降伏眼、耳、鼻、舌、身、意的六根，能清净于身体、口舌、心意的三种业行。赞叹善好的人，呵责歹恶的人；先心意慎思而后发言，说的话都很柔软文雅。自己国家没有势力，依法属于他人的就不侵占，不举起四种兵马占取他人国家。众生有困苦恐怖，能为他们救助解决。常用布施济助、慈爱语言、共同从事、利益行为等四种摄度众生的方法，而摄化吸取他学佛。善能分别了知各种万法真相。不能信受佛法的，用柔软语言调伏他。

"善良的男子啊！菩萨有二种：第一种是在家菩

萨，第二种是出家菩萨。出家菩萨能蓄留教导二种弟子，不是很困难；在家菩萨能蓄留教导一种弟子，才是困难。为什么呢？因为在家修的人，被很多恶劣的环境因缘条件所缠绕呀！"

第十四品　领受佛戒

善生说："世上最尊的佛陀啊！在家菩萨要怎样才能得领受优婆塞在家居士的戒律呢？"

佛陀说："善良的男子啊！在家菩萨如果想要领受持守优婆塞在家居士的戒律，首先应当次第恭敬供养六方：东方、南方、西方、北方、下方、上方。

"所说的东方，就是父母亲。如果有人能恭敬供养父母衣服、饮食、睡卧用具、煎汤医药、房屋舍宅、金银财宝，恭敬礼拜，赞叹尊重，这人就能恭敬供养东方。做父母就还过来用五种事回报子女：第一是至诚专心地疼爱顾念子女，第二是始终不欺凌诳骗，第三是施舍财产给子女，第四是为聘娶上等家族的人，第五是教导子女世间的事理。

"所说的南方，就是师长。如果有人能恭敬供养师长衣服、饮食、睡卧用具、煎汤医药，尊重赞叹，恭敬礼拜，自己早起晚睡，接受遵行师长善法的教导，这人就能恭敬供养南方。这师长也用五种事情回报弟子：第一是迅速教导，不使令失去时机；第二是尽自己所知教导，不使令没有学完尽；第三是弟子超胜于自己不生起嫉妒心；第四是持续托付给严正的师长善友；第五是临将寿命终了，舍财物给予弟子。

　　"所说的西方，就是妻妾子女。如果有人能供给妻妾子女衣服、饮食、睡卧用具、煎汤医药、宝珠串成的璎珞、服装的美饰、庄严身体的器具，这人就是供给奉养西方。妻妾子女也用十四种事情回报他：第一是所做的事能尽心经营；第二是经常工作，始终不懈怠散慢；第三是所做的事都必使令有始有终而究竟完成；第四是疾速工作，不使令失去时效；第五是常代为瞻视招待宾客；第六是净洁他的房屋舍宅和坐卧用具；第七是存敬爱心，说话都柔软有礼；第八是对僮仆、使用的人都软语教导诏示；第九是善于守护家里的财物；第十是清晨早起而深夜才睡寐；第十一是能设办清净的美食；第十二是能忍受教导训诲；第十三是能为隐覆恶劣的事情；第十四是能瞻顾疾病痛苦。

　　"所说的北方，就是善良相知认识的师友。如果有人能供给布施善好的师友，随任自己的能力给他，对他恭敬，说话柔软，礼拜赞叹，这人就能供给奉养北方。这善良相知认识的师友也用四种事情还报他：第一是教他修习善法；第二是使令他远离恶法；第三是他有恐怖的时候，能为他救助解决；第四是他放肆纵逸的时候，能使令他舍除。

"所说的下方，就是奴隶婢女。如果有人能供给奴隶婢女衣服、饮食、疾病瘦弱的医药，而不骂不打他，这人就能供给下方。奴隶婢女也用十种事情回报他：第一是不造作罪恶过失；第二是不等待教唤就去做；第三是做事必使令完竟；第四是疾速工作，不使令失去时效；第五是主人虽然贫穷，始终不肯舍离；第六是很早起床；第七是能为主人守护财物；第八是受少恩惠而多报答；第九是对主人至诚专心敬爱怀念；第十是善于为主人隐覆恶劣的事情。

"所说的上方，就是出家的沙门僧人和修清净梵行的婆罗门等。如果有人能恭敬供养出家沙门僧人和修清净梵行的婆罗门衣服、饮食、房屋舍宅、坐卧用具、病痛的医药，有怖畏时能为解救，饥馑的时世能施给食物，听闻到恶劣的事情能为遮覆，礼拜恭敬，尊重赞叹，这人就能恭敬供养上方。这出家人也用五种事情回报：第一是教导使令对佛、法、僧三宝生起信心；第二是教导使令生起智慧；第三是教导使令行于施济供养；第四是教导使令持守戒律；第五是教导使令多听闻佛法。如果有人能奉献供养这六方的，这人就能得增长财产寿命，也才能得领受持守优婆塞在家居士的戒律。

"善良的男子啊！如果有人想要受持优婆塞在家居士的菩萨戒，增长财产寿命，先应当咨问启禀亲生的父母。父母如果听任准许，次再报告妻妾子女、奴隶婢女、僮仆佣人，这些人如果听许了，次再禀白国主。国主听许以后，有谁出家为僧发立了求证菩提佛果的心志的，便前往到他的处所，头和面伏到地上顶礼，用柔软的话问讯请安，这样说：'大德啊！我是男子大丈夫，具备男子的身体，想要受持优婆塞在家菩萨戒，但愿您大德生怜悯心所以听许我受！'

"这时候出家比丘僧应该这样说：'你的父母、妻妾子女、奴隶婢女、国主都听许你受吗？'如果他说都听许了，就应该再问他说：'你不曾负欠佛陀、佛法、僧尼三宝财物或他人财物吧？'如果他说不曾负欠，就又应该再问他说：'你现今的身体中，应该没有内外身心的疾病吧？'如果他说没有，就又应该问他说：'你不曾在比丘僧或比丘尼的处所，做非法的事吧？'如果他说不曾做，就又应该问他说：'你不曾做杀父、杀母、杀阿罗汉、出佛身血、破和合僧的五逆大罪吧？'如果他说不曾做，就又应该再问他说：'你不曾做盗窃佛法的人吧？'如果他说不曾做，就应该再问他说：'你身上不是兼具男女阴阳二根吧？或男女二根都没有吧？或破坏八关斋戒吧？或父母师长疾病时，不曾弃而不顾地舍去吧？不曾杀害发立求证菩提佛果的心志的人吧？或偷盗现前僧尼的物品吧？或曾两舌挑拨或出恶毒口舌骂人吧？或对于自己的母亲、姊妹做出非法的淫事吧？或不曾对广大群众说妄语欺骗吧？'

"如果他说没有做，就又应该对他说：'善良的男子啊！优婆塞在家居士的菩萨戒，极为难得可贵。为什么呢？因为这戒律能作为出家沙弥十戒、比丘大戒和出家菩萨戒，甚至证得阿耨多罗三藐三菩提佛果位的基础根本。至诚专心领受持守优婆塞在家菩萨戒，就能获得守这些戒所得的无量利益。如果有毁犯破坏这些戒的人，就会于多得无法计量没有边际的生生世世中，处于地狱、饿鬼、畜生的三种恶劣道途中，受尽极大的苦恼。你现今想要获得这守戒的无量利益，能够至诚专心地领受持守吗？'

"如果他说能够，就应该再对他说：'优婆塞在家菩萨戒，极为难得可贵，如果皈依佛陀以后，宁可舍去身体生命，至终也不去皈依于大自在天神等教主；如果皈依佛法以后，宁可舍去身体生命，至终也不皈依于外教邪道的典籍；如果皈依佛教僧尼以后，宁可舍去身体生命，至终也不皈依外教邪道的徒众。你能这样至诚专心地皈依于佛教的三宝吗？'如果他说能够，就应该再对他说：'善良的男子啊！优婆塞在家菩萨戒，极为难得可贵，如果有人能皈依佛教三宝的，这人就已经能施给那些众生没有怖畏；如果有人能施给众生没有怖畏的，这人就能得优婆塞在家菩萨戒，甚至将来能证得阿耨多罗三藐三菩提的佛果位。你能施给那些众生没有怖畏吗？'

"如果他说能，就应该再对他说：'人有五种恶事，现在不能增长财产寿命且会受到恶报。是哪五种呢？第一是乐于杀害生命，第二是乐于偷盗，第三是邪而不正的淫欲，第四是妄语诈欺，第五是喝饮酒类。一切众生，因为杀害生命的缘故，或现在世就获得丑恶的形色、恶劣的气力、罪恶的名声、减短的寿命，财物消耗减少，家眷部属分开离散，受到贤人圣者呵斥责骂，别人不信用你；他人作恶犯罪，自己也横受罹难那灾殃，这就名叫作现在世所受恶业的果报。死了舍离这身体以后，当会堕入地狱，受更多的苦恼、饥饿口渴、长期苦命、丑恶的形色、恶劣的气力、罪恶的名声等惨事，这就名叫作将来后世所受恶业的果报。如果后来又投生得到人的身体，也会再受到丑恶的形色、短命夭折、贫困穷苦。由于这一个恶人所造恶业主因助缘的力量，也使令外在的一切五谷水果瓜蓏生产都减少，这个恶人的殃祸流波及一天下人。

"'善良的男子啊！如果有人乐于偷盗，这个人也会得到丑恶的形色、恶劣的气力、罪恶的名声、减短的寿命，财物消耗减少，家眷部属分开离散；他人遗失财物，就于自己生起疑心；虽然亲切附靠别人，但别人并不见得信任；常被贤人圣者所呵斥责骂，这就名叫作现在世所受恶业的果报。死了舍离这身体以后，又堕入于地狱受苦刑，感受得丑恶的形色、恶劣的气力、罪恶的名声、饥饿口渴、痛苦烦恼、受苦刑的寿命很长远，这就名叫作将来后世所受恶业的果报。如果再投生得到人的身体，所得财物也很贫穷，虽然有时获得财物也随时会失掉；不会被父母、兄弟、妻妾子女所关爱怀念；身体常受苦楚，内心满怀忧愁苦恼。由于这一个恶人所造恶业主因助缘的力量，一切人民凡是有吃任何物品，都不能得到好的容色体力，这人恶业所感的果报，灾殃流播到万民百姓。

"'善良的男子啊！如果又有人乐于妄语欺骗，这人或现在世就会得到恶劣的口舌和丑恶的形色；所说的话虽然实在，而别人却不会相信接受，众人都憎恨厌恶，不喜欢看见他，这就名叫作现在世所受恶业的果报。死了舍离这身体以后，堕入于地狱，受着极大的苦楚，饥饿口渴，身心热恼，这就名叫作将来后世所受恶业的果报。如果再投生得到人的身体，口舌不俱全足够；所说的话虽然实在，别人也不相信接受；看见他的人就不快乐，虽然讲说真正的法理，别人也不乐于听闻。由于这一个恶人所造恶业主因助缘的力量，一切外在的物品资金产品都减少。

"'善良的男子啊！如果又有人乐于饮酒，这个人现在世就喜于遗失财物，身体内心有很多疾病，常乐于打斗争吵，恶劣的名声远近闻知，丧失清醒的智慧，内心没有惭愧，得到恶劣的形色气力；常被一切人所呵斥责骂，别人不乐于看见他，不能修习善行，这就名叫作饮酒所受现在世的恶报。死了舍离这身体以后，又处入在地狱受苦刑，受着饥饿口渴等多得无法计量的苦恼，这就名叫作将来后世所受恶业的果报。如果再投生得到人的身体，心神恒常狂乱，不能得系住内心忆念，或思虑善法。由于这一个恶人所造恶业主因助缘的力量，一切外在的物资产品都会臭气腐烂。

"'善良的男子啊！如果又有人乐于邪而不正的淫欲，这人不能保护自己和他人的身体；一切众生看见他都会心生疑惧；所做的事情，都先受妄语欺骗；于一切时候，都恒常受着苦恼；内心恒常散乱，不能修习善行，常遗失财物；所有的妻妾子女，内心不依恋仰慕他；寿命短促早死，这就名叫作邪而不正淫乱所受现在世的恶果。死了舍离这身体以后，处入在地狱受苦刑，感受恶劣的形色气力、饥饿口渴、长久苦命等多得无法计量的苦恼，这就名叫作将来后世所受恶业的果报。如果再投生得到人的身体，也受到丑恶的形色、恶劣的口舌，别人不喜欢见他，不能守卫保护自己的妻妾和家人男女。由于这恶人所造恶业主因助缘的力量，一切外在的物品，都不能得顺利自在。善良的男子啊！这五种恶法，你现今都真正实在能远离吗？'

"如果他说能够，就又应该对他说：'善良的男子啊！受优婆塞在家戒，有四种事情恶法不应该做。是哪四种呢？就是为了贪心的缘故，也不应该虚妄欺骗，为了嗔恨恚怒、痴迷、恐怖的缘故，也不应该虚妄欺骗。这四种恶法，你能远离吗？'如果他说能够，就又应该对他说：'善良的男子啊！受优婆塞在家戒，有五种处所不应该去游：屠宰处、淫女处、酒肆、国王官府、旃陀罗暴恶人舍宅。这五种处所，你能舍离吗？'

"如果他说能够，就又应该对他说：'善良的男子啊！受优婆塞在家戒，有五种事业不应该做：第一是不卖生命，第二是不卖刀剑，第三是不卖毒药，第四是不能酤酒买卖，第五是不压榨有生命的油。这五种事业，你能远离吗？'如果他说能够，就又应该对他说：'善良的男子啊！受优婆塞在家戒，又有三种事情不应当做：第一是不制作抓众生的罗网，第二是不用众生制作蓝染，第三是不酿制众生的皮。这三种事情，你能远离吗？'如果他说能够，就又应该对他说：'善良的男子啊！受优婆塞在家戒，又有二种事情不应该做：第一是樗蒲赌博、围棋、掷骰子玩六博，第二是各种唱歌跳舞、技艺娱乐。这二种事情，你能远离吗？'如果他说能够，就又应该对他说：'善良的男子啊！受优婆塞在家戒，有四种人不应该亲密接近：第一是围棋赌博的人，第二是饮酒的人，第三是诈欺诳骗的人，第四是买卖酤酒的人。这四种人，你能远离吗？'

"如果他说能够，就又应该对他说：'善良的男子啊！受优婆塞在家戒，有不善法放肆纵逸不应该去做。是哪些时候放肆纵逸呢？就是寒冷时、太热时、饥饿时、口渴时、多吃时、吃饱时、清旦时、暮晚时、心懥时、工作时、最初要做时、失去时、得到时、恐怖时、欢喜时、遇贼难时、五谷贵时、病苦时、少壮时、年龄衰老时、富裕时、贫穷时、为活命求财时，在这些时间中，不能勤修善法，这些能远离吗？'

"如果他说能够，就又应该对他说：'善良的男子啊！受优婆塞在家戒，首先应当学习世间事务，既然学得精通了达，就依正当手法求财，如果获得财物，应当分作四份：一份应当供给奉养父母、自身、妻妾子女、家眷部属。二份应该依正当手法做贩卖辗转生产。留其余一份，收藏积蓄俟到有急用。这分四份的事，你能够

做吗？'

　　"如果他说能够，就又应该对他说：'善良的男子啊！财物不应该寄存托付在四种处所：第一是老人的处所，第二是遥远的处所，第三是恶人的处所，第四是有大体力的人的处所。这四种处所不应该寄存托付，你能远离吗？'如果他说能够，就又应该对他说：'善良的男子啊！受优婆塞在家戒，有四种恶劣的人，恒常应该远离他：第一是乐于说他人罪过的人，第二是乐于讲说歪邪见解的人，第三是口很柔软甜蜜而心恶毒的人，第四是很少实际去做而只口里多说的人。这四种恶劣的人，你能远离吗？'

　　"如果他说能够，应当使令这个人，满六个月的时日中，亲近承事侍奉有智慧的出家僧，有智慧的出家师父又应当至诚专心观察他身心的行动、安住、坐着、睡卧的四种威严仪态。如果了知这个人能够依照所教的去做，观察过六个月以后，就和睦地集合出家僧众满二十人，禀白共做授戒的羯磨法事说：'诸位大德比丘僧请听我说：这个某某人，现今来于僧团中乞受优婆塞在家菩萨戒，于满这六个月中，都能清净地遵守四种威严仪态，至诚专心领受持守清净庄严的境地，这人是大丈夫，具备男子身体。如果诸位大德僧听许的话，诸位大德僧就都默然不出声；有不听许的就出声说。'僧众如果都听许准了，有智慧的师父又应该对他这样说：'善良的男子啊！仔细听！仔细听着！比丘僧众已经和睦集合听许你领受持守优婆塞在家菩萨戒，这些戒就是一切善法的根本，如果有人能成就这些戒而不犯，当会证得最初第一圣果的须陀洹果位，甚至证第三果阿那含果位。如果破犯了这些戒，寿命终了死后当会堕入地狱、饿鬼、畜生的三种恶劣道途中受苦。善良的男子啊！优婆塞在家菩萨戒的殊胜是不可能心思口议的。为什么呢？因为受这些戒以后，虽然在俗家感受着外境五种欲乐，而一样能不障碍证于须陀洹圣果，甚至证第三果阿那含圣果，出于这缘故名叫作不可能心思口议。你能可怜悯念那些众生，而领受持守这些戒吗？'如果他说能够接受，这时有智慧的师父就应当依次为他讲说皈依佛陀、皈依佛法、皈依僧尼的三皈依法，第二次、第三次也是这样说。受三皈依以后，名叫作优婆塞在家居士。

　　"那时候有智慧的师父又应该对他说：'善良的男子啊！仔细听！仔细听着！如来成证真正大觉，讲说优婆塞在家戒，或只有受一分，或只有受半分，或有的没有分，或有多分的，或有满分的。如果优婆塞在家居士领受三皈依以后，不受五戒，就名叫作优婆塞在家居士；如果接受三皈依以后，对于五戒只领受持守一条戒，这就名叫作一分戒；接受三皈依以后，又能领受持守二条戒，这就名叫作少分戒；如果接受三皈依，又领受持二条戒以后，如果破犯其中一条戒，这就名叫作没有分；如果接受三皈依，又领受持守三条或四条戒，这就名叫作多分戒；如果接受三皈依，又领受持守五条戒，这就名叫作满分戒。你现今是要做一分戒的优婆塞在家居士呢，还是做满分戒的优婆塞在家居士呢？'

"如果他随自己的心意说，那时候有智慧的师父就应当随他的心意授戒给他。给他授戒以后，就再这样说：优婆塞在家菩萨戒，有六条重罪戒法。善良的男子啊！优婆塞在家居士领受持守在家菩萨戒以后，虽然为了维护自己的身体生命，甚至连小蚂蚁都不应该杀害。如果受戒以后，不论是亲口教别人杀害或亲身去杀害生命，这人立即就失去所受的优婆塞在家菩萨戒。这犯杀戒的人尚且不能得到圣果前的暖法，何况怎能证到初果须陀洹，或二果斯陀含，甚至三果阿那含呢？这种人名叫作破戒的优婆塞，也是臭名的优婆塞、下贱的旃陀罗优婆塞、污垢的优婆塞、结缚的优婆塞，这就名叫作初条的重大禁戒。

"受了优婆塞戒，虽然为了维护自己的身体生命，也不可以偷盗抢劫别人的财物，甚至只是一个小钱也不可以。如果破犯这禁戒，这人立即就失去所受的优婆塞戒。这种人尚且不能得到圣果前的暖法，何况怎能证到初果须陀洹，甚至三果阿那含呢？这种人名叫作破戒的优婆塞，也是臭名、下贱旃陀罗、污垢、结缚的优婆塞，这就名叫作第二条重大禁戒。

"受了优婆塞戒，虽然为了维护自己的身体生命，也不可以虚妄撒谎说：'我已经得到体悟不净的禅观。'甚至撒谎说：'我已经证到第三果阿那含圣果。'如果破犯这禁戒，这人立即就失去所受的优婆塞戒。这种人尚且不能得到圣果前的暖法，何况怎能证到初果须陀洹，甚至三果阿那含呢？这种人名叫作破戒的优婆塞，也是臭名、下贱旃陀罗、污垢、结缚的优婆塞，这就名叫作第三条重大禁戒。

"受了优婆塞戒，虽然为了维护自己的身体生命，也不可以行于非礼邪淫。如果破犯这禁戒，这人立即就失去所受的优婆塞戒。这种人尚且不能得到圣果前的暖法，何况怎能证到初果须陀洹，甚至三果阿那含呢？这种人名叫作破戒的优婆塞，也是臭名、下贱旃陀罗、污垢、结缚的优婆塞，这就名叫作第四条重大禁戒。

"受了优婆塞戒，虽然为了维护自己的身体生命，也不可以宣说出家比丘僧、比丘尼、在家优婆塞男居士、优婆夷女居士等四种佛弟子众所有罪行过失。如果破犯这禁戒，这人立即就失去所受的优婆塞戒。这种人尚且不能得到圣果前的暖法，何况怎能证到初果须陀洹，甚至三果阿那含呢？这种人名叫作破戒的优婆塞，也是臭名、下贱旃陀罗、污垢、结缚的优婆塞，这就名叫作第五条重大禁戒。

"受了优婆塞戒，虽然为了维护自己的身体生命，也不可以买卖酒类。如果破犯这禁戒，这人立即就失去所受的优婆塞戒。这种人尚且不能得到圣果前的暖法，何况怎能证到初果须陀洹，甚至三果阿那含呢？这种人名叫作破戒的优婆塞，也是臭名、下贱旃陀罗、污垢、结缚的优婆塞，这就名叫作第六条重大禁戒。

"善良的男子啊！如果受了这些优婆塞的在家菩萨戒，能够存至诚心持守，不使令毁犯戒律，就能够获得这些持守戒律的好果报。善良的男子啊！优婆塞在家菩萨戒，就像珠宝串成的璎珞，名为最庄严，那清净戒的香气很微妙，熏遍没有边际的世界，能遮挡不善的恶法，是善好的法律，更是至高无上微妙法宝的宝藏，是上等种族大姓，最大寂静的处所，是灵丹妙药的甘露法味，是能生一切善法的田地。能正直发起这至诚心，尚且得到这样多得无法计量的利益，何况更能专一心志领受持守戒律而不毁犯呢？

"善良的男子啊！像佛陀所说，如果任何优婆塞在家居士，领受持守在家菩萨戒以后，不能供给奉养父母或师长的生活所需，这优婆塞居士，就得了丧失道意的罪，不生起善法，必退步堕落，戒行不清净，已有造作生死业因。

"如果任何优婆塞在家居士，领受持守在家菩萨戒以后，耽恋乐于饮酒，这优婆塞居士，就得了丧失道意的罪，不生起善法，必退步堕落，戒行不清净，已有造作生死业因。

"如果任何优婆塞在家居士，领受持守在家菩萨戒以后，因为污染厌恶心，不能瞻视照顾有病苦的人，这优婆塞居士，就得了丧失道意的罪，不生起善法，必退步堕落，戒行不清净，已有造作生死业因。

"如果任何优婆塞在家居士，领受持守在家菩萨戒以后，看见有乞求的人，不能多少随所适宜少分给予，让乞求的人空手被遣还，这优婆塞居士，就得了丧失道意的罪，不生起善法，必退步堕落，戒行不清净，已有造作生死业因。

"如果任何优婆塞在家居士，领受持守在家菩萨戒以后，如果看见出家的比丘僧、比丘尼、长老高僧或在家的先辈耆宿、优婆塞男居士、优婆夷女居士等，不起立承事迎接、恭敬礼拜、问讯请安，这优婆塞居士，就得了丧失道意的罪，不生起善法，必退步堕落，戒行不清净，已有造作生死业因。

"如果任何优婆塞在家居士，领受持守在家菩萨戒

以后，如果看见出家的比丘僧、比丘尼或在家优婆塞、优婆夷，毁犯他们自己所受的戒律，内心生起骄慢说：'我胜过他们，他们不如我。'这优婆塞居士，就得了丧失道意的罪，不生起善法，必退步堕落，戒行不清净，已有造作生死业因。

"如果任何优婆塞在家居士，领受持守在家菩萨戒以后，在每个月当中，不能于农历的初八、十四、十五、廿三、廿九、三十（月小即廿八、廿九）等六天，领受持守沙弥十戒的前八条戒和不非时食的斋（十戒中除了不捉持金银财宝），并供给奉养佛陀、佛法、僧尼的佛教三宝，这优婆塞居士，就得了丧失道意的罪，不生起善法，必退步堕落，戒行不清净，已有造作生死业因。

"如果任何优婆塞在家居士，领受持守在家菩萨戒以后，知道四十里内，有讲说佛法的处所，而不能前往听讲（除有病或专心进修中，或所讲是偏邪），这优婆塞居士，就得了丧失道意的罪，不生起善法，必退步堕落，戒行不清净，已有造作生死业因。

"如果任何优婆塞在家居士，领受持守在家菩萨戒以后，未经寺僧准许就受用四方施主所献招提佛寺僧尼的睡卧用具、床榻、坐椅等物品，这优婆塞居士，就得了丧失道意的罪，不生起善法，必退步堕落，戒行不清净，已有造作生死业因。

"如果任何优婆塞在家居士，领受持守在家菩萨戒以后，疑知水里有细虫，未用纱布过滤便故意饮用，这优婆塞居士，就得了丧失道意的罪，不生起善法，必退步堕落，戒行不清净，已有造作生死业因。

"如果任何优婆塞在家居士，领受持守在家菩萨戒以后，要到危险难行的处所，没有同伴就独自行去，这优婆塞居士，就得了丧失道意的罪，不生起善法，必退步堕落，戒行不清净，已有造作生死业因。

"如果任何优婆塞在家居士，领受持守在家菩萨戒以后，独自住在比丘尼寺院中，这优婆塞居士，就得了丧失道意的罪，不生起善法，必退步堕落，戒行不清净，已有造作生死业因。

"如果任何优婆塞在家居士，领受持守在家菩萨戒以后，为了钱财活命，打骂奴隶、婢女、书僮、仆人和其他外人，这优婆塞居士，就得了丧失道意的罪，不生起善法，必退步堕落，戒行不清净，已有造作生死业因。

"如果任何优婆塞在家居士，领受持守在家菩萨戒以后，如果用残余或残败的食物，施给于出家的比丘僧、比丘尼或在家的优婆塞男居士、优婆夷女居士，这优婆塞居士，就得了丧失道意的罪，不生起善法，必退步堕落，戒行不清净，已有造作生死业因。

"如果任何优婆塞在家居士，领受持守在家菩萨戒

以后，如果蓄养肉食好杀的猫和狐狸，这优婆塞居士，就得了丧失道意的罪，不生起善法，必退步堕落，戒行不清净，已有造作生死业因。

"如果任何优婆塞在家居士，领受持守在家菩萨戒以后，蓄养象、马、牛、羊、骆驼、驴子等一切畜牲禽兽，而不净施给未受戒的人饲养，这优婆塞居士，就得了丧失道意的罪，不生起善法，必退步堕落，戒行不清净，已有造作生死业因。

"如果任何优婆塞在家居士，领受持守在家菩萨戒以后，如果不储备积蓄出家僧尼所用的僧伽梨大衣、郁多罗僧中衣、安陀会下衣等三衣袈裟和饭钵、锡杖等以备供僧所需，这优婆塞居士，就得了丧失道意的罪，不生起善法，必退步堕落，戒行不清净，已有造作生死业因。

"如果任何优婆塞在家居士，领受持守在家菩萨戒以后，如果为身家活命，需要耕田种作，而不求用没有鱼虫的清净水灌溉，或种于陆地旱处，这优婆塞居士，就得了丧失道意的罪，不生起善法，必退步堕落，戒行不清净，已有造作生死业因。

"如果任何优婆塞在家居士，领受持守在家菩萨戒以后，为了身家活命，如果做商人市场贸易，用斗量秤称卖物，一旦说定价钱成交以后，即使有人愿付更高价也不可以辞却先前所成交的约定，舍去低贱价的约定而趋向新的高贵价。斗量秤称物品，任由前面对方公平使用；如果他量称不公平，应该告诉他使令公平，如果不这样做，这优婆塞居士，就得了丧失道意的罪，不生起善法，必退步堕落，戒行不清净，已有造作生死业因。

"如果任何优婆塞在家居士，领受持守在家菩萨戒以后，夫妻如果于不适宜的处所和不适宜的时间行淫欲，这优婆塞居士，就得了丧失道意的罪，不生起善法，必退步堕落，戒行不清净，已有造作生死业因。

"如果任何优婆塞在家居士，领受持守在家菩萨戒以后，做商估贩卖物品，不输缴官府所征收的税捐，偷漏税舍弃所应尽的义务或逃去的，这优婆塞居士，就得了丧失道意的罪，不生起善法，必退步堕落，戒行不清净，已有造作生死业因。

"如果任何优婆塞在家居士，领受持守在家菩萨戒以后，如果违犯国家法律制度，这优婆塞居士，就得了丧失道意的罪，不生起善法，必退步堕落，戒行不清净，已有造作生死业因。

"如果任何优婆塞在家居士，领受持守在家菩萨戒以后，如果获得新的五谷稻米、水果、瓜类、蔬菜、根结茹类等，不先奉献供养佛陀、佛法、僧尼的佛教三宝，而先自己受用的，这优婆塞居士，就得了丧失道意的罪，不生起善法，必退步堕落，戒行不清净，已有造作生死业因。

"如果任何优婆塞在家居士，领受持守在家菩萨戒以后，如果僧尼不听许讲说佛法或赞叹，就擅自做主讲说佛法或赞叹，这优婆塞居士，就得了丧失道意的罪，不生起善法，必退步堕落，戒行不清净，已有造作生死业因。

"如果任何优婆塞在家居士，领受持守在家菩萨戒以后，行走道路时，如果在比丘僧、比丘尼、沙弥、沙弥尼、式叉摩那尼等出家五众前面行走，这优婆塞居士，就得了丧失道意的罪，不生起善法，必退步堕落，戒行不清净，已有造作生死业因。

"如果任何优婆塞在家居士，领受持守在家菩萨戒以后，到僧团中供养付给饮食，如果偏心于自己所尊敬的师父，特别选择美好的饮食给他，或特别过分给他，这优婆塞居士，就得了丧失道意的罪，不生起善法，必退步堕落，戒行不清净，已有造作生死业因。

"如果任何优婆塞在家居士，领受持守在家菩萨戒以后，如果养蚕煮茧而抽丝的，这优婆塞居士，就得了丧失道意的罪，不生起善法，必退步堕落，戒行不清净，已有造作生死业因。

"如果任何优婆塞在家居士，领受持守在家菩萨戒

以后，行路的时候，途中遇见没有人照顾的病人，不前往瞻视照顾，为他做方便救护，交付嘱托能帮助他的所在，而就舍去不顾的，这优婆塞居士，就得了丧失道意的罪，不生起善法，必退步堕落，戒行不清净，已有造作生死业因。

　　"善良的男子啊！如果任何优婆塞在家居士，存至诚心能领受持守这些在家菩萨戒，这人就可以名叫作优婆塞居士中的分陀利白莲花，是优婆塞居士中最微妙上等的香气，是优婆塞居士中最清净的莲花，是优婆塞居士中真正实在的珍宝，也是优婆塞居士中大丈夫的人。

　　"善良的男子啊！就像佛陀所说，菩萨有二种：第一种是在家菩萨，第二种是出家菩萨。出家菩萨名叫作比丘或比丘尼菩萨；在家菩萨名叫作优婆塞或优婆夷菩萨。出家菩萨在清净的僧团中要持守出家的戒律，是不会太难的；但是在家菩萨要持守在家的戒律，才是困难。为什么呢？因为在家修的人，被很多恶劣的环境因缘条件所缠绕呀！"

第十五品　清净戒行

　　善生说："世上最尊的佛陀啊！如果有人领受持守这些戒律以后，应当怎样才能使令这些戒行清净呢？"

佛陀说："善良的男子啊！有三种修法，能清净这些戒行：第一是皈依信仰佛陀、佛法、僧尼等佛教三宝，第二是深信造什么因必得什么果，第三是具备悟解佛法的心智。又有四种修法：第一是仁慈心，第二是悲悯心，第三是没有贪心，第四是未曾受有恩惠的处所，先用恩德施加给他。又有五种修法：第一是先对于冤家处所，用善意去利益他；第二是看见怖畏恐惧的人，能为他解救保护；第三是来乞求的人还未开口索求，就自己先开心欢喜给他；第四是凡是在任何处所施济，都平等没有二种不同；第五是普遍平等慈悲对待一切众生，不依因缘关系而不同。

"又有四种修法：第一是始终不自己看轻自己说：'我不可能证得菩提佛果位。'第二是趋向菩提佛果时，那道心始终坚固；第三是专精迈进勤修一切善好的佛法；第四是造作大善事，内心不疲厌懊悔。又有四种修法：第一是自己修学善法，修学以后又教别人修学；第二是自己舍离恶法，又能教别人使令舍离；第三是善于能够分明辨别善法和恶法；第四是对于一切法事物，不贪取不执着。

"又有四种修法：第一是了知有生灭作为的一切万法，都是没有实在的自我和我所有；第二是了知一切善恶的业行，都有果报；第三是了知有生灭作为的一切万法，都是迁变没有恒常存在；第四是了知从苦生乐，从乐生苦。又有三种修法：第一是对于那些众生，内心没有求取执着；第二是施给众生安乐，那内心平等没有二样；第三是依照佛所说而实行。

"又有三种修法：第一是能施给众生安乐的起因，第二是所做施济不希求感恩回报，第三是自己知道将来一定当会得成阿耨多罗三藐三菩提佛果位。又有三种修法：第一是为救度那些众生，受尽大苦恼；第二是次第地代众生受苦恼；第三是中间不停息，虽然为众生受这些苦恼，内心始终不后悔。

"又有三种修法：第一是虽然还未断除贪爱心，而能施舍自己所心爱的，施给其他的人；第二是虽然还未断除嗔恨恚怒心，有人恶意来加害，而能忍受；第三是虽然还未断除痴迷心，而能分明辨别善法和恶法。又有三种修法：第一是善于了知方便法，能够教导众生远离恶法；第二是善于了知方便法，能够教导众生，使令修习善法；第三是教化众生时，内心没有疲厌懊悔。

"又有三种修法：第一是为要使令众生脱离身体的痛苦时，自己对于身体生命，内心毫不吝惜；第二是为要使令众生脱离内心的苦恼时，自己对于身体生命，内心毫不吝惜；第三是教化众生习善法时，自己对于身体生命，内心毫不吝惜。又有三种修法：第一是自己舍置自己的事务，先帮助经营他人的事务；第二是帮助经营他人的事务时，不选择时间季节；第三是始终不顾虑自己的辛苦忧愁苦恼。

"又有三种修法：第一是内心没有嫉妒；第二是看见他人受到安乐，内心生起欢喜；第三是善心能相继连续，中间没有断绝。又有三种修法：第一是看见他人有少许善行，内心从最初就不会忘记；第二是受别人丝毫枝末的小恩惠，每每思念要多加报答；第三是于多得无法计量的生生世世中，为上求佛道和下化众生而受尽无法计量的苦楚，那道心还是很坚固，没有退却转变的心想。

"又有三种修法：第一是深刻了知生死轮回有很多各种过患罪咎，但还是不舍弃救度众生的一切工作事业；第二是看见那些众生没有可以归投依靠的，就给他做归投依靠；第三是看见罪恶的众生，内心生起怜悯，而不责备他的过失。又有三种修法：第一是能亲近学习善好的朋友，第二是听闻佛法没有厌倦，第三是存至诚心咨问接受善好相知认识的师友教导。

"又有九种修法：远离身体、口舌、心意等三种恶法，于过去、现在、未来的三个时世都不后悔，平等惠施善性、恶性、无记性的三种众生。又有四种修法，就是所谓仁慈、悲悯、随喜、舍执等四种无量心。

"善良的男子啊！菩萨如果用以上法门修净内心，最要紧能在二种时候较会成就：第一是佛陀出世的时候，第二是缘觉辟支佛出世的时候。善良的男子啊！众生的善法，有三种能生起：第一是从听闻佛法生起，第二是从内心思虑生起，第三是从修习戒行生起。听闻佛法和内心思虑二种，在佛陀和缘觉出世的二种时候中较易成就。但从修习戒行生善法的，就不必在那二种时候了。

　　"善良的男子啊！菩萨有二种：第一种是在家菩萨，第二种是出家菩萨。出家菩萨能有这样的清净戒行，不是很困难；在家菩萨要守这清净戒行，才是困难。为什么呢？因为在家修的人，被很多恶劣的环境因缘条件所缠绕呀！"

第十六品　止息恶业

　　善生说："世上最尊的佛陀啊！在家菩萨已经受了优婆塞在家菩萨戒，如果还有内外各种恶业和不清净的因缘，要怎样才能得脱离呢？"

　　佛陀说："善良的男子啊！菩萨如果还有内外的各种恶业和不清净的因缘，这种人就应当修习念佛的心。如果有人能以至诚心修习念佛的，这种人就能得脱离内外恶业和不清净的因缘，而增长悲心和智慧。"

善生说："世上最尊的佛陀啊！应当怎样修习呢？"

佛陀说："善良的男子啊！应当观想如来具有七种殊胜的事情：第一是佛身的殊胜，第二是一如法性安住的殊胜，第三是智慧的殊胜，第四是具足戒、定、慧的殊胜，第五是禅定行处的殊胜，第六是不可思议的殊胜，第七是证得解脱的殊胜。

"怎样是佛身的殊胜呢？如来的身体是由三十二种瑞相和八十种妙好所庄严装饰，每一骨节的力量，可以敌抵一万八千只伊罗钵那香树象王的力量，众生乐于看见，看久也不感到厌倦满足，这就名叫作佛身的殊胜。怎样是一如法性安住的殊胜呢？如来证入万法真性既能自己得到利益以后，又能怜悯救济而利益多得无法计量的众生，这就名叫作一如法性安住的殊胜。怎样是智慧的殊胜呢？如来所具有教法的无障碍智、义理的无障碍智、言辞的无障碍智、乐说的无障碍智等四种没有障碍的辩论智慧，不是那些声闻乘阿罗汉和缘觉乘辟支佛的二种小乘圣者所能及，这就名叫作智慧的殊胜。怎样是具足的殊胜呢？如来具足道行寿命和戒行正见，这就名叫作具足的殊胜。怎样是禅定行处的殊胜呢？世上最尊的如来，修证空、无相、无愿的三种三昧禅定和四禅、四空处、灭尽定等九种次第的禅定，不是声闻乘阿罗汉和缘觉乘辟支佛所能及，这就名叫作禅定行处的殊胜。怎样是不可思议的殊胜呢？如来所具有的天眼通、天耳通、他心通、宿命通、神足通、漏尽通等六种神通，也不是声闻乘阿罗汉和缘觉乘辟支佛所能及，又像佛的十种智力，和于大众中说'我证一切智、我烦恼漏失已尽、我能说障佛道之法、我能说尽苦道'而心没有任何怖畏的四种无所畏，和众生信佛也不欢喜、众生不信佛也不忧恼、众生或信佛或不信佛也不欢喜忧恼的大悲心三种念处，这就名叫作不可思议的殊胜。怎样是证得解脱的殊胜呢？如来具足慧解脱和心解脱二种解脱，灭除智慧的障碍和烦恼的障碍，永远断除一切烦恼和恶习气质，智缘二种事情，都得到自在无碍，这就名叫作解脱的殊胜。因此舍利弗尊者于契合真理又契合众生根性的佛经中，曾经称赞褒叹如来具备七种殊胜法。

"如来从观悟不净直到证得阿耨多罗三藐三菩提的佛果位，从庄严的境地到解脱的境地，都超胜于声闻乘的阿罗汉和缘觉乘的辟支佛等圣者，出于这缘故，如来名叫作至高无上的世尊。世上最尊的如来修证空性的三昧禅定和灭感受思想的禅定三昧、四禅定、慈悲的禅观、十二因缘观等，都是为了利益那些众生呀！如来成证真正的大觉，发言所说没有二样，所以名叫作如来。像以往先前那些佛，从庄严的境地出来，证得阿耨多罗三藐三菩提的佛果位，所以名叫作如来。

"圆满具足地获证微妙真正的圣法，名叫作阿罗呵。堪能接受一切人间天上的尊敬供养，名叫作应供的阿罗呵。觉悟了知世间谛理和出世真谛的二种谛理，名叫作正等正觉的三藐三佛陀。修行持守清净的戒律，具足了宿命明、天眼明、漏尽明的三种智明，名叫作明行足。更不必再投生于三界六道那些有情众生中，所以名叫作善逝。了知一切众生世界和国土世界的二种世界，名叫作世间解。善于了知方便法而调伏感化各种众生，名叫作调御丈夫。能使令众生内心不生起怖畏，用方便法教导感化，使众生脱离苦恼而受安乐，这就名叫作天上人间的导师。觉知一切万法和一切道行，所以名叫作佛陀。能破除烦恼魔、五阴魔、死魔、自在天魔等四种魔，名叫作世尊婆伽婆。

"又观想如来修行戒律、禅定、智慧，也是为了利益众生。又于多得无法计量和无法算数的生生世世中，对怨敌和亲人都平等利益，没有差别，都使断除一切无法计量的烦恼，每一种都知道，每一个众生为了一种烦恼，于多得无法计量的生生世世中，受了很大的苦恼。世上最尊的如来，为了救度众生，很难施舍而佛也能施舍，很难忍受而佛也能忍受。

"佛有二种清净：第一是庄严清净，第二是果报清净。这二种清净，出于主因助缘力量的缘故，从最初的修十善法和十种波罗蜜，到后来成佛证得十种智力和如来十种名号，都没有人类或天神能说出他的过错。如来具足八万种音声，众生听闻了，内心都不会生起厌烦舍离。出于这缘故，如来胜于一切声闻乘阿罗汉和缘觉乘辟支佛等圣者。

"善良的男子啊！如果有人领受持守优婆塞在家居士的菩萨戒，想要修清净戒行的，就应当做这样的修习念佛的心。如果能修习念佛的，这种人就能脱离内外各种恶业和不清净的因缘，而增长悲心和智慧，使贪欲、嗔怒、痴迷都能断除，而具足圆满地成就一切善好的佛法。

"善良的男子啊！菩萨有二种：第一种是在家菩萨，第二种是出家菩萨。出家菩萨要修习念佛的心，是不会太困难；在家菩萨要修习积集，才是困难。为什么呢？因为在家修的人，被很多恶劣的环境因缘条件所缠绕呀！"

第十七品　供养佛、法、僧三宝

善生说："世上最尊的佛陀啊！在家菩萨已经领受了优婆塞在家菩萨戒，又应当怎样恭敬供养佛陀、佛法、僧尼的佛教三宝呢？"

佛陀说："善良的男子啊！世间种福的田地，共有三种：第一是报恩的田地，第二是功德的田地，第三是贫穷的田地。报恩的田地，就是所谓自己的父母、师长、亲教师和尚。功德的田地，就是从证得圣果前的暖法位直到证得阿耨多罗三藐三菩提佛果位的圣贤。贫穷的田地，就是一切穷苦困厄的人。世人最尊的如来是二种可种福的田地：第一是报恩的田地，第二是功德的田地。三宝中的法宝也是这样，是二种田地。僧众具三种田地：第一是报恩的田地，第二是功德的田地，第三是贫穷的田地。出于这缘故，在家菩萨已经受了优婆塞在家菩萨戒，应当以至诚心、勤勉心奉献供养三宝。

"善良的男子啊！如来就是一切佛法的宝藏，因此有智慧的人应当以至诚心、勤勉心恭敬供养尚生在世的佛、入灭的佛身舍利、佛的形象、佛塔寺庙。如果于空旷的野外，没有塔寺佛像的处所，常应当专心系住地念佛，尊重赞叹佛，或用自己的力量去做供养，或劝他人去做；看见别人做的时候，内心生起欢喜。如果他自己有做功德的力量的，最重要的是应当广泛教导众多的人，而共同去做。供养以后，对于自己本身，内心不要生起看轻的想法；对于佛、法、僧三宝的处所，也应该是这样。凡是有任何奉献供养，都不使唤别人代做，不是为超胜他人，做时不后悔，内心不愁虑烦恼，合起手掌对佛赞叹、恭敬、尊重。或用一钱，甚至用多得无法计量的珍宝；或用一个垂缝，甚至用无法计量的垂缝；或用一朵花，甚至用无法计量的花朵；或用一枝香，甚至用无法计量的香；或用一首偈赞，甚至用无法计量的偈赞；或用一礼拜，甚至用无法计量的礼拜；或绕佛一匝（圈），甚至无法计量匝；或在一短时中做，甚至在无法计量的时间中做；或自己单独做，或和别人共同做。善良的男子啊！如果能够这样至诚心奉献供养佛陀、佛法、僧尼的，不论是我现今仍在人世，或我证入涅槃圣域地离开人世以后，都同等没有差别。

"遇见佛塔寺庙时，应该用金、银、铜、铁、绳线、门锁、幢幡、伞盖、技艺音乐、香油、明灯等，而奉献供养。如果看见禽鸟野兽践踏糟蹋毁坏，最要紧应当再涂抹整治，扫除污秽使令清净；受暴风雨、水灾、火灾所损坏的处所，也应当自己修补整治。如果自己没有能力，应当劝请别人整治，或用金、银、铜、铁、土石、木料整修。如果有尘埃灰土，就应当洒洗、扫除、拂拭干净；如果有尘垢污秽，就用香水清洗。如果造作建立宝塔和造作宝贵的佛像，造作完成应当用各种幢幡、伞盖、香料、鲜花奉上供养。如果没有真正的珍宝，能力不能够成办，次等可以用土石、木料建造而成。

完成以后，也应当用幢幡、伞盖、香料、鲜花、各种技艺音乐，而奉献供养。如果在塔里，长了草木不清净，或有禽鸟兽畜的死尸，和那些粪屎污秽、萎谢的花草和臭烂的物品，都应当除去；蛇和老鼠的洞孔巢穴，应当填塞整治。铜铸的佛像、木雕的佛像、石雕的佛像、泥塑的佛像，或金、银、琉璃、玻璃等佛像，常应当清洗整治，任凭自己的能力用香水涂抹，随自己的能力造作各种宝珠串成的璎珞，甚至像转轮圣王的装饰。佛塔精舍内，应当用香油涂抹。如果用白灰土水泥建造佛塔圣像以后，就应当用琉璃、玻璃、珍珠、薄绫、丝绢、彩锦、响铃、鱼磬、绳线、门锁等，而奉献供养。绘画佛像时，彩画中不掺杂胶乳鸡子，应当用各种花朵贯穿成花串，或散花，或美妙的拂尘，或明镜、粉末香料、涂抹香水、散香、烧的香和各种技艺音乐歌咏舞蹈，而奉献供养。像白天，夜晚也是这样；像夜晚，白天也是这样。不要像外教邪道烧酥酪大麦而奉献供养呀！始终不用酥酪涂抹佛塔佛像，也不用奶乳去洗。不应当雕塑造作半身的佛像；如果佛的形象，全身有不俱全足够，应当密藏盖覆起来，劝人使令修补整治，修治以后全身俱全足够，然后才可显示于人们面前。看见受毁坏的佛像，也应当存至诚心供养恭敬，就像恭敬完好的佛像没有差别。这样的恭敬供养，最要紧是自身亲自去做，如果自己没有能力奉献供养，应当劝使他人去做，也劝其他的人，使令佐辅帮助去做。

　　"如果有人能用四大部洲天下的珍宝，奉献供养如来；另有的人直接将佛各种功德，尊重赞叹，至诚专心恭敬礼拜，这二种人所得福德，相等没有差别。

　　"所谓如来，就是身体心智都圆满具足，佛身具有殊胜微妙的三十二种瑞相和八十种妙好，且具有很大的气力；心智具有十种智力、四种没有任何怖畏、大悲三种念住和具有多贪众生修不净观、多嗔众生修慈悲观、多痴众生修因缘观、多散众生修数息观、多业众生修念佛观等的五停心观智的三昧禅定；证奢摩他的止静、毗钵舍那的观照、禅那的止静观照合一的三种法门；又证得内空、外空、内外空、有为空、无为空、无始空、性空、无所有空、第一义空、空空、大空等的十一种空观；又证得十二因缘智和多得无法计量的禅定；又具足择法、精进、喜、轻安、念、定、行舍的七觉支智，已能度入到布施济助、持守戒律、忍受侮辱、专精迈进、禅定静虑、般若圣智等六种波罗蜜圣境彼岸。如果有人能将如来这些等等的胜法，赞叹于佛，这种人就名叫作真正供养佛。

　　"怎样才名叫作恭敬供养于佛法呢？善良的男子啊！如果有人能恭敬供养于佛教十二部类的佛经，就名叫作恭敬供养于佛法。怎样是恭敬供养于十二部类的佛经呢？如果有人能至诚深信乐于学习、领受忆持、阅读背诵、向人解说、依照佛经所说而实行，既为自己修行得益，又能劝他人学习实行，这就名叫作恭敬供养十二部类的佛经。如果能书写印刷十二部类的佛经，书写印刷完成以后，就用各种珍宝香花恭敬供养经典，就像奉献供养佛一样，只除了洗浴。如果有人恭敬供养、领受修持、阅读背诵这些佛经，这就名叫作恭敬供养于佛法呀！恭敬供养佛法时，就像在恭敬供养佛陀。又有法门，所谓菩萨一种根性，缘觉辟支佛人上、中、下三种根性，和真谛、俗谛、中谛的三种谛理，如果能信受这些的，就名叫作恭敬供养于佛法。如果有人能奉献供养那些发了求证菩提佛果的心志而领受持守出家戒律的出家僧人，和向入小乘须陀洹初果，到第四果阿罗汉果的出家众，就名叫作奉献供养僧尼。如果有人能这样奉献供养佛陀、佛法、僧尼的佛教三宝，应当知道这种人，始终不会远离于十方世界的如来，恒常和诸位佛一起行走、站住、坐着、睡卧。善良的男子啊！如果有人能照上面所说多少奉献供养这三宝三种可植福的田地的，应当知道这种人，于多得无法计量的生生世世，都会受到很多利益。

"善良的男子啊！菩萨有二种：第一种是在家菩

萨，第二种是出家菩萨。出家菩萨能恭敬供养三宝，不是很困难；在家菩萨能奉献供养，才是困难。为什么呢？因为在家修的人，被很多恶劣的因缘条件所缠绕呀！"

4　卷四

第十八品　六种能度入圣境的波罗蜜道行

善生说："世上最尊的佛陀啊！像佛先前所说：'应该礼拜供养六个方向，六个方向就是六种能度入圣境的波罗蜜道行，这种人就能增加延长财产生命。'像这种人，有什么修行的相状呢？"

佛陀说："善良的男子啊！如果能够不吝惜一切财产物品，时常对于他人做利益的事情，念念不忘于布施济助，乐于实行布施，随自己所有随意施舍，不问是多是少。当实行布施济助时，对于身体财物，不生起轻视的心想，清净的施舍是不选择持守戒律的人或毁犯戒律的人。称赞褒叹布施的功德，看见行于施舍的人，心生欢喜不起嫉妒。看见有来求助的人，内心就喜悦快乐，起立迎接或礼拜，施给床椅命他坐下。前面的人咨问或不咨问，常为他称赞褒叹布施济助的果报。看见有恐怖的人，能为他救助保护；处在饥馑挨饿的时世，乐于施给饮料食物，虽然做这样的布施济助，但不是为求任何果报，是不希求感恩报答的布施。不欺诳众生，能称赞佛陀、佛法、僧尼等佛教三宝的功果美德。不利用升斗、秤称、掺杂其余、异类贱劣的，欺诈诳骗于他人，不耽乐于喝酒、赌博或起贪欲的心，常修惭愧羞耻的美德。虽然有巨大的财富，内心不放肆纵逸，多实行恩惠施济，不生起骄慢心。善良的男子啊！有这些修行相状的，应当知道这种人，就能供养奉行布施济助能度入圣域的波罗蜜道行。

"善良的男子啊！如果有人能修净身体、口舌、心意，常修柔软的慈悲心，不造作罪恶过失。设使有时误做了，常生起惭愧悔过的心，深信这些罪过恶业必会得到恶的果报。所修的善业好事，内心生起欢喜。于微小的罪过中，生起像极重罪恶的想法；设使已经造作了罪过，内心应生起恐怖忧虑忏悔。始终不打骂、嗔恨、恼害众生；先善意好言劝告，出言都很文雅柔软。看见众生以后，生起爱护悯念的心；知道他人对我有恩惠就应该报答那恩惠，内心不悭吝；不诳骗众生，依照合法的途径求财，乐于做善事修福德；所做的善事功德，常用以教化人们。看见穷苦的人，身体愿代他受苦，时常修习慈悲心，怜惜悯念一切众生。看见造作罪恶的人，能够为他遮止防护；看见做善事的人，赞美善事的功德，讲说善事的果报，又运用本身的能力，前往佐助经营。看见身体不自由的人，使令他能自由自在。时常修习能远离嗔恨恚怒的心，或有时短暂地起了嗔怒，觉醒了深生惭愧忏悔。说诚实话和柔软的话，远离两舌的挑拨和没有意义的花言绮语。善良的男子啊！有这些修行相状的，应当知道这种人，就能供养奉行持守戒律能度入圣域波罗蜜的道行。

"善良的男子啊！如果有人能清净身体、口舌、心意的业行，众生设使用大恶毒的事来加害于他，甚至内心不生起一念的嗔恨心，始终不去恶意报复；如果他来忏悔谢罪，即时接受他的悔意。看见众生时，内心时常生起欢喜；看见作恶犯罪的人，生起可怜悲悯的心。赞叹忍受侮辱的善好果报，呵斥指责嗔恨恚怒的害处，说明嗔恨的果报，必受很多的苦楚毒害。修布施忍辱时，应该先对冤家仇人。正确观察由形色、感受、思想、志行、意识的五种阴积等众多因缘和合的身体，既然是因缘和合而成的假体，为什么生起嗔恨心呢？深刻观察了知嗔恨恚怒就是未来后世堕恶劣道途受多得无法计量苦楚的主因助缘，如果短暂地生起嗔怒，就应该生起惭愧、恐怖、忏悔心。看见他人忍受侮辱的功夫胜于自己，也不生起嫉妒心。善良的男子啊！有这些修行相状的，应当知道这种人，就能供养奉行忍受侮辱能度入圣域波罗蜜的道行。

"善良的男子啊！如果有人能够勤勉不生懒惰懈怠心，不享受不贪着闲坐睡卧的安乐，像在修作大精进法事大功德时的努力，营办小法事时内心也是这样精进。凡是做任何善业，要使令终毕究竟完成。努力做时不论是饥饿口渴，或寒冷炎热，或是时候不是时候都不懈怠。不轻看自身，修大精进善事还未完讫，不生起疲厌懊悔心；所做既然终结完讫，自心庆幸能办完成。称赞褒叹勤勉精进所得善好果报。依照正当手法求得钱财，使用钱财都顺正理。看见偏邪迈进的人，向他说偏邪的恶劣果报；善于教导众生，使令勤修善法专精迈进。所修所做的善事还未完竟，不中途休息退却。勤修善法的时候，不随顺他人的话而中止。善良的男子啊！有这些修行相状的人，应当知道这种人，就能供养奉行勤勉精进能度入圣域波罗蜜的道行。

"善良的男子啊！如果有人能清净身体、口舌、心意的三种业行，乐于安住空旷闲静的处所，或洞窟，或山上、树林、空闲的房舍；不乐于愦扰热闹或贪着于睡卧用具，不乐于听说世间的杂事，不乐于贪求欲乐、嗔恨恚怒、愚执痴迷，先用善意柔软的语言劝导，常乐于出家静修，教导感化众生。所有各种烦恼都很轻微软弱而淡薄，舍离邪恶的错觉观想。看见冤家修慈悯心，乐于讲说禅定的殊胜果报。内心如果纵逸散乱，就生起怖畏惭愧忏悔心。看见修邪恶禅定的人，就向他说邪恶禅定的罪恶过失；善于教化众生，内心安置于纯正的禅定中。善良的男子啊！有这些修行相状的人，应当知道这种人，就能供养奉行禅定静虑能度入圣域波罗蜜的道行。

"善良的男子啊！如果有人能够清净身体、口舌、心意的三种业行，全部修学世间、出世间一切事理。对于贪欲、嗔恨、痴迷的事，内心都不贪迷耽乐。不狂妄，不散乱，怜惜悯念众生。能善于供给奉养父母、师长、和尚亲教师、长老、耆旧老辈、有德的人，修习不放肆纵逸，先善意相告，说柔软话，不欺诳众生，能分析辨别说明邪道或正道和善恶的果报。常乐于寂静，出家修道；能用世间的事理，教化众生。看见别人所学胜于自己，不生起嫉妒心；自己胜于他人时，不生起骄傲怠慢心。受到困苦内心不忧恼，受到安乐内心不欢喜。善良的男子啊！有这些修行相状的，应当知道这种人，就能供养奉行般若圣智能度入圣域波罗蜜的道行。

"善良的男子啊！每一个方向修法中，各有四种事理。布施济助的方向有四种：第一是能调顺降伏众生，第二是能舍离所对治的恶习，第三是能自己得利益，第四是能利益他人。如果有人对于财物不生起悭贪吝惜，施济时也不分别是冤家或亲人的差别相，或是时候不是时候，这种人就能调顺降伏众生；对于财物不会吝惜，所以能实行布施济助，出于这缘故能得舍离悭贪吝啬的恶习，这就名叫作舍离所对治的恶习。想要施济，或正施济时，或施济以后，都心生欢喜，不生后悔心，出于这缘故，未来后世必受人间天上的福乐，甚至证到至高无上佛果的安乐，这就名叫作自己得到利益。施济能使令他人脱离于饥饿口渴和困苦痛切的烦恼，所以名叫作利益他人。

"持守戒律的方向有四种：第一是能庄严成就菩提佛果位，第二是能舍离所对治的恶习，第三是能自己得到利益，第四是能利益他人。所谓庄严成就菩提佛果位，就是受优婆塞在家居士戒，甚至受菩萨戒，能作为求证阿耨多罗三藐三菩提佛果位的初地根本基础，这就名叫作庄严成就菩提佛果位。领受佛戒以后，又能远离邪恶的禁戒和犯罪不遵守戒律，这就名叫作舍离所对治的恶习。领受持守佛戒以后，能得人间天上的福乐，甚至证得至高无上佛果的安乐，这就名叫作自己得到利益。领受佛戒以后，施给那些众生没有恐怖，没有畏惧，使令一切众生都脱离苦恼而获得安乐，这就名叫作利益他人。

"忍受侮辱的方向有四种：第一是庄严成就菩提佛果位，第二是舍离所对治的恶习，第三是自己得到利益，第四是能利益他人。所谓庄严成就菩提佛果位，就是因为能忍受侮辱，所以能得修习善好的佛法；既能修习善好的佛法，就能证得菩萨初地，甚至证得阿耨多罗三藐三菩提的佛果位，这就名叫作庄严成就菩提佛果位。既然修学忍受侮辱以后，就能舍离嗔怒的恶习，这就名叫作舍离所对治的恶习。由于修忍受侮辱的因缘关系，终于能得人间天上的福乐，甚至得到至高无上佛果位的安乐，这就名叫作自己得到利益。由于修忍受侮辱的因缘关系，他人生起欢喜心、向善心、调伏心，这就名叫作利益他人。

"勤勉精进的方向有四种：第一是庄严成就菩提佛果位，第二是舍离所对治的恶习，第三是自己得到利益，第四是能利益他人。所谓庄严成就菩提佛果位，就是因为勤勉精进的缘故，能得修习善好的佛法；由于修习善好的佛法，就能得证到菩萨初地，甚至证到阿耨多罗三藐三菩提的佛果位，这就名叫作庄严成就菩提佛果位。修习善好的佛法时，能舍离恶习懒惰懈怠，这就名叫作舍离所对治的恶习。因为修习这些善好的佛法，能得人间天上的福乐，甚至得到至高无上佛果位的福乐，这就名叫作自己得到利益。教导众生修习善法，使令舍离罪恶邪法，这就名叫作利益他人。

"禅定静虑的方向有四种：第一是庄严成就菩提佛果位，第二是舍离所对治的恶习，第三是自己得到利益，第四是能利益他人。所谓庄严成就菩提佛果位，就是因为修习这些禅定静虑的法力缘故，获证得菩萨初地，甚至证到阿耨多罗三藐三菩提的佛果位，这就名叫作庄严成就菩提佛果位。因为有禅定静虑，能修习多得无法计量的善好佛法，而舍离邪恶的错觉观想，这就名叫作舍离所对治的恶习。因为修习舍（奢）摩他止静力量，心恒常乐于安住寂静境界，终得人间天上的安乐，甚至证得至高无上佛果位的安乐，这就名叫作自己得到利益。能断除众生各种贪心爱欲、嗔恨恚怒、狂妄痴迷的心，这就名叫作利益他人。

"般若智慧的方面有四种：第一是庄严成就菩提佛果位，第二是舍离所对治的恶习，第三是自己得到利益，第四是能利益他人。所谓庄严成就菩提佛果位，就是因为修习般若智慧，而获证得菩萨初地，甚至证得阿耨多罗三藐三菩提的佛果位，这就名叫作庄严成就菩提佛果位。因为修习般若智慧，能远离内心的无明，使令那些烦恼不能自由存在，这就名叫作舍离所对治的恶习。能断除烦恼的障碍和障碍智慧的所知障，这就名叫作自己得到利益。教导感化众生，使令内心能调顺降伏，这就名叫作利益他人。

"善良的男子啊！或者有人说：'离了持守戒律就没有忍受侮辱，离了般若智慧就没有禅定静虑，出于这缘故，合起来只说有四种能度入圣域的波罗蜜道行。如果能忍受恶毒的伤害，而不还手报复的，就名叫作持守戒律；如果修习禅定静虑，内心不放肆纵逸，就是般若智慧。出于这缘故，持守戒律就是忍受侮辱，般若智慧就是禅定静虑。离了般若智慧没有禅定静虑，离了禅定静虑没有般若智慧，出于这缘故，般若智慧就是禅定静虑，禅定静虑就是般若智慧。离了持守戒律没有勤勉精进，离了勤勉精进没有持守戒律，出于这缘故，持守戒律就是勤勉精进，勤勉精进就是持守戒律。离了布施济助就没有勤勉精进，离了勤勉精进没有布施济助，出于这缘故，布施济助就是勤勉精进，勤勉精进就是布施济助。由这些可以知道没有必要分成六种能度入圣域的波罗蜜道行呀！'上面所说这意义不对，为什么呢？因为般若智慧是因，布施济助是果；勤勉精进是因，持守戒律是果；三昧禅定是因，忍受侮辱是果。然而因和果，是不能合而为一的，出于这缘故，应当分有六种能度入圣域的波罗蜜道行。如果有人说：'持守戒律就是忍受侮辱，忍受侮辱就是持守戒律。'这意义也不对，为什么呢？因为持守戒律是从他人授得，忍受侮辱就不是这样。有的人不曾领受戒律而能忍受他人恶毒的伤害，为众人修习善行，忍受多得无法计数的痛苦，在多得无法计量的生生世世中，代替那些众生受尽极大的苦恼，内心不曾后悔退却，出于这缘故，离了持守戒律应当也有忍受侮辱。

"善良的男子啊！三昧禅定就是舍摩他止静，般若智慧就是毗婆舍那观照。舍摩他止静，名叫作心缘专一而不散乱；毗婆舍那观照，名叫作智慧能分明辨别。出于这缘故，我于十二部类的佛经中，说禅定和智慧是不同，应当知道必定分有六种能度入圣域的波罗蜜道行。所以如来最初先说布施济助的檀那波罗蜜；为调伏众生使布施济助时能舍离贪着，因此依次再说持守戒律的尸罗波罗蜜；布施济助时能忍受舍离的心，因此依次再说忍受侮辱的羼提波罗蜜；使布施济助时心生喜乐，不观察任何时节都能布施，因此依次再说勤勉精进的毗梨耶波罗蜜；布施济助时使心专一，没有散乱妄想，因此依次再说禅定静虑的禅那波罗蜜；布施济助时不是为求享受六道生死中的人天安乐，因此依次再说出世圣智的般若波罗蜜。

"善良的男子啊！怎么名叫作能度入圣域的波罗蜜道行呢？因为布施济助时不希求内外的果报，不观察是可种福的田地或不是可种福的田地，施舍一切财物，内心都不吝惜，施时也不选择任何时节，所以名叫作布施济助能度入圣域的波罗蜜道行。甚至微小的罪过，虽然为了自己的身体生命，尚且不去毁犯戒律，所以名叫作持守戒律能度入圣域的波罗蜜道行。甚至有恶人来宰割那身体，都能忍受而不嗔怒，所以名叫作忍受侮辱能度入圣域的波罗蜜道行。在三月中，用一首偈颂称赞佛陀，不休歇不停息，所以名叫作勤勉精进能度入圣域的波罗蜜道行。具备足够的获证得金刚不坏的禅定三昧，所以名叫作禅定静虑能度入圣域的波罗蜜道行。善良的男子啊！证得阿耨多罗三藐三菩提佛果位时，就具备修足成就六种能度入圣域的波罗蜜道行，所以名叫作般若圣智能度入圣域的波罗蜜道行。

"善良的男子啊！菩萨有二种：第一种是在家菩萨，第二种是出家菩萨。出家菩萨能清净修证六种能度入圣域的波罗蜜道行，不是很困难；在家菩萨能清净地修证，才是困难。为什么呢？因为在家修的人，被很多恶劣的因缘条件所缠绕呀！"

第十九品　杂谈布施济助（上）

　　善生说："世上最尊的佛陀啊！菩萨已经修习了六种能度入圣域的波罗蜜道行，能够为众生做哪些事情呢？"

　　佛陀说："善良的男子啊！这样的菩萨，能够救拔沉没在苦海中的众生。善良的男子啊！如果有人对于财物、佛法、饮食等生起悭吝心，应当知道这种人，将于多得无法计量的生生世世中，得到愚痴贫穷的苦报，因此菩萨修行布施济助能度入圣域的波罗蜜道行时，要做利益自己和利益他人的事。善良的男子啊！如果有人乐于布施济助，对于一切冤家仇人，都应该生起亲人的想法，不能自在安乐的，都能使得自在安乐；深信布施的善因能得善好的果报，深信持戒的善因也能得善好的果报，这种人就能得成就布施济助的善果。

　　"善良的男子啊！有人说：'布施济助就是心意。为什么呢？因为心意是布施济助的根源啊！'这义理并不正确。为什么呢？因为布施济助的行动就是形色、感受、思想、志行、心识等五种阴积身心所成。为什么呢？因为是由身体、口舌、心意的三业具备足够才行施呀！布施济助如果是为自己得利益、他人得利益，或自己他人兼得利益，就是具备身心五种阴积，这样的布施济助，也就能够庄严成就菩提的佛道，远离烦恼，得到多财而巨富，这就名叫作布施济助的真正果报；寿命延长、容色体力美好、平安快乐、辩论才能很好，这些就名叫作布施济助所得其余的果报。布施济助的果报有三种：第一种是由于有殊胜的财物布施，所以获得殊胜的果报；第二种是由于有殊胜的种福田地，所以获得殊胜的果报；第三种是由于布施的主人心行殊胜，所以获得殊胜的果报。修行已经趋向初果须陀洹圣果的人，一直到将成佛的最后身菩萨，甚至已经成佛的这些圣者，就名叫作布施种福最殊胜的对象田地，布施供养这些对象福田，所以获得殊胜果报。如果所布施的财物具足着微妙美好的形色、香气、滋味、摩触等，这就名叫作所施的财物殊胜，用这样的财物布施，所以获得殊胜的果报。如果有布施的主人对佛教的信仰心很纯净浓厚，又勤修布施济助、持守戒律、听闻佛法、修习定慧，就能获得殊胜的果报。

"善良的男子啊！有智慧的人，布施济助有五种：第一是用至诚心布施，第二是自己亲手布施，第三是用信仰心布施，第四是随应时节而布施，第五是依照正当手法求得财物而布施。善良的男子啊！用至诚心布施的人，感得怎样的果报呢？如果能用至诚心布施的，这种人就能感得很多富饶的财宝，如金、银、琉璃、砗磲、玛瑙、珍珠、珊瑚、大象、马、牛、羊、田地、住宅、奴隶、婢女等，很多富饶的家眷部属。用至诚心布施的，就能获得这样的果报。自己亲手布施的人，感得怎样的果报呢？自己亲手布施的，所感得的果报，也是像上面所说那样，感得以后能得享用，自己亲手布施的，就能获得这样的果报。用信仰心布施的人，感得怎样的果报呢？用信仰心布施的，所感得的果报，也是像上面所说的那样，并时常受着父母、兄弟、宗族亲戚等一切众生所敬爱怀念，用信仰心布施的，再加上这样的果报。随应时节布施的人，感得怎样的果报呢？随应时节布施的，所感得的果报，也是像上面所说那样，所需要的物品，随时都能获得，随应时节布施的，兼能得到这样的果报。合法求得财物布施的人，感得怎样的果报呢？合法求得财物布施的，所感得的果报，也是像上面所说那样，感得这些财物以后，帝王、盗贼、水灾、火灾等都不能侵夺。

"如果用上好的形色布施，出于这缘故，这种人就能获得微妙上好的形色果报。如果用上好的香气布施，这种人因为这样，名声尊称远播传闻。如果用上好的滋味布施，这种人因为这样，众人乐于看见听闻到他，既然看见听闻到他以后，又生起敬爱尊重的心。如果用上好的摩触布施，这种人因为这样，就能获得上好微妙的摩触，受报的人享受以后，就能获得寿命延长、容色体力美好、平安快乐、好的辩论才能。善良的男子啊！有人说：'布施供养于佛塔、佛像，不能获得寿命延长、容色体力美好、平安快乐、好的辩论才能，因为没有接受布施供养的人呀！'这义理并不正确。为什么呢？因为布施的人有信仰心呀！布施的主人因为信仰心而行布施供养，因此应该能得这样五种果报。善良的男子啊！譬喻像出家比丘僧修习积集慈悲心，这样的慈悲心，其实并没有接受的人，而也一样能获得多得无法计量的果报。布施供养佛塔佛像等，也应该像这样，能得五种果报。善良的男子啊！就像有人种植稻谷，终究不会生出瓜来，布施供养于佛塔佛像，也是像这样，因为植于种福的田地，必能获得各种善好的果报。所以我说：由于所种的福田而得果报，由于所施的财物而得果报，由于能施的主人而得果报。

　　"善良的男子啊！布施有二种：第一种是佛法的布施，第二种是财物的布施。用佛法布施，就能获得财富和佛法的二种果报；用财物布施，只能获得财宝富裕的果报。菩萨修行这二种布施，是因为二种事：第一是为使令众生远离痛苦烦恼，第二是为使令众生内心能得调顺降伏。善良的男子啊！又有三种布施：第一种是用佛法布施，第二种是使没有怖畏的布施，第三种是用财物布施。所谓用佛法布施，就是教导他领受佛的规戒，或出家修道，或受戒对僧一次禀白和三次羯磨作法，或为他破坏邪恶谬见，解说真正的佛法，使他能分明辨别讲说真实和不是真实等，宣说执无常为常、执不净为净、执苦为乐、执无我为我等四种颠倒错执和不放肆纵逸，这就名叫作佛法的布施。如果有众生怖畏于帝王官员、狮子、老虎、野狼、大水、大火、强盗、窃贼等，菩萨看见以后，能帮他解救济助，就名叫作使他没有怖畏的布施。自己对于财物珍宝，破除悭贪而不吝惜，不论是美好或丑劣，或多或少，或是牛、羊、大象、马匹、房舍、睡卧用具、树林、泉井、奴隶婢女、僮仆使用的人、水牛、骆驼、驴子、车乘、辇舆轿子、瓶子、盆子、釜锅、鼎镬、绳索的床、坐椅用具、铜、铁、陶瓷器、衣服、宝珠串成的璎珞、灯火光明、香料鲜花、扇子、伞盖、冠帽、鞋履、几桌、拐杖、绳索、犁耙、除草的耨、斧头、凿子、花草、树木、水、石头，这等等物品，称合乞求人的心意，随着他所需要的给予，这就名叫作财物的布施。或建起僧尼所住的坊舍寺院，或起各别的房屋，像上面那样布施给予出家修行的人，但除去大象、马匹等。

"善良的男子啊！布施济助有四种障累：第一是悭吝贪欲心，第二是不肯修习布施济助，第三是轻看微小物品，第四是为求世间的福乐果报。这四种障累，修二种法能破坏：第一是修悟没有实在的自我，第二是修悟世间一切没有常存不变。善良的男子啊！如果想要乐于布施，就应当破除五种事：第一是嗔怒心，第二是悭吝心，第三是嫉妒心，第四是爱惜自己的身体生命，第五是不相信因果报应。破除了这五种事，时常乐于布施济助。时常乐于布施的人，能获得五种好事：第一是至终不会远离一切圣者贤人，第二是一切众生都乐于看见和乐于听闻到他，第三是进入广大群众中时不会生起怖畏心，第四是能得好的名声尊称，第五是能庄严成就菩提佛果位。

"善良的男子啊！菩萨圣人的布施，名叫作一切的布施，怎样名叫作一切的布施呢？善良的男子啊！大菩萨摩诃萨合法地求得财物，持来用于布施济助，名叫作一切的布施。恒常用清净心，布施于受施的人，名叫作一切的布施。只有很少财物也能布施，名叫作一切的布施。所心爱的物品，破除悭吝也能施舍，名叫作一切的布施。布施济助不希求酬报，名叫作一切的布施。布施时不观察分别是种福的田地或不是种福的田地，名叫作一切的布施。对冤家和亲人都平等布施，名叫作一切的布施。菩萨布施财物，共用二种：第一种是众生，第二种不是众生。于这二种中，甚至连自身的施舍，都不会吝惜，名叫作一切的布施。菩萨的布施，由于怜爱悲悯心，名叫作一切的布施。想要布施、正布施时、布施以后，内心都不后悔，名叫作一切的布施。

"或有时即使用不清净的物品布施，也是为了要使令面前受施的人生欢喜心呀！但是酒、毒品、杀人的刀杖、拘缚犯人的枷锁等物，不论能得自在快乐，或不能得自在快乐，始终都不拿这些施给人。不施给病人不清净的饮食药品，不抢劫他人的财物，甚至连一小钱也不偷抢用来布施。菩萨布施时，虽然得到自在安乐，始终不打骂佣人，而使令那些僮仆使用的人生起嗔怒苦恼。依照佛法实行财物的布施，不希求现在或后世的果报。布施以后，恒常心观烦恼的罪过，也深刻观悟涅槃圣域微妙的功果美德。除了求证菩提佛果以外，更没有任何的希求。施给贫穷人的时候，生起悲悯心；布施于种福的田地时，生起欢喜恭敬心；布施亲朋好友时，不生起放弃舍离心。如果看见乞化的人，就知道他有所需求，随着他所需要相助给予，不等待他开口乞求。为什么呢？因为不等待乞求就布施，能得无法计量的善好果报。

"善良的男子啊！布施的主人有三种，所谓下等、中等、上等。不相信造业感果，深生执着而悭贪吝惜，恐怕财物会有穷尽，看见来乞求的人，内心生起嗔怒愚痴的想法，这就名叫作下等。虽然相信造业感果，对于财物生悭吝心，恐怕财物会有空竭穷尽，看见来乞求的人，生起舍弃的心，这就名叫作中等。深信造业感果，对于财物方面，不生悭贪吝惜心，观察那些财物，心生没有常在的想法；看见来乞求的人，有可施给就心生欢喜，没有可以施给就心生懊恼，将自身有的质料物品，而用来施给他，这就名叫作上等。又有一种下等的：看见来乞求的人，顿转面孔不看他，且用恶劣的话臭骂、诋毁、羞辱他。又有一种中等的：虽然也布施给予，可是轻视贱待而不尊敬。又有一种上等的：他人还未乞求便施给他，且存尊敬心而给予。又有下等的：为求现世酬报而布施。又有中等的：为求后世果报而布施。又有上等的：由于怜悯心而布施。又有下等的：为报答恩情而布施。又有中等的：为造业而布施。又有上等的：为佛法宝藏而布施。又有下等的：畏怕他人胜我而布施。又有中等的：为求自己相等于人而布施。又有上等的：不选择冤家或亲人而布施。又有下等的：有财物而说没有。又有中等的：有很多财物却说只有很少。又有上等的：少许的索求而给予很多。

　　"布施的人没有财物，也有三种：第一种是最下品的人，看见来乞求的人，起厌恶心嗔怒责骂；第二种是中品的人，看见来乞求的人，就直接说没有财物可给；第三种是最上品的人，看见来乞求的人，自己鄙薄没有财物可以布施，心生惭愧忧愁苦恼。又有下等的，常被贤人圣者所呵斥责备；又有中等的，常被贤人圣者所怜悯；又有上等的，贤人圣者看见以后，内心生起欢喜赞赏。

"善良的男子啊！有智慧的人实行布施，是为了自己和他人都能得利益，了知财宝物品，都是没有恒常存在的，为了要使令众生能生起欢喜心，为了可怜悯念众生，为坏除悭吝的心，不是为了求索后世的果报，为了要庄严成就菩提的佛道，所以菩萨修行一切的布施以后，不生起后悔的心，不忧虑财物会穷尽，不轻视财物的微少，不看轻自身，不观察是时节不是时节，不观察分别来乞求的是什么人，时常顾念乞求的人，就像饥饿在思念饮食。亲近善好的师友，咨询请问而接受正确的教导。看见来乞求的人，内心生起欢喜，就像失火的家宅能得搬出财物。欢喜赞叹布施，讲说悭贪钱财有很多过失。布施以后生欢喜心，就像寄于善人处所，且对来乞求的人说：'你现今真是我修功德善行的主因，我现今能远离舍去悭吝贪着的心，都是你来乞求的缘故。'就对于来乞求的人生起亲爱心。施给他以后，又教来乞求的人，按照方法守卫保护，劝勉修习于奉献供养佛陀、佛法、僧尼的三宝。菩萨这样乐于修行布施以后，就能得远离一切放肆纵逸，虽然将自身分施给乞求的人，始终不生起一念恶毒心，因为这样更增长仁慈、悲悯、随喜、舍着心。不轻视受施的人，也不自高自大；自己庆幸有财物布施，能称合求乞人的心意；增长信仰心，不疑造业感果的道理。

"善良的男子啊！如果能够观悟财物是没有恒常存在的幻象，又观想那些众生，认作自己独一儿子的想法，这种人才能布施于乞求的人。善良的男子啊！这种人不被悭吝的烦恼结缚所动摇，就像世界最高的须弥山妙高峰，大风不能动摇它。这样的人，能够作为众生归投依靠的人，这种人就能具备布施济助能度入圣域的檀那波罗蜜道行。

"善良的男子啊！有智慧的人，为了四种事情，乐于修行给恩惠布施：第一是因为布施能破除烦恼，第二是因为布施能发各种誓愿，第三是因为布施能得感受安乐，第四是因为布施能感得很多丰饶的财宝。善良的男子啊！没有贪着的心，就名叫作布施。怎样没有贪着呢？因为布施就是善业，施物就是作善，是善业是作善，具足了布施的道行，就名叫作没有贪着。所谓因为布施而破除烦恼，就是既修行恩惠布施，就能破除悭吝、贪着、嗔恨恚怒、愚惑痴迷等烦恼。怎样叫作因为布施发立各种誓愿呢？就是因这布施以后，能发立各种善愿恶愿等，因为发立了各种善恶的誓愿，而感得各种善恶的果报，为什么呢？誓愿力量的缘故。怎样叫作因为布施而得感受安乐呢？就是这布施的缘故，感受到人间天上的福乐，甚至证到至高无上佛果位的安乐。怎样叫作因为布施感得很多丰饶的财宝呢？就是这布施的缘故，所希求的金银财物，甚至畜生等，将来都能如意感得果报。

　　"善良的男子啊！如果有人乐于布施，这种人就能坏灭五种弊病恶法：第一是邪恶谬见，第二是没有信仰心，第三是放肆纵逸，第四是悭吝心，第五是嗔怒痴迷。舍离这恶法以后，内心生起欢喜，因为欢喜，甚至获得真正的解脱。这种人现在世就得四种好的果报：第一是一切人都乐于看见他，甚至冤家也一样；第二是善好的名声流传广布，遍于四方各处；第三是进入广大群众时，内心没有怖畏；第四是一切善人，都乐意来亲近依附。善良的男子啊！修行布施以后，那内心没有后悔。这种人如果因为客寄于内心的尘染烦恼，而堕于地狱，虽然处于地狱的恶劣处所，也不会受到饥饿，不会受到口渴。出于这缘故，能脱离二种苦刑：第一是热铁丸的苦刑，第二是热铁浆的苦刑。如果投生做畜生的身体，有任何需要都容易得到，没有任何匮乏缺少。如果堕于饿鬼身，不会受到饥饿口渴，时常得到饱食满足。如果能得投生人的身体，那寿命、容色体力、平安快乐、辩论才能和信仰心、持守戒律、布施济助、多听闻佛法、智慧等，都超胜于一切人。虽然处住于恶劣时世，不会去做罪恶的事；恶事邪法生起时，始终也不会跟随信受；在于怖畏的处所，内心不会生起恐怖。如果感受天人的身体，十种事都很殊胜。

"善良的男子啊！有智慧的人，因为二种事，而能修行于布施：第一是调顺降伏自己的内心，第二是坏灭怨恨嗔怒心。如来因为这样，名叫作至高无上的世尊。善良的男子啊！有智慧的人布施以后，不希求受施的人存爱念感恩的心，不希求有好名声尊称，免于受怖畏，不希求善人来相见或亲近依附，也不求望得到人间天上的福乐果报。内心观想于二种事：'第一是将有形不坚固的财物，变易成无形坚固的资财；第二是始终不随顺于悭贪吝惜的心。为什么呢？因为这些财物，我如果寿命终了死去，是不能随我带去，因此应当在我还活着时自己亲手施给穷人，我现今不应该随着财物的损失而生烦恼，应当随着施舍而生欢喜。'善良的男子啊！布施的人先应当自己试那内心，先用外在的财物布施，知道自己调适以后，再次布施身体的内物。因为这二种布施，就能获得二种圣法：第一是永远脱离三界内那些有情众生的轮回，第二是得到真正的解脱。善良的男子啊！像一个人要远行，身体荷担很重的担子，疲倦困苦劳累到极点，能舍去所负担的就很快乐。修行布施的人，看见来乞求的人，施舍财物给他，内心生起欢喜快乐，也是像这样。

"善良的男子啊！有智慧的人内心常做这样想：想要使令这些财物，能跟随追逐我自身到来生后世的，没有不以布施财物而积集功德为最优先。又应当深深观察体悟贫穷的困苦和豪华富贵的快乐，因此系心关怀，时常乐于修行布施。善良的男子啊！如果一个人实有钱财，看见有人来乞求的，就说没有钱很拮据惭愧，应当知道这个人说了以后，来生后世就会贫穷而德薄，这样的人，名叫作放肆纵逸。善良的男子啊！没有钱财的人，自己说没有财物可布施，这意义并不正确。为什么呢？因为一切饮水、草木等，没有一个人没有呀！虽然是像国王这样富贵，也不一定能够布施；有的虽然很贫穷，也不是不能布施。为什么呢？因为贫穷的人，也有饮食的分，吃过以后洗碗器，要舍弃的荡涤菜汁，可以施给须应吃的，也能得到福分恩德。如果用尘粒大的炒面粉施给蚂蚁，也能得到无法计量的福德果报。天下间极贫穷的人，什么人当会没有这尘粒少许的炒面粉呢？又有谁一天只吃三小撮的炒面粉，生命不全而死呢？因此诸位啊！应该将自己所吃的一半，施给来乞求的人。

"善良的男子啊！至极贫穷的人，有谁赤裸身体没有衣服穿的呢？如果有衣服穿，岂会没有一条线可施给他人系缚疮孔呢？或施一手指大小的财物，做灯芯炷呢？善良的男子啊！天下间的人，有谁贫穷到会没有身体的呢？如果还有身体，看见他人做福德善事，身体应当前往帮助，心里欢喜没有厌倦，这样也名叫作布施体力的主人，也一样能得福德善报。福德果报或有时候有分，或有时候与之相等，或有时候更超胜。出于这缘故，我接受波斯匿王饮食时，也念咒祝愿国王和那些贫穷的人，所得福德果报相等没有差别。善良的男子啊！像一个人买香料，或涂抹的香，或粉末的香，或散撒的香，或燃烧的香，这四种香料，有人触摸，或买的人，或称量的人，都平等嗅闻到香气没有不同，而这各种香料，不损失一毫一厘。修行布施的功德，也是像这样，布施或多或少，或粗或细，或起随顺欢喜心亲身去协佐帮助，或遥远看见或听闻，内心生起欢喜，因那布施的善心平等，所以所得的果报，也是相同没有差别。

"善良的男子啊！如果没有财物，看见他人布施以后，内心不喜欢相信，怀疑于种福的田地，这就名叫作贫穷。如果有很多财宝，自在应用没有障碍，虽然有良好的种福田地，内在没有信仰心，不能奉献布施，这也名叫作贫穷。所以有智慧的人，随着自己有多少财物，随任自己的能力施给他人。除布施以外，没有其他的力量能获得人间天上的安乐，甚至得到至高无上佛果的安乐。因此我于契合真理又契合众生根性的佛经中说：'有智慧的人自己观察心想：如果自己只剩余一小撮（二手指所挟起的）的食物，自己留着吃就会生存下去，如果施给他人，自己就会饿死，在这情况下尚且应该施给他人，何况还有很多呢？'善良的男子啊！有智慧的人应当观悟，财物是没有恒常存在的，没有恒常存在，于多得无法计量的生生世世中，财物都一再地消失坏灭耗损减少，始终不曾得到真正的利益。财物虽然是没有恒常存在的，但能用来布施做善事而获得无量功德的永恒利益，为什么要悭贪吝惜而不布施积德呢？有智慧的人又观察了知世间，如果有人持守戒律和多听闻佛法，由于持守戒律和多听闻佛法的主因助缘力量，甚至获证得阿罗汉的果位，虽然证得这圣果，还是不能遮防断绝受饥寒口渴等困苦。如果有人证到阿罗汉而仍很难获得房舍、衣服、饮食、睡卧用具、治病医药等，这都是先前过去世不曾布施的缘故。破犯戒律的人，如果乐于勤行布施，这种人虽然堕入饿鬼或畜生道途，但仍能获得吃饱满足，没有任何缺乏短少。

"善良的男子啊！除了布施以外，不能获得二种果报：第一是自在安乐，第二是解脱无碍。持守戒律的人，虽然能得上生天界，因为不修习布施，也不能获得上好的饮食和用珠宝串成微妙的璎珞。如果有人想要求得世间的安乐和至高无上佛果的安乐，就应当乐于布施供养。有智慧的人应当观悟，生死轮回没有边际，享受世间的欲乐也是像这样，所以应当为断绝生死轮回而布施，而不希求感受世间的欲乐。心里又做这样观悟：虽然富裕拥有四方天下的土地，享受无限量的欲乐，内心还是不会知道满足，因此我应当为求证至高无上佛果的安乐而修行布施，不要为求人间天上的福乐而布施。为什么呢？因为人间天上的福乐是没有恒常存在的，是有穷尽边际的。

"善良的男子啊！如果有人说：'布施的主人、受施的人和受福乐果报的人，都是由形色、感受、思想、志行、心识等五种阴积所假合的幻体，照这样说，五种阴积所假合的是没有恒常存在的，那么舍了这能布施的五种阴积幻体，是谁去受那果报呢？虽然没有受果报的人，但善行果报不消灭，因此没有真正能布施的人和受果报的人。'应该反问他说：'有布施受报吗？'如果他说：'施就是施者，受报就是我。'就又应该对他说：'我也是这样，施就是施者，我就是五种阴积所假合的。'

"如果问：'能布施的那五种阴积所假合的幻体，在这里没有恒常存在的灭亡了，什么人于来生受果报呢？'仔细听！仔细听着！我当会为你们说。种子是恒常不变的呢，还是没有恒常存在的呢？如果说是恒常不变的，为什么种子消灭，而生起那嫩芽呢？如果发现这过错，又说种子是没有恒常存在的，又应当对他说：'如果种子是没有恒常存在的，在种子时给粪肥、水、土壤等加功，怎么会使令嫩芽得到增长呢？'如果他说：'种子虽然是没有恒常存在，因为助缘加功业力，而得到长芽结果。'就应该说：'五种阴积也是像这样。'如果他说：'在种子中事先已经有嫩芽，人力的加功、水、粪肥等，是作为显了的因。'这意义并不正确。为什么呢？因为显了的因所显了的，物体没有增长或减少，本多就多住，本少就少住，而现今用水、粪肥加功，嫩芽能得增长，所以原本没有而现今变有呀！如果说：'显了的因有二种：第一种是多，第二种是少。多就看见大，少就看见小，就像点燃灯火，光明多就看见大，光明少就看见小。'这意义并不正确。为什么呢？因为像一粒种子，多给水和粪肥，也不能在一短时或一日，就增长到和人相等或超过人。如果说：'显了的因虽然有二种，主要须等待时节因缘，物品少就显了少，物品多就显了多，出于这缘故我说显了的因不会坏。'这意义并不正确。为什么呢？因为你们的说法是时常不变，因此不应该做这样说。

"善良的男子啊！种子变异，芽也变异，虽然造作所得变异，相似不断地变异，五种阴积也是这样。善良的男子啊！像种子的业力增长发芽，芽的业力增长茎，茎的业力增长叶，叶的业力增长花，花的业力增长果实，人类这一道途的五种阴积身心，增长出地狱、饿鬼、畜生、阿修罗鬼神、天神等五种道途的五种阴积身心，也是像这样。如果照这样说，不同人造作不同人受报，这意义只是你有，不是我所说的意义。为什么呢？像你的说法中说：造作的是我，而受报的是身体，而还不说不同人造作不同人受报。受持不杀生戒的就是我，出于这缘故，身体感得美妙的形色。所以你的说法是：受报的没有造因，造作的没有得果，有这样的过失。如果说我造作而身体受报，我也是这样，这个造作而那个受报。又应该问他说：'你的身体和那个我不同，身体享受饮食、披穿衣服、装挂珠宝串成的璎珞，吃了美妙饮食的缘故，得到好的容色体力；吃了恶劣饮食的缘故，得到弊劣的容色体力。这美好和恶劣的容色体力，如果是属于因缘所成，那么那个我得到什么呢？'如果说那个我得到忧愁和欢喜，怎么不是不同人造作而不同人受报呢？就譬喻像有一个人，为了体力服吃酥酪，这个人长久服吃，身体得到很好的气力和上等妙好的容色。另有一个人身体羸弱瘦小，看见他人服吃心生欢喜，这个看见的人就能得到美好壮大的容色体力吗？如果说不能得到，那么那个我也是这样，身体所造作的事，那个我怎么能得到呢？这是为什么呢？因为两个不相似呀！我的说法不是这样，是五种阴积造作也是五种阴积受报，彼此相似延续不断。

"善良的男子啊！如果说五种阴积没有恒常存在而灭亡，这里的不可能去到那来世得受果报。这意义并不正确，为什么呢？因为我的说法：或是有的就是这个造作就是这个受报，或是有的不同个造作而不同个受报，或是没有真实的造作没有真实的受报。所谓就是这个造作就是这个受报的，就是五种阴积造作五种阴积受报。所谓不同个造作而不同个受报的，就像在人间造作而在天界受报。所谓没有造作也没有受报的，因为造作业是因缘和合而有，本就没有实在自性，哪里有真实的造作和受报呢？你的意思如果说：'既是不同个造作而不同个受报，怎么又说相似的相续不断呢？'你问这意义并不正确，为什么呢？譬喻像放置毒药入牛乳中，慢慢变到炼成醍醐时，那毒药依故能杀死人，牛乳时因变异，到醍醐时也变异不同，虽然仍有不同，但是依次第转变而产生，相续不断绝，所以依故能杀害人。五种阴积假合的幻体也是像这样，虽然也有变异不同，但依次第而产生，相继连续而不断绝，因此可以说：不同个造作而不同个受报，就是这个造作就是这个受报，没有真实的造作也没有真实的受报。

"如果离了五种阴积，就没有一个我或我的所有。

一切凡夫众生，颠倒错见盖覆心智，或是执说形色就是我，甚至执说心识就是我。或有的人执说，形色就是我，其余的感受、思想、志行、心识等四种阴积，就是我的所有，甚至执说心识是我也是这样。如果有人说：离了五种阴积以外，别有一个我的，没有这种道理。为什么呢？因为在我的佛法中，形色不是实在的我呀！这是为什么呢？因为形色是没有恒常存在的，且没有造作，不能自在无碍呀！因此其余的四种阴积不能名叫作我的所有，甚至执说心识是我也是这样。

"众多的因缘和合，变异不同的事物诸法就出生，所以名叫作造作，实在没有其他不同的造作；众多的因缘和合，变异不同的事物诸法就出生，名叫作受报的，实在没有其他不同的受报，所以名叫作没有实在的作业也没有实在受报。如果你的意思说：'不同个造作业而有不同个受报，为什么这个人作业，不能那个人受报呢？二人都同样有五种阴积的身心呀！'这意义并不正确，为什么呢？所谓不同是有二种：第一种是身体不同，第二种是名称不同。像两个人，第一个人叫作佛得，第二个人叫作天得，这佛得和天得两个人，身体和名字各不相同。出于这缘故，二人的身体和口舌应当不同；因为身体和口舌各不相同，所造作的业也就各不相同；因为所造作的业不相同，所受果报的寿命、容色体力、安乐、辩论才能也就不同，因此不可能佛得作业，而天得去受果报。虽然二人都同样有五种阴积的身心，形色名称虽是一样，但是内在的感受、思想、志行各不相同。为什么呢？因为佛得在受快乐时，天得或正在受痛苦；佛得内心生起贪心时，天得或正生起嗔怒，所以不能得名叫作相似。形色名称虽然一样，其实内心有所不同，或者有时佛得是白色，而天得是黑色的。

　　"如果认为名称相同就是同一意义的话，那么一个人出生时，应该一切人都一起出生；一个人死亡的时候，也应该一切人都死亡。你如果不愿同意这意义，所以就不能得有由不同的人作业而由不同的人受报。你的意思如果说：'你也是说由不同个作业而后由不同个受报，我所说的也是这样，由不同的人作业而后由不同的人受报。如果你也是由不同个作业而后由不同个受报，就应该犯和我相同的过失，为什么不发现自己的过失，而只责备我呢？'你所责问的这意义并不正确。为什么呢？因为我所说的相异不同有二种：第一种是依次第生起，也依次第消灭；第二种是依次第生起，不依次第消灭。由于生起变异，消火也是变异，因此我说：'变异的不同个作业而后变异的不同个受报，也是这个作业这个受报。'这不同于你所说的过失。

　　"譬喻有一个人，想要放火烧那聚居的村落，于干草中，放一小粒火苗，这火苗次第生起，终能燃烧百里，甚至二百里远。村落的主脑寻求找得放火的人，便就问他：'你这弊坏的恶人，为什么缘故，放火烧这大村落呢？'那坏人回答说：'这村落实在不是我烧的。为什么呢？因为我所放的火苗，不久已经消灭净尽，我所烧的处所，只是一把干草而已，我现今当会偿还你二把干草，其余被烧的物品，我不应该赔偿。'这时候村主又这样说：'你这痴人！因为你放的小火苗，依次第渐渐产生大火，遂燃烧了百余里到二百里，这事情都由于你所引起，为什么不赔偿呢？'虽然知道这火起先不同的造作而后变异不同的燃烧，但那是相继连续不断绝的，所以他还是应得那罪过。行善或造恶的五种阴积身心，也是像这样，受果报时的五种阴积身心，虽然说不曾作业，但由于造作业的身心依次第相继连续而产生，因此而受果报。

　　"譬喻有一个人，和他人彼此赌输赢，手执火炬远行，要走到百里外，说：'如果不能走到，我应当输你；如果我走到了，你应当输我。'手执火炬的人，走到一百里以后，就要从他人处索回火炬的物品。他人说：'你的火炬发火的痕迹已经消灭，怎么来到这里还向我索讨物品呢？'手执火炬的人说：'起先那火炬虽然已经消灭，但依次第相继连续地燃烧，才能生起火光来到这里呀！'

像这二个人，都说得有道理。为什么呢？因为这义理，前后可以说就是同一个，也可以说不是同一个，因此这二个人所说的话都没有过失。如果有人说：五种阴积的身心也是像这样，就是这个作业也就是这个受报；由不同个作业而变异不同个受报，这二种说法都没有过失。

"譬喻这边那边两岸和中间流水，总合起来名叫作恒河。夏天的时候，两岸的距离相去很远；秋天的时候，两岸的距离相去就很近，没有常久固定的相状，河流或大或小，虽然河水有时增多有时减少，但人们都叫作恒河。或有人说：这不是河。有智慧的人也说：有不同样也不是不同样。五种阴积的身心也是这样，有智慧的人也说：就是这个作业就是这个受报，不同一个作业也不同一个受报。你的意思如果说：'河边两岸是土地，中间河流是水，河神才是河。'这意义并不正确，为什么呢？因为如果说河神才是河，为什么又有人说：'河清、河浊，河有此岸彼岸和中流、河深、河浅、河水流到于大海，河可渡船、河不可渡船呢？'譬喻有树林，自然就有神祇居住；如果没有树林的地方，神祇要居住在什么地方呢？河流和神祇，也应该是这样。所以这边那边两岸和中间流水次第不断绝地流，总合名叫作河，因此可以说就是一样也有变异，五种阴积所假合的身心也是这样。

"譬喻有一个人，骂辱贵官殊胜的人，恶劣口舌的缘故，脚被锁链足械系缚，这双脚事实并没有犯恶劣口舌的罪，而却被锁链足械系缚。因此不能得坚决确定地说：不同一个作业而由不同一个受报，或就是这个作业就是这个受报。只有那有智慧的人可以说：就是这个作业就是这个受报，或不同一个作业而不同一个受报。

"譬喻器具、油、炷火、人力加功等众多的因缘和合，才名叫作灯明。你的意思如果说：'灯的光明或增或减。'这意义并不正确，为什么呢？因为减了就不增，来了就不减，因为次第连续生起火，所以说灯的光明有时增有时减。你的意思如果说：'灯明是无常变化的，油是恒常不变的，油多光明就多，油少光明就少。'这意义也不正确，为什么呢？因为油也是无常变化的，可燃烧而有穷尽的，如果它是恒常不变的，应该二种都念念停住，如果二种都念念停住，有谁能燃烧而穷尽呢？所以有智慧的人也说：'灯和明是一样也是不同。'五种阴积假合的身心也是这样。灯的光明譬喻人的眼睛、耳朵、鼻子、舌头、身体、心意等六入；灯油譬喻造作的善恶业，像油的业力这缘故，所以使令五种阴积所合成的六入身心有时增有时减，有那个有这个的差别。

"像有人说无可考的一种方言阿坻耶语，这种方言阿坻耶语，久已过去，不在今日使用，只因世间人相传，次第相传不灭绝，所以称作无可考的阿坻耶语。有智慧的人也说:'这无可考的阿坻耶语,也不是无可考的阿坻耶语。'虽然也有说是,也有说不是,二种说法都不失有道理。五种阴积假合的身心也是这样,也可以说就是这个作业就是这个受报,或可以说不同一个作业由不同一个受报。

"有一个人是大富翁,因为继承的子嗣中断,身体又死亡丧殁,财产应当归入官府。后来有一个人来说:'这些财物,应当属于我。'官府的人说:'这些财物怎么可以由不同的人工作赚来而由不同的人归属得去呢?'这个人又说:'我是那已经死亡的人第七世孙呀!依次第相续不断地传世,怎么这些财产不能属于我的呢?'官府的人就说:'是这样!是这样!正像你所说的。'有智慧的人说:'五种阴积的作业受报也是像这样,可以说就是这个作业就是这个受报,也可以说不同一个作业而由不同一个受报。'

"你的意思如果说:'五种阴积的身心造作善恶业,造作完成以后便已过去,这身体还是存在,所造作的善恶业没有可依靠,业如果没有可依靠,便是没有业,死了舍这身体以后,怎么还能得受果报呢?'这意义并不正确,为什么呢?因一切造作过的业,都在等待报体,等待时机而发业受报。譬喻柑橘的种子,由于柑橘而产生,柑橘从放酢醋就甘甜,是人为加工的柑橘呀!种植了这种柑橘的种子，这种子所发的根、茎、叶、花、刚生的果实，都不会有酢醋味，但时机到而果实成熟，酢醋味就发出来。像这种酢醋味，不是种子本来没有而现今才有的，也不是没有缘故的，那是过去那个经人为加工果实的缘故。

"身体、口舌、心意三种所造作的善恶业，也是像这样。如果问这些善恶业是留住于何处，这些善恶业是留住于从过去世以来的心识中，等待时机，等待器世界，才能得感受果报。像一个人服食了药物，经过一些时节日子，药气虽然消灭，时机一到身体就发出好的气力和好的容色。身体、口舌、心意的三种业，也是像这样，虽然已经过去消灭不见，时机一到就会感受果报。譬喻一个小儿童，起初所学习的各种事情，虽然随着内心一念一念地消灭，没有留住的处所，然而到了一百岁，也还不会忘失。这些过去所造作的善恶业，也是像这样，虽然没有留住的处所，时机一到自会感受果报。所以说：不是有真实的五种阴积作业和真实的五种阴积受报，然而也不能得没有五种阴积的身心受果报呀！如果能够明了地通达这事理，这个人就能获证至高无上的佛果位。"

5　卷五

第十九品　杂谈布施济助（下）

　　"善良的男子啊！如果又有人对于自己的身体、生命、财物，悭贪吝惜不肯施舍，这就名叫作悭吝。护惜悭吝人不能施舍的心，不能生起怜悯的心，留待种福的田地，求觅种福的田地，既然能得求过，观于钱财难得，为钱财受苦，或说没有果报，没有布施，没有感受。护惜妻妾子女、家眷部属等心，积蓄钱财而贪求虚名，看见钱多就生欢喜，观看钱财是常在，这就名叫作悭吝的烦恼污垢。这种烦恼垢秽能污染那些众生的心，出于这缘故，于其他的财物中，尚且不能施舍，何况怎能施出自身的物品呢？

"有智慧的人修行布施济助，不是为要他人报答恩惠，不是为要求得任何事物，不是为护惜悭吝贪着的人，不是为求生于天界人间中享受安乐，不是为求自己善好的名声能流传广布于外地，不是因为怖畏地狱、饿鬼、畜生等三种恶劣道途的苦报，不为其他要求，不是为要超胜于他人，不是为减失财物，不是因为多有财产，不是因为不用而施舍，不是因为家族的法规，不是为要亲密接近。有智慧的人行于布施，是因为可怜悯念众生，是为要使令他人得到平安快乐的缘故，为要使令他人生起施舍心的缘故，因为这是诸位圣人本所应修的道行，为要破坏各种烦恼的缘故，为要证入涅槃圣域而断除有情生死的缘故。

"善良的男子啊！菩萨布施济助，要远离四种恶法：第一是破犯佛戒，第二是疑惑的罗网，第三是邪恶的见解，第四是悭吝心。又有五种法要遵守：第一是施济时不选择分别有德行或没有德行，第二是施济时不说善或恶，第三是施济时不选择种族姓氏，第四是施济时不轻视来乞求的人，第五是施济时不出恶劣口舌责骂人。又有三种事情，布施以后不能获得殊胜上妙的果报：第一是起先多发心施济，后来就少给予；第二是选择恶劣的物品，持拿用以施给他人；第三是既然实行布施以后，内心生起后悔厌恨。善良的男子啊！又有八种事情，布施以后，不能获得成就上等果报：第一是布施以后，喜欢见于受施人的过失；第二是布施时内心不平等而施；第三是布施以后要求受施人做事；第四是布施以后，喜欢自我称赞褒叹；第五是先说没有，后来才施给他；第六是布施以后，用恶劣口舌责骂他；第七是布施以后，要求偿还二倍；第八是布施以后，生起疑惑心。像这样布施的主人，就不能得亲近学习于诸位佛和贤人圣者。

"如果用俱全足够的形色、香气、滋味、摩触物品，施给于他人的，这就名叫作清净的布施。如果能依照正当手法获得财物而行布施的，这就名叫作清净的布施。观悟钱财没有常在，不可能常久保留，而行于布施的，这就名叫作清净的布施。为要破除烦恼的缘故行于布施的，这就名叫作清净的布施。为要清净自心的缘故行于布施，这就名叫作清净的布施。如果能观察谁是能施，谁是受施的人，施舍何等的物品，是什么缘故布施，这布施的善因善缘，能得何等的果报，这些布施就是六根和六尘因缘假合的十二入处，受施的人、能施的主人、善因善缘和果报，都是六根和六尘因缘假合的十二入处，能够这样观悟，而行于布施的，这就名叫作清净的布施。

"如果布施时，对于所种福的田地处所，生起欢喜心，就像那些福田所求的功德，我也这样勤求不停息。施给于妻妾子女、家眷部属、奴仆或使唤的人，生起怜悯心。施给贫穷的人，是为要坏除苦恼。布施时不希求人间天上的世间福乐果报，破除骄傲怠慢心而布施，用慈悲柔软心而布施，舍离那些有情众生的烦恼而布施，为要求得至高无上的解脱缘故而布施，深刻观悟生死苦海有很多过失罪恶而布施，不观察分别是种福的田地或不是种福的田地而平等布施。如果能够这样修行布施的，善好的果报就追逐这个人，就像幼小的犊牛跟随母牛。

　　"如果为求果报而布施，就像市场贸易买卖没有不同。像为了身体生命，耕田种作，随着那所种的种子，收获那果实；布施的主人布施以后，也是像这样，随着他布施所种的善因，获得那福乐的果报。如果受施的人接受布施以后，能得到好的寿命、形色、体力、安乐、辩论口才，布施的主人也能得这样五种福报。如果施给畜生，能得百倍的果报；施给破犯戒律的人，能得千倍的果报；施给持守戒律的人，能得十万倍果报；施给外教道人舍离贪欲的，能得百万倍的果报；施给趋向圣道的，能得千亿倍的果报；施给初果须陀洹的圣者，能得无法计量的果报；施给修向二果斯陀含的圣者，也能得无法计量的果报；甚至施给已经成证佛果的，也能得无法计量的果报。

"善良的男子啊！我为了要分别各种福田的缘故，做这样说：得到百倍的果报，甚至无法计量的果报。如果能以至诚心，生起大怜悯心，施给于畜生；或专一诚心恭敬，施给供养于诸位佛，那福报正是相等，没有什么差别。所谓得百倍的果报，就像将寿命、形色、体力、安乐、辩论口才，施于他人，布施的主人以后所得的寿命、形色、体力、安乐、辩论口才，各种多得百倍，甚至多得无法计量，也是像这样。因此我于契合真理又契合众生根性的佛经中说：我施给舍利弗，舍利弗也施给于我，然而我所得福报较多，不是舍利弗所得福报较多呀！

"或有的人说：'受施的人造作罪恶，罪恶牵连到布施的主人。'这义理并不正确，为什么呢？因为布施的主人施济的时候，是为破除他人的困苦，不是要他造作罪恶，出于这缘故布施的主人应当得到善好的果报。受布施的人造作罪恶，罪苦自己独得，不会牵连布施的主人。

"布施的主人如果用清净美妙的物品布施，以后必得美好的形色，人人所乐于看见，善好的名声流传远布，所希求的都能称心如意，生在上等的种族姓氏，这不能名叫作恶报，怎么说布施的主人会得罪苦呢？

"布施的主人布施以后，内心欢喜不后悔，亲切接近善好的人，财富应用自在无碍，生于上等贵族家，能得人间天上的福乐，甚至得到至高无上的安乐，能脱离一切烦恼的结缚，布施的主人得到这样美妙的果报，怎么说会得到恶劣的果报呢？

　　"布施的主人如果能自己亲手布施，以后必生于上等姓氏家族，遇到善好相知认识的师友，得很多财产和丰饶的宝物，家眷部属都成就圆满，能应用又能布施，一切众生喜欢乐于看见他，看见以后会起恭敬尊重、称赞褒叹，布施的主人所受的果报得到这样的事情，怎么说会得到恶劣的果报呢？

　　"布施的主人如果用清净的物品布施，以后由于这些善因善缘，能得很多丰饶的财宝，生于上等种族姓氏，家眷部属多得无法计量，身体没有疾病痛苦，内心没有忧愁恐怖，他所有的财产宝物，国王、盗贼、大水、火灾都不能侵损；设使失掉财物，也不会生起忧愁苦恼，在多得无法计量的生生世世中，身体内心都平安快乐，怎么说会受到恶劣的果报呢？

　　"如果还未布施时，生起信心，布施的时候内心欢喜，布施以后得到安乐，希求时、守护时、应用时都不会苦恼。如果用衣服布施，能得上等美妙的形色；如果用饮食布施，能得没有更高上的体力；如果用灯火布施，能得明净妙好的眼睛；如果用车乘布施，身心会平安快乐；如用屋舍布施，所需求的必定没有缺乏，布施的主人得到这样善好的果报，怎么说会得到恶劣果报呢？

"再说，布施的主人如果布施供养佛以后，应用或不曾应用，果报都已经决定。施给他人和出家僧人，有二种福：第一是从应用生，第二是从领受生。为什么呢？因为布施的主人布施时，自己破除悭吝心，受施的人应用时，能破除他人的悭吝心，因此说从应用生福。又再从应用，人能转变应用，出家僧人能增长，布施以后不希求世间福乐的果报，不用能起烦恼的因缘而布施，出于这缘故，能证得至高无上的清净果报，这就名叫作没有生灭的涅槃圣域。

"如果有人每日能发立重要的愿心，必先施给他人饮食，然后自己才吃，如果违反这重要的愿心，誓愿输送奉佛物品，违犯就生惭愧心；如果他能不违犯，就是生微妙智慧的主因善缘。这种布施的，就是各种布施中最高上的，这种人也能得名叫最上等的布施的主人。

"如果能够随顺来乞求的人心意布施，这个人于以后多得无法计量的生生世世中，所希求的都能如意获得。如果有人有清净心，所施的财物和受施的种福田地，都是清净的，这布施的人就能得到多得无法计量的善好果报。如果能给妻妾子女或奴隶婢女衣服饮食，恒常用怜悯欢喜心给予，未来就能得到多得无法计量的福报功德。又观看田地和仓库，都有很多老鼠和雀鸟，残暴侵犯五谷米粮，能恒常起怜悯心，内心又做这样想念：这些老鼠、雀鸟，因为我的怜悯心而能得活命。想念以后，生欢喜心，没有触怒懊恼的心想，应当知道这个人，所得的福报无法计量。如果为自身制作衣服、珠宝串成的璎珞、手环臂钏等庄严身体的用具和各种器物，做成以后心生欢喜，自己还未穿用，就持拿用去布施他人，这个人未来当会感得所求如意的宝树。

"如果有人说：'离了修布施济助，能得善好的福乐果报。'没有这个道理。离了财物能得布施，离了受施的人能有施济，不离悭吝爱惜心而成布施的，也没有这个道理。如果他人不乞求就布施，或他人缺乏时就布施，或他人只乞求少许而多施给，或他人只乞求恶劣的而施给好的，或教他人索求而行施，或亲自前往行施，应当知道这个人，在未来的后世会获得很多宝藏，不是宝贵的物品，也都会变成宝贵的物品。

"如果是因为嬉戏玩笑而布施，或对着不是种福的田地而布施，或不相信造因会得果而布施，这样的布施，不能名叫作布施济助。如果有人偏对良好的种福田地布施，也不乐于时常布施，这种人于未来世得到果报的时候，别人都不乐于惠施。如果有人布施以后，生起后悔的心，或劫夺他人的财物，持来用以布施，这种人于未来世，虽然获得财物，常会损耗不能积集。如果恼怒家眷部属，才得财物用以布施，这种人于未来世，虽然得到大福报，但身体时常有病苦。

"如果不能先供给奉养自己的父母，又恼怒那妻妾子女，使奴隶婢女困苦，而布施的，这名叫作恶人，是假名的布施，不能名叫作正义的布施。这样布施的人，名叫作没有怜悯心，不知道感恩回报，这种人于未来世，虽然得到财产珍宝，常会损失而不能积集，不能拿出应用，身体很多病苦。

"如果有人依照正法，用财物布施济助，这个人于未来后世，会获得无法计量的福报，有钱财能够应用。如果有人不用如法的财物布施，这个人于未来后世，虽然获得好的果报，恒常要依赖他人才能获得，他人如果丧亡了，不久便贫穷了。有智慧的人，深刻观悟人间天上和转轮王的福乐，虽然也很微妙快乐，但都是没有恒常存在，因此布施济助时，不是为求人间天上的福乐果报。

"善良的男子啊！布施有二种：第一种是财物的布施，第二种是佛法的布施。财物的布施是下品的布施，佛法的布施是上品的布施。怎样是佛法的布施呢？如果有比丘僧、比丘尼、优婆塞男居士、优婆夷女居士，能教导他人具有信佛的心、持守佛戒、布施济助、多闻佛法、具有智慧，或用纸张笔墨，使令他人书写，或自己书写如来纯正的经典，然后施给他人，使令他人能得阅读背诵，这就名叫作佛法的布施。这样布施的人，未来无量世中，会感得上好形色。为什么呢？因为众生听闻了佛法，断除嗔怒心，出于这缘故，布施的主人于未来无法计量的生生世世中，能感得上好的形色。众生听闻了佛法，仁慈心不杀生，出于这缘故，布施的主人于未来无法计量的生生世世中，感得寿命很长。众生听闻了佛法，不偷盗他人的财物，出于这缘故，布施的主人于未来无法计量的生生世世中，能得很多丰饶的财宝。众生听闻了佛法，开阔心胸乐于布施，出于这缘故，布施的主人于未来无法计量的生生世世中，身体感得很大的气力。众生听闻了佛法，断除各种放肆纵逸，出于这缘故，布施的主人于未来无法计量的生生世世中，身心常得安乐。众生听闻了佛法，断除痴迷心，出于这缘故，布施的主人于未来无法计量的生生世世中，能得没有障碍的辩论口才。众生听闻了佛法，对佛生起信心没有疑惑，出于这缘故，布施的主人于未来无法计量的生生世世中，信佛的心明了没有疑惑。持守佛戒、布施济助、多闻佛法、具有智慧，也是这样。出于这缘故，佛法的布施胜于财物的布施。

"或有人说：'儿子修行善法，父母造作不善的罪恶，因为儿子的修行善法，能使令父母不会堕入三种恶劣道途受苦。'这义理并不正确，为什么呢？因为父母和儿子的身体、口舌、心意等所造的业行，各人差别不同呀！如果父母丧亡以后，堕在饿鬼道途中，子女为他们追荐修福，应当知道他们就能够得到助益。如果上生天界中，就都不会贪恋思念人类中的事物。为什么呢？因为在天界上成就了更殊胜美妙的宝物呀！如果堕入地狱，身心受着苦刑烦恼，内心没有闲暇思念，因此不能得益。生在畜生道途和人类道途，也是这样得不到助益。

　　"如果问：'饿鬼道途是什么缘故独能得到追荐的助益呢？'这是因为他们的内心本有情爱、贪着、悭吝心，所以才堕入饿鬼道途，既已成为饿鬼，常悔恨原本所犯的罪过，思念要得福德，因此，才能得到追荐的助益。如果所作为的生于其余的道途中，其余的家眷部属，堕于饿鬼道中的，都能得到。因此有智慧的人，应当为饿鬼道勤做功德修福，或用衣服、饮食、房屋舍宅、睡卧用具、资助生活所需的财物，施给出家沙门僧人、婆罗门教士等，或贫穷乞丐人士，为那丧亡的人念咒祈愿，使令他们获得福德，由于这布施祈愿的善因善缘力量，堕在饿鬼道的人，就能得到很大的势力，随着布施修善随即能得到助益福德。为什么呢？这是因为投生的道途处所使这样呀！那些饿鬼等，所吃都不一样，或有的吃脓血，或有的吃屎粪，或有的吃污血，或吃呕吐的秽物或鼻涕唾痰。得到这布施追荐的福德以后，一切所吃都变成上等美妙的色香美味。虽然用不清净的洗碗荡涤的汤汁等，施给需要吃的人，然而因为有遮阻盖护，竟然不能得吃，这样布施的主人也一样能得福德。为什么呢？因为布施的主人内心有仁慈怜悯呀！如果祠堂祭祀，谁是受祭的呢？这是随着那祭祀处所的神祇，就是受祭的神，像接近树林祭祀，就是树神受祭，舍宅、河流、泉源、水井、山林、土堆阜丘等，也是像这样。这人祭祀以后，也能获得福报功德。为什么呢？因为能使令受祭的神生欢喜心呀！这祭祀的福德，能保护身体财产。

"如果说杀害生命去祭祀祠堂能得福报，这义理并不正确，为什么呢？因为从来不曾看见世间人，种植伊兰臭树的种子，而生长出旃檀香树，也不曾看见杀断众生的生命，而获得福报功德。如果要祭祀鬼神的，应当用香料、鲜花、牛乳、酥酪、药物。为死亡的人追荐修福，就有三个时候：春季时候的二月、夏季时候的五月、秋季时候的九月。如果有人用房屋舍宅、睡卧用具、汤丸医药、田园树林、池塘水井、牛、羊、象、马等，各种资助生活的物品，布施给予他人，布施以后寿命终了，这人所得福德，随他所布施的财物，安住应用的长久短近，福德恒常生起，这些福德追随着这人，就像人影跟随形体。

　　"或有的人说：'寿命终了死后，便什么都消失没有了。'这义理并不正确，为什么呢？因为物品毁坏不能用，丁二时中会消失，并不是生命心灵功德善法尽都消失。如果出家僧人效法在家世俗人，在岁月中的节日喜欢多饮食的，这是随便世间法呀！不是真实法呀！也是信世间法和出世法呀！如果能随着家里所有好的恶劣的，恒常乐于布施的，名叫作一切布施的人。如果能用自身部分和用妻妾子女所看重的贵重物品，布施给予他人的，这就名叫作不可能心思口议的布施。如果有恶人、毁犯戒律的人、冤家仇人、不知道感恩重义的人、不相信造因会得果的人、强乞勒索的人、有强大势力的人、健于毁骂人的人、得到以后嗔恨恚怒的人、诈伪假现善好相状的人、大富贵的人，布施这十一种人，名叫作不可能心思口议的布施。

　　"善良的男子啊！一切各种布施有三种根本：施给于贫穷人，是因为可怜悲悯心。施给于冤家仇人，是不希求回报呀！施给于福善道德的人，是由于内心喜悦尊敬呀！善良的男子啊！如果有人钱财很多，于多得无法计量的岁月中，奉献供养佛陀、佛法、僧尼的佛教三宝，虽然得到无法计量的福德果报，不如劝人共同合作奉献供养。如果有人轻视于少许物品或恶劣的物品，羞愧不肯布施，这种人更会增长来世的贫穷困苦。如果有些人共同布施，所施的财物、受施的种福田地、布施人的心意都平等，这二人所得的果报没有差别。有的所施的财物和心意都平等，受施种福的田地特别殊胜的，所得的果报也殊胜。有的受施的福田和施主的心意都下劣，而所施的财物殊胜的，所得的果报也殊胜。有的受施的福田和所施的财物都下劣，而施主的心意殊胜的，所得的果报也殊胜。有的受施的福田和所施的财物都殊胜，但施主的心意下劣的，所得的果报就不如前面所说的殊胜。

"善良的男子啊！有智慧的人布施时，不是为求福乐果报。为什么呢？因为他确定知道种这善因必得善果呀！如果一个人没有慈悲心，不知道感恩重义，不贪求圣人所有的功行福德，爱惜自己的钱财、身体、生命，悭贪执着心很重，像这样的人就不能布施。有智慧的人深刻观察了知一切众生求取财物时，不顾惜自己的身体生命，既然得到财物，又能施舍给他人，应当知道这种人，就能舍弃自己的身体生命帮助别人。如果一个人很悭吝，不能施舍财物，应当知道这种人，也很爱惜自己的身体生命。如果能舍身体生命，求得财物，用于布施助人的，应当知道这种人，是一个伟大布施的主人。如果一个人获得财物，悭贪爱惜不能布施，应当知道这就是种于未来后世中的贫穷种子。因此我于契合真理又契合众生根性的佛经中说：'在四面天下中，这南面的阎浮提人，有三种事情特别殊胜：第一是勇猛强健，第二是忆念心，第三是道行清净。'未见果报，能预先种作善因；不顾惜身体生命，求得财物以后，又能破坏悭吝心，舍财物用来布施；既然施舍以后，内心不生起后悔，又能分明识别是种福的田地或不是种福的田地，这就名叫作勇猛强健。

"善良的男子啊！布施以后会生起后悔心，是因为三种事情：第一是对于财物起贪爱心，第二是咨问承受邪恶错见，第三是发见受施人的过错。又因为有三种事情：第一是畏惧他人的呵斥责骂；第二是畏怯财物施尽会受困苦；第三是看见他人布施以后，受到各种衰败苦恼。善良的男子啊！有智慧的人三个时候都不会生起后悔心，这又是因为有三种事情：第一是明了相信造因会得果，第二是亲密接近善好的师友，第三是不悭贪执着于财物。相信造因会得果，又是因为二种事情：第一是从他人听闻佛法，第二是内心自己思虑观察。亲密接近善好的师友，又因为有二种事情：第一是深心信仰，第二是有智慧。不悭贪执着财物，又因为有二种事情：第一是观悟一切没有常在，第二是有财物也不能得到自在安乐。

"善良的男子啊！布施的主人如果能够这样观察了悟，这样修行布施，应当知道这种人，就能具足修行布施济助能度入圣境的檀那波罗蜜。因此我先前曾说：'有的虽布施济助，但不是能度入圣境波罗蜜；有的能度入圣境波罗蜜，但不是修布施济助；有的也是布施济助，也是能度入圣境波罗蜜；有的不是布施济助，也不是能度入圣境波罗蜜。'

"善良的男子啊！智慧的人有三种：第一种是能施舍身外的财物，第二种是能施舍内在自身的和身外的财物，第三种是能施舍内在自身的和身外财物以后，兼能教化众生。怎样教化众生呢？就是看见贫穷的人，先应当对他说：'你能信仰皈依佛陀、佛法、僧尼的佛教三宝吗？你能领受持斋守戒吗？'如果他说'能'，就先给他授三皈依和传授持斋五戒，然后才布施财物。如果他说不能皈依，就又应该对他说：'如果你不能皈依持斋守戒，你能随我说：一切万法都是无常变化的，没有实在的自我，涅槃圣域才是寂静灭尽苦患的吗？'如果他说'能'，又应当教导他，教导以后便施给他。如果他说：'我现今只能说其中二种事理，但不能说一切万法没有实在的自我。'就又应该对他说：'你如果不能说一切万法没有实在的自我，能够说一切万法没有实在的体性吗？'如果他说'能'，教导他以后，便布施给他。如果能够这样先教化而后布施，名叫作伟大布施的主人。

"善良的男子啊！如果能够这样教化众生和对那些冤家或亲人，没有分别选择，名叫作伟大布施的主人。善良的男子啊！有智慧的人如果有财产宝物时，应当这样修行布施济助；如果自己没有财物，也应当转而教导其余有财物的人，使令做这样布施。如果其余那些布施的主人先已知道这布施法，不需要教导的，应当用自身的体力，前往佐助他布施。如果自己贫穷没有财物可布施，应当诵念医病的药方和各种消灾解厄的咒术，求得贱价的煎汤药方，有需要的就施给他，至诚心瞻看病人，将他疗养治好。劝请有钱财的人，调配和合各种药方，或药丸，或药散，或各种煎汤的药方。既然了知医术药方，应当普遍行医看病，按各方诊断视察，了知疾病所在，随那病痛的处所，而为他治疗。治疗疾病时，能善于了知方便法，虽然处在污秽不净处，不生起厌恶心；病症增重知道增重，病症损减时知道损减。又能善于了知：这样吃药，会增加病苦；这样吃药，能消除病苦。患病的人如果病症增重要求增加吃药，应当用方便法，随所适宜举喻劝他，不可以说没有，如果对他说没有，或会增重他的痛苦而病情加剧。如果知道他必定会死，也不说会死，只应当教导使令他皈依三宝，忆念佛陀、佛法、僧尼，勤修于奉献供养，对他说：'疾病痛苦都是以往昔宿世所造罪业不善的恶因恶缘，才获得这样的苦报，现今应当忏悔。'患病的人听闻以后，或生起嗔恨恚怒心，用恶劣的口气责骂，应当闭口默不回声，但也不舍弃他。虽然瞻顾疗养病人，但谨慎不要责备希求感恩，病好瘥愈以后，还要继续探看，恐怕以后过劳那病又复发。如果看见他平安复原像原本那样健康时，内心应当生起欢喜，而不希求感恩回报。如果他已经死了，应当帮他出殡埋葬，讲说佛法安慰劝谕相知认识的师友和家眷部属。无须因增重病痛再拿药施给人，如果病好瘥愈以后，他欢喜心布施财物，便可以接受，接受以后可以转而施给其余穷苦贫乏的人。如果能够这样瞻顾疗养医治病人，应当知道这种人就是伟大布施的主人，真正在求证至高无上菩提佛果的圣道。善良的男子啊！有智慧的人，求证菩提佛果时，设使有很多财产宝物，也应当读诵学习这些医术药方，造作瞻顾病人的房舍，具备治疗疾病所需的饮料食物、煎汤医药，好供给使用。

"道路凸凹狭窄，整治使令宽阔平坦，除去荆刺、石砾、粪秽等不净物。危险处所所需要的，像桥板，或爬梯，或木椽，或绳索等，都能布施。旷野道路能造作水井，种植水果树林，修造整治泉源水池。没有树木的处所，竖立系缚牲畜的柱杆。负重挑担的休息处所，为他们造作地基埵台，造作建立旅客停宿的屋舍，里面具备各种所需用的水瓶、碗盆、灯烛、卧床、敷盖的棉被用具。污秽沟流处所，为大家做桥梁斜阪隥。渡船的津济码头，施设桥板船筏，别人不能渡的，自己前往渡他。老人、小孩、羸弱、病瘦、筋疲没有气力的，自己亲手提携引带，而使令能得渡过。路途旅次造作佛塔，种植花木果树。看见有恐怖畏惧的，辄常为他救助护藏，用事物好话，诱导劝谕追捕的人。

"如果看见远行的人，旅次走到危险处所，辄常前往扶助接应，使令能得渡过危险。如果看见丧失国土家破人亡的人，随着他所适宜需要的给他，好话安慰劝谕；远途行走疲劳至极的，应当为他洗澡沐浴，按摩双手双脚，施给卧床座椅，如果没有卧床座椅，就用软草铺敷；天热时用扇子衣裳做遮荫，寒冷时施给火烘使衣服温暖；或自己亲手做，或是教别人这样做。贩卖的市场贸易，教导使令依法公平，不要为贪求小利益，共相从中欺诈。看见远行走路的人，明示告知适宜的道路和不适宜的道路。适宜的道路，就是所谓有很多丰饶的饮水和青草，没有匪贼强盗；宣说告知不适宜的路途中有很多各种祸患险难。看见旅人长筒的靴履、衣裳、碗钵盆盂，朽坏故旧的，就为他缝补、浣洗染色、薰香整治。有遇老鼠、毒蛇、毒蜂、蚤虱、毒虫等患，能够帮他消除遣去。施给他人如意、抓爪、耳钩；缝补整治、浣洗濯净招提佛寺僧尼的用物，像静坐睡卧用具等。厕所上安置清净水、澡浴的豆粉、清净的灰土等。如果自己造作衣服、钵盂餐器，应该先奉上供养佛，并且使令父母、师长、亲教师和尚先一一享受应用，然后自己才穿用；如果奉上供佛的，可以用鲜花香料赎回。凡有任何可吃的物品，都要先布施于出家沙门僧尼或修清净梵行的志士，然后才自己吃用。看见远方到来的，用慈爱柔软的话问候，施给清净的水让他洗浴身体，施给香油涂抹双脚，又给香料、鲜花、杨枝、澡沐的豆粉、灰土、香油、香水、蜜糖、毗钵罗舍勒小衣，做涂抹香油。洗浴以后，又拿各种香料、鲜花、药丸、药散、饮食、浆水等，随着他所需要的施给。又施给剃刀、滤水囊等，和针、线、衲衣、纸、笔、墨等，如果不能时常布施，可以随着持斋的日子布施。如果看见盲人，就亲自前往牵捉他的手，施给拐杖指示他道路。如果看见有困苦，遗失钱财物品，或父母丧亡的，应当施给钱财，用善好的话讲说佛法，安慰晓谕劝谏，善于讲说起烦恼和修福德的二种果报。善良的男子啊！如果能够修习积集这样布施的，就名叫作清净布施的主人。

"善良的男子啊！菩萨有二种：第一种是在家菩萨，第二种是出家菩萨。出家的菩萨要做清净布施的主人，不是很困难；在家的菩萨要做清净布施的主人，才是困难。为什么呢？因为在家修的人，被很多恶劣的环境因缘条件所缠绕呀！"

第二十品　清净地皈依佛、法、僧三宝

善生说："世上最尊的佛陀啊！像佛陀先前说：'有来乞求济助的人，应当先教导使令信受皈依佛陀、佛法、僧尼的佛教三宝，然后才施给他。'是什么缘故，必须信受这三种皈依呢？什么名叫作三种皈依呢？"

佛陀说："善良的男子啊！因为要破除各种痛苦和断除那些烦恼，而领受于至高无上寂静灭除一切烦恼苦患的涅槃安乐，出于这缘故，所以要信受皈依三宝。像你所问：'怎样是三种皈依呢？'善良的男子啊！三宝就是所谓佛陀、佛法、僧尼。所谓佛陀，就是能讲说破坏烦恼的因，而证得真正的解脱；所谓佛法，就是能破坏烦恼的因，证得真实的解脱；所谓僧尼，就是禀受修习破坏烦恼的因，证得真正的解脱。

"或有的人说：'如果是这样，就皈依圣法一种就可以。'这意义并不正确，为什么呢？因为有如来出生于世间或不曾有如来出生于世间，真正的圣法都恒常存在，只是没有分别了悟的人。如来出生于世间以后，才有分别了悟的佛，出于这缘故皈依佛法以外应当另皈依佛

陀。有如来出生于世间或不曾有如来出生于世间，真正的圣法都恒常存在，但是没有信受修习的人，而佛的弟子们就能禀受修习呀！出于这缘故除了皈依佛陀和佛法以外，应当另皈依僧尼。真正的圣道解脱境界，这就名叫作佛法；没有师长教导而独自能觉证圣道，这就名叫作佛陀；能依照佛法信受修证，这就名叫作僧尼。如果没有三种皈依，怎么说有信佛陀、信佛法、信僧尼、信佛戒的四种不被破坏的信仰呢？受得三种皈依的，或有的俱全足够，或有的不俱全足够。怎样是俱全足够呢？就是所谓皈依佛陀、佛法、僧尼的三宝；不俱全足够的，就是所谓如来皈依于佛法。善良的男子啊！受得三种皈依的人，没有不俱全足够的，像比丘僧、比丘尼、优婆塞男居士、优婆夷女居士的归戒。

"善良的男子啊！像佛陀、缘觉辟支佛、声闻乘阿罗汉的境界各各差别不同，出于这缘故三宝不得不不同。是怎样的不同呢？像发立心志的不同，修学庄严道行时的不同，证得道果时的不同，性相分别各不相同，出于这些缘故所以不同。是什么缘故，说佛陀就是圣法呢？因为能了解证悟这圣法，所以名叫作佛陀；能信受修证这分别证悟所说的佛法，所以名叫作僧尼。

"如果有人说：'佛陀可以纳入僧尼的人数。'这意义并不正确，为什么呢？因为佛陀如果纳入僧尼中，就没有足够的三宝和三种皈依，或四种不被破坏的信仰。善良的男子啊！菩萨证法不同，佛法也就不同，菩萨有二种：第一种是最后身的菩萨，第二种是还在修道的菩萨。皈依最后身的菩萨，名叫作皈依佛法；皈依还在修道的菩萨，名叫作皈依僧尼。观悟世间有作为变灭的万法，能产生很多各种罪恶祸患，而独于静处修行，证得甘露法味，所以名叫作佛。一切没有烦恼漏失和没有作为变灭的法性境界，所以名叫作佛法。能领受持守佛的禁戒，阅读背诵解说三藏十二部类的佛经，所以名叫作僧尼。

"或有人问说：'如来灭尽一切苦患离开人世以后，所谓皈依佛陀，是皈依哪一位呢？'善良的男子啊！这样的皈依，名叫作皈依过去世诸位佛没有需要再修学最高圣法，像我先前教导提谓长者说：'你应当可以皈依未来后世的僧尼。'皈依过去世的佛陀，也是像这样。福田果报因为有多少，所以差别有三种。不论佛陀尚住在世间，或已经离开世间证入涅槃圣域以后，奉献供养所得的果报，都没有差别不同。信受三种皈依的人，也是这样。像佛陀住在世间时为那些弟子订立各种重要的戒律制度，佛陀虽然已经过去，如果弟子有违犯的，也还会获得罪苦果报，皈依过去的佛陀，也是像这样。又像如来将要临终离开人世证入涅槃圣域时，一切人间天上的众生，为了佛陀将要证入涅槃圣域的缘故，都预设各种供养，但是当时如来尚未真正证入涅槃圣域，依然照旧住在世间，而预受未来世的奉献供养情事，皈依已经过去的佛陀，也是像这样。譬喻像有的人，父母住在很远，这些做子女的人或有时嗔恨毁骂父母而得罪苦恶报；或有时恭敬赞叹父母而得福乐善报，皈依已经过去的佛陀，也是像这样。所以我说：'我不论是住在世间，或离开人世证入涅槃圣域以后，大家所设的奉献供养，布施供养的人所受的福德果报，平等没有差别。'

"善良的男子啊！不论是男子或女人，如果能三次念说皈依佛陀、皈依佛法、皈依僧尼的三种皈依的，就名叫作优婆塞男居士，就名叫作优婆夷女居士。一切诸位佛，虽然皈依圣法，但是圣法是由佛的觉证而说出，所以才能得显现，因此应当先皈依于佛陀；用清净的身体、口舌、心意，至诚专心地忆念佛陀，忆念以后就能脱离怖畏和苦恼，因此应当先皈依于佛陀。

"有智慧的人深刻观察了知，如来的智慧和解脱最殊胜，能讲说解脱境界和解脱的修因，又能讲说至高无上最寂静的涅槃圣处，能救拔竭尽生死苦恼的大海，威严仪态周全有秩序，身体、口舌、心意的三种业行都很安详寂静，因此应当先皈依于佛陀。

"有智慧的人深刻观察了知，生死轮回的世间万法，是大苦恼的积聚，至高无上的真正佛道，能永远断除这苦恼。生死轮回的世间法，欲爱像口渴饥馑，至高无上的甘露法味能充饥满足。生死轮回的世间法，充满怖畏险难，至高无上的真正佛法，能消除断灭它。生死轮回的错谬见解，邪僻而不正确，不是恒常的看作恒常，不是真正的自我看作真正的自我，不是安乐的看成安乐，不是清净的看作清净，至高无上的真正佛法，都能断除这些错谬邪见。出于这些缘故，应当皈依佛法。

"有智慧的人应当观察了知，外教邪道的徒众，没有惭耻没有羞愧，不是依照正法安住，虽然也修道行，但是不知道真正的道路；虽然也希求能解脱，但是不能得到真正的要法；虽然也修得世俗微少的善法，但是悭吝护惜，不能辗转解说，不是善行的性质，当作善行的想法。佛教的僧尼安详寂静，对众生内心多生起怜爱悲悯，寡欲少求自知满足，依照正法而安住；修习于正确的圣道，证得真正的解脱，证得以后，又能辗转对别人讲说，因此依次应当皈依僧尼。

"如果能够皈依礼拜这样的三宝，来时恭迎而去时欢送，尊重赞叹，依照正法而安住，深深信仰而不起疑，这就名叫作奉献供养三宝。如果有人能皈依三宝以后，虽然还不曾受在家戒，但能断除一切罪恶，而修习一切善行，虽然还是在家修，但能依照正法而安住，这也能得名叫作优婆塞居士。

"或有人说：'起先不曾皈依佛陀、佛法、僧尼等三宝，应当知道这种人不能得到佛戒。'这意义并不正确，为什么呢？像我先前对来求戒的比丘僧说：'很好，来求戒的你已经是比丘僧了！'这个人起先竟还未及得皈依三宝，而他所受的比丘戒律，都已经能得俱全足够。

"或有人说：'如果不能俱全领受，就不能得佛戒，受八关斋戒法，也是这样。'这意义并不正确，为什么呢？因为如果不俱全领受，就不能得佛戒，那么对人天福报有所求的优婆夷女居士，怎么只得一部分戒呢？其实这已得到佛戒，但不是得到俱全足够的八关斋戒法。如果不能俱全领受，虽然不名叫作持斋，但可以得名叫作善行。

"善良的男子啊！如果能够洁净身体、口舌、心意的三种业行，而领受优婆塞在家居士的戒，这就名叫作积善的形色、感受、思想、志行、心识等五种阴积的身心。怎样是积善的五种阴积身心呢？就是不信受邪恶谬见，不宣说邪恶谬见；信受纯正的知见，宣说纯正的知见，修行纯正的佛法，这就名叫作积善的五种阴积身心。

"接受皈依佛陀、佛法、僧尼的佛教三宝以后，还造作愚痴的业行，信受外教邪道法，相信控制宇宙的自在天神的话，出于这缘故，就丧失了佛教的三皈依。如果一个人性质正直，内心没有悭吝贪欲，常修惭愧心，很少欲求而自知满足，这人在不久的将来就能得到寂静的身心。如果有人造作各种复杂的业行，为求享受人天福乐果报，才修行于善事，就像市场买卖交易法，那内心不能怜惜悯念众生，像这样的人，不能真正得到佛教的三皈依。如果有人为求护佑房舍住宅或身体性命，而祠祀祭拜那些神祇，这种人还不至名叫作丧失佛教三皈依法。如果有人至诚专心，深信那鬼神万能可解救一切怖畏，而归敬礼拜外教邪道，这种人就丧失佛教的三皈依法。如果闻知那些天神曾有了见佛的功行道德超胜于自己，而对之礼拜供养的，这种人还不至丧失佛教的三皈依法。

　　"或有时虽礼拜自在天王，但应当像在礼拜世间那些帝王、长者、贵人、耆宿故旧老辈、有德行的人，像这样的人，也还不至丧失佛教的三皈依法。虽然也礼拜鬼神，但其所说的邪法，就要慎重不去信受。供养礼拜天神时，应当生起慈悯心，是为求护佑身体生命、财物、国家土地、人民百姓的恐怖。但其所说的邪见，为什么不去信受呢？有智慧的人应当观察了知，外教邪道所说：'主张一切事物都是自在天神所创作。'如果一切真是自在天神所创作主宰，我现今何必修这善业呢？有的外教邪道或叫人去跳投深渊、赴火烧死、自己饿死、舍弃身命，就能得脱离痛苦。这些邪谬错见就是感受苦果的主因，怎么反而说能得远离痛苦呢？因为一切众生，自作善业或恶业，由于这善恶业力的因缘，自受苦乐的果报。

"又有外教邪道说：'世间一切万物和时节、星宿等，都是自在天神所创作主宰。'照这邪谬说法，我现今怎样能造作善业或恶业呢？也怎样能感受过去世所造作业因的果报呢？有智慧的人很明了，知道这是自己所造的业果，怎样说时节、星宿等都是自在天神所创作主宰的呢？如果是时节、星宿的缘故，而感受苦或乐的话，天下间有很多是同一时、同一星宿生的人，怎么还会有一个人受苦，而另一个人受乐呢？或一个人是男的，而另一个人是女的呢？天神和阿修罗鬼神，也有同一时生、同一星宿生的，结果或有天神超胜，而阿修罗鬼神负劣；或阿修罗鬼神超胜，而那些天神不如。又有些帝王同一时和同一星宿出生，他们都在治理国家政务，但结果是一人亡失国家，一人能保卫国土。那些外教邪道等也曾经说：'如果有凶恶的年代或凶恶星宿出现时，应当教导众生，使令修习善法，好祈求禳却灾难。'如果是年节和星宿在做主宰，怎么可能因修善行而得除灭呢？出于这缘故，有智慧的人怎么能信受于外教邪道的邪见错谬说法呢？

"善良的男子啊！一切众生都是随着自己所做的业行而感受果报，如果修习于正确见解，就会感受于安乐；修习于邪谬错见的，就会感受很大的苦恼。因为修习善业，而能得自在无碍，得到自在无碍以后，众生就喜欢亲近学习，又为众生宣说修习善业的因缘果报，由于修习善业，而得自在无碍。一切众生都出于修习善业的缘故，能得受到安乐，并不是因为年节星宿呀！善良的男子啊！阿阇世王和提婆达多二人，都由于造作恶业而堕于地狱，并不是因为年节星宿而得这恶报呀！郁头蓝弗由于邪谬错见，未来世当会堕入大地狱中受苦。

　　"善良的男子啊！要修习一切善法，希求欲愿是根本，出于这希求欲愿的缘故，才能证得声闻乘、缘觉乘、佛乘的三种菩提和解脱的圣果。进入出家法门，破除大恶，和各种有情众生的生死业因，能领受持受佛戒，亲近供养诸位佛；能舍离一切，施给来乞求的人；能作决定善性，坏除恶趣果报，消灭大的罪恶，得入决定会成佛的聚类，脱离于烦恼、罪业、苦报的三种障碍，善于能修习积集灭坏烦恼的圣道。出于这希求欲愿的缘故，能领受三种皈依；因为三皈依以后，就能领受佛戒；领受佛戒以后，能修行见道位和修道位而超过于声闻小乘。如果有人畏惧于狮子、老虎、野狼恶兽等类，虔诚皈依于佛，尚且能得解脱，何况更能发立善好心愿，求证出世圣果的，而不能得到解脱的呢？阿那邠坻教导告诉家里人，尚在胎中的子女，也都给他受三皈依。这还在胎中的子女，其实不能成就三皈依。为什么呢？因为这三皈依法，最要紧应当自己亲口宣说念三皈依呀！胎中虽然不能成就三皈依，然佛也能护佑他。

"善良的男子啊！那些外教邪道说：'世间一切，都是自在天神所创作主宰。'又说：'未来后世经过百个长劫时间以后，当会有幻人出世。'他所说的幻人，就是指佛呀！如果自在天神能成做佛的话，这佛怎么能破皈依自在天的义理呢？如果自在天神不能成做佛，怎么可以说'一切都是由自在天神创作主宰'呢？外教邪道又说：'大梵天王、大自在天、毗纽天主，都是同一位神。'又说：'出生的处所各各别异，于自在天的名叫作自在天，也名叫作常，名叫作主，名叫作有，名叫作律陀，名叫作尸婆，这每一种名，各有不同的事，也求解脱，也就是解脱。'这意义并不正确，为什么呢？因为如果自在天王能生出众生，造作出一切万有，造作善恶业因和善恶业的苦乐果报，那为什么造作贪欲、嗔怒、愚痴等烦恼来系缚困扰众生呢？

"又说：'众生得解脱时，都入其身中，因此解脱是无常变灭法。'这意义并不正确，为什么呢？因为如果是无常变灭的，怎么能得名叫作解脱呢？像婆罗门子还得寿命，因此不能得名叫作自在天。这三种天，也不能得算是一个。为什么呢？因为阿周那人是毗纽大天为其做解脱，由于这意义，也不能得算是一个。如果说解脱是无常变灭的，应当知道就是虚幻，不是佛陀名叫作虚幻。如果能够明明了了正确地了见真正的我，这才名叫作解脱。

　　"又有的人说：'了见微小尘粒的，这才名叫作解脱。'又有的人说：'了见体性不同，我也不同，这才名叫作解脱。'这意义并不正确，为什么呢？如果能够修习道行，悟见生死苦果、惑业集因、灭患圣果、修圣道因等四种真理圣谛，这种人才能得悟见实性和证见真我。如果一个人能领受三种皈依，这种人才能真正了见四种真理圣谛。这皈依佛陀、佛法、僧尼的三种归依，是一切多得无法计量的善法，甚至是证得阿耨多罗三藐三菩提佛果位的根本呀！

　　"菩萨有二种：第一种是在家菩萨，第二种是出家菩萨。出家菩萨能具有清净的三皈依法，是不会太难；在家菩萨能修得清净，才是困难。为什么呢？因为在家修的人，被很多恶劣的环境因缘条件所缠绕呀！"

第二十一品　受八关斋戒

善生说："世上最尊的佛陀啊！如果有人能领受皈依佛陀、佛法、僧尼等佛教三宝，又持守不杀害生命、不偷窃盗抢、不男女淫乱、不妄语欺骗、不喝饮酒类、不美饰涂香、不观听歌舞、不卧高广大床等八条戒和遵守过中午不吃的斋戒，这种人应当会获得怎样的果报呢？"

佛陀说："善良的男子啊！如果有人能领受三种皈依和持守八关斋戒，应当知道这种人所获得的福乐果报多得不可能穷尽。善良的男子啊！迦陵伽国有金、银、琉璃、砗磲、玛瑙、珊瑚、珍珠等七种珍宝的宝藏，名叫作宾伽罗宝藏。那国家的人民，不分大人、小孩、男人、女人，于七日中，甚至七月、七年中，常用车乘、大象、马匹、骆驼、驴子等去拖载、担负、持拿回去，还是不能取拿得穷尽。如果有人能至诚虔心信受皈依三宝和持守八关斋戒，这种人所获得的功德果报，远胜过那宝藏中所有的宝物。

"善良的男子啊！毗提呵国也有七种珍宝的宝藏，名叫作半陆迦宝藏。那国家的人民，不分男人女人或大人小孩，于七日中，甚至七月、七年中，常用车乘、大象、马匹、骆驼、驴子等去拖载、担负、持拿回去，还是不能取拿得穷尽。如果有人能至诚虔心信受皈依三宝和持守八关斋戒，这种人所获得的功德果报，远胜过那宝藏中所有的宝物。

"善良的男子啊！波罗奈国也有七种珍宝的宝藏，名叫作蠰佉宝藏。那国家的人民，不分男人女人或大人小孩，于七日中，甚至七月、七年中，常用车乘、大象、马匹、骆驼、驴子等去拖载、担负、持拿回去，也是不能取拿得穷尽。如果有人能至诚虔心信受皈依三宝和持守八关斋戒，这种人所获得的功德果报，远胜过那宝藏中所有的宝藏。

"善良的男子啊！乾陀罗国也有七种珍宝的宝藏，名叫作伊罗钵多宝藏。那国家的人民，不分男人女人或大人小孩，于七日中，甚至七月、七年中，常用车乘、大象、马匹、骆驼、驴子等去拖载、担负、持拿回去，也是不能取拿得穷尽。如果有人至诚虔心信受皈依三宝和持守八关斋戒，这种人所获得的功德果报，远胜过那宝藏中所有的宝物。

"善良的男子啊！如果有人从其他的僧尼念三次领受三种皈依和念三次领受八关斋戒，这就名能得具足持守一日一夜优婆塞在家居士的八关斋戒。清晨明亮的相状出现时，这时就已失去。因此不能得在佛像边自己受，最要紧应当从戒行清净的出家人受，根本清净，受了才会清净，能道行庄严清净、觉悟观想清净、念道心意清净、所求果报清净，这就名叫作三皈依清净的八关斋戒法。

"善良的男子啊！如果能够这样清净地领受三种皈依和受持遵守八关斋戒，除了曾经犯杀父、杀母、杀阿罗汉、伤出佛身血、破坏和合的僧团等五种大逆重罪以外，其余一切各种罪过都能消灭。这种斋戒，不能得同一时二人并受。为什么呢？如果同一时中二人共受，何种缘故，可能一人毁犯，而另一人坚持？出于斋戒力量的缘故，后世出生时，不能造罪恶，受戒以后又作恶犯罪，又不会永远失去。如果事先遣人送信，要刑罚杀戮人，送信迟到未到，那人不久以后发心领受八关斋戒，当受斋戒时，信送到就杀戮，虽然迟后一时，出于斋戒力量的缘故，不会得到杀罪。像那些高官贵人，时常敕令部属作恶犯罪，如果想要领受八关斋戒，先应当敕令，遮除先前那些罪恶，所受斋戒才能得成就；如果不先遮除那些罪恶，就便领受八关斋戒的，不能名叫作受得斋戒。高官贵人想要领受八关斋戒的，先应当宣布敕令，对所管属的国家境内说：'我要领受八关斋戒，凡是在这斋戒日期，全国都应该断绝各种恶行刑罚杀戮等事。'如果能够这样清净地领受持守八关斋戒的，这种人就能得多得无法计量的福乐果报，甚至得到至高无上的安乐。

"弥勒佛出世时，如果有人在一百年中都领受八关斋戒，尚且不如在我这时世受持八关斋戒一日一夜。为什么呢？因为在我这时世的众生，都具有时劫的混浊、见解的混浊、烦恼的混浊、众生的混浊、寿命的混浊等五种混浊呀！因此我对鹿子母优婆夷女居士说：'善良的女人啊！假如那棵娑罗树，也能领受八关斋戒，也是能获得人间天上的福乐，甚至得到至高无上的福乐。'

"善良的男子啊！这八关斋戒，就是能庄严至高无上菩提佛果位的璎珞珠宝。这八关斋戒，既容易做到，而且能够获得多到无法计量的功德果报。像有这样容易做到而不肯去做的，就名叫作懒惰放肆纵逸。

"善良的男子啊！菩萨有二种：第一种是在家菩萨，第二种是出家菩萨。出家菩萨能教导众生清净持守八关斋戒，是不会太难；在家菩萨能教导他人清净持守八关斋戒，才是困难。为什么呢？因为在家修行的人，被很多恶劣的环境因缘条件所缠绕呀！"

6 卷六

第二十二品　五条禁戒

善生问："世上最尊的佛陀啊！什么样的人，能得皈依佛陀、佛法、僧尼的三种皈依呢？什么样的人，不能得三种皈依呢？"

佛陀说："善良的男子啊！如果有人相信业因、相信果报、相信谛理、相信有证得圣道，像这样的人，就能得三种皈依；如果有人存至诚心，信心坚固不可能败坏，亲切接近佛陀、佛法、僧尼的佛教三宝，接受善良师友的教导，像这样的人，就能得三种皈依。受优婆塞在家居士戒也是这样。如果能够观察了悟这优婆塞在家居士戒有多得无法计量的功德善好果报，也能坏灭多得无法计量的弊病罪恶不善法。众生多得没有边际，所受的苦恼也是这样，在六道轮回中很难生得人身，有的虽然已生得人身，但很难俱全眼睛、耳朵、鼻子、舌头、身体、心意等六根器官；有的虽然俱全六根器官，但很难能得有信仰心；有的虽能得具有信仰心，但很难遇到善好师友；有的虽然遇到善好师友，但很难得自在无碍；有的虽然得到自在无碍，但世间一切万法没有恒常存在。

"我现今如果造作罪恶不善业行，因为这些罪恶不善业行，必会获得现在和未来二世的身心恶劣苦报，出于这缘故，身体、口舌、心意的三种罪恶业行，就是我的怨敌。设使这三种罪恶业行，不会立即得到恶劣苦报，现在的罪恶也不应该去做。何况这三种罪恶业行，现在世就能产生弊坏恶劣的形色等，死时心生懊悔。出于这缘故，我领受三种皈依和八关斋戒法，而远离一切罪恶不善业行。

"有智慧的人常应当观察了知，禁戒有二种：第一种是世俗的禁戒，第二种是第一真义的佛戒。如果不依于佛陀、佛法、僧尼的佛教三宝而受戒，这就名叫作世俗的禁戒，这种世俗禁戒不坚固，就像彩色没有胶黏固，出于这缘故我们应当先皈依三宝，然后领受佛戒，或终身领受佛戒，或一日一夜领受佛戒，所谓优婆塞在家居士戒或八关斋戒法。所谓世俗禁戒，不能破坏先前所造各种恶业，领受三皈依佛戒，就能坏灭先前所造罪业，虽曾造作重大罪恶，也不退失佛戒。为什么呢？佛戒法力强势的缘故。像有两个人，共同造作同样的罪恶，第一个曾受佛戒，第二个不曾受佛戒。已经受佛戒的，犯了同样的过错罪就很重；不曾受佛戒的人，犯了同样的过错就罪较轻。为什么呢？因为毁犯佛语规定呀！

　　"罪有二种：第一种是犯体性重戒，第二种是犯遮防重戒。这二种罪，又分有轻重，或有的人能重大罪恶变作轻罪，有的人犯轻罪变作重罪。像鸯掘魔罗，只受于世俗禁戒，而伊罗钵龙神，曾受于第一真义的佛戒。所以鸯掘魔罗虽然破犯于体性的重戒，但不会获得重罪；伊罗钵龙神，虽然只破坏遮防的制戒，却获得重罪。出于这缘故，有的人犯重罪而变作轻罪，有的人犯轻罪而变作重罪，因此不应该认为犯同样的禁戒，所得的结果也同样。

　　"世俗的禁戒也有不杀害生命、不盗抢偷窃；真义的佛戒也有不杀害生命、不盗抢偷窃，甚至不喝饮酒类也是这样。这些世俗的禁戒，根本不清净，受戒以后也不清净，功德庄严也不会清净，觉悟观照也不会清净，忆念的心意也不会清净，果报也不清净，所以不能得名叫作第一真义的佛戒，只能名叫作世俗的禁戒，出于这缘故，我们应当领受于真义的佛戒。

"善良的男子啊！后世增劫增到最高时的众生，身体长八丈高，寿命长到满足八万四千岁，在那时领受佛戒和有的人于现今这恶劣时世领受佛戒，这二种人所获得的果报正相等。为什么呢？因为施舍心不贪欲、仁慈心不嗔恨、智慧心不愚痴的三种善行根本是平等一样呀！或有的人说：'于可杀断生命的处所守戒，才能得戒。'这意义并不正确，为什么呢？因为所谓禁戒，都是于一切各种可杀断生命和不可杀断中得，一切各种可杀和不可杀的多得无法计量没有边际，所以守戒的果报，也是像这样多得无法计量和没有边际。

"善良的男子啊！一切各种布施济助中，能施给没有怖畏是最第一。因此我说：五种大布施济助就是五条佛戒，因为这五条佛戒，能使令众生脱离五种恐怖畏惧。这五种布施，可容易修行，自由自在没有障碍，不损失财物，然而能得到多得无法计量而没有边际的福分功德。舍离这五种布施佛戒，不能获证得初果位须陀洹圣果，甚至不能证得阿耨多罗三藐三菩提的佛果位。

"善良的男子啊！如果领受佛戒以后，应当知道这种人，受着那些天神人们恭敬守卫保护，得到广大的美名称誉；虽然遭遇恶毒的敌对，内心没有忧愁苦恼；众生都来亲近附和，乐意来依靠止住。阿那邠坻长者的儿子，虽然为了八千金钱而领受佛戒，但也获得无法计量的功德善好果报。善良的男子啊！为了钱财而领受佛戒，尚且得到利益，何况存有至诚心为求于解脱生死而领受佛戒，而不会得到利益吗？

"善良的男子啊！有五种善法围绕着这佛戒，时常能得增长进步，就像恒河里的水。是哪五种善法呢？第一是仁慈，第二是悲悯，第三是喜悦，第四是忍耐，第五是信仰。如果一个人能破除殷重的邪恶错见，内心没有疑惑的罗网，就会具备正确的心念，道行庄严清净，根本也清净，远离邪恶的觉察观照。

"善良的男子啊！如果有人能远离杀害生命、盗抢偷窃、邪恶奸淫、妄语欺骗、饮酒乱性等五种恶事的，这就名叫作领受佛戒，远离一切身体、口舌、心意三种罪恶业行。如果有人说'离了五条佛戒以外，能渡出生死轮回'的，没有这种可能。善良的男子啊！如果有人想要度脱生死大海，就应当至诚专心领受持守五条佛戒。在这五条佛戒中有四条于将来后世，能成为不加造作而能遵守的佛戒，只有邪恶奸淫爱欲难以断除，所以不能成为不加造作而能遵守的佛戒。出于这缘故，淫欲情爱缠缚连绵，应当至诚专心坚守佛戒，谨慎不要放肆纵逸。或有人问：'更有多得无法计量极重大的恶法，过去诸位佛为什么缘故不禁制，而禁制于饮酒呢？'善良的男子啊！由于喝饮酒类，惭愧羞耻心都失坏，对于地狱、畜生、饿鬼等三种恶劣道途的苦报，内心不生起恐怖畏惧，由于这饮酒，就不能信受遵守其余的四条戒，出于这缘故，过去诸位佛如来，才禁制不听许喝饮酒类。或有人说：'如来已经说过喝酒会产生很多过失，为什么缘故如来不在五条戒的最初说饮酒戒呢？'这意义并不正确，为什么呢？因为这饮酒戒，名叫作遮防的重戒，不是属于体性的重戒，如来是先制立体性的重戒，然后才制立遮防的重戒。

"善良的男子啊！如来先前说过，每个月初一到十五日的白月中有初八、十四日、十五日的三个斋日，十六日到三十日的黑月中也有廿三日、廿九日、三十日的三个斋日，白月黑月中各有三个斋戒日，这是随顺外道的日期呀！那些外教修道人，常利用这些日期，供养礼拜那些天神，因此如来随顺他们说每半个月有三天斋戒的日子。善良的男子啊！像帐幕窗帘，因为帐绳勒住所以不会堕落，三天斋戒日的法门，也是像这样。众生中如果有人发立心志领受持守斋戒，终归不会堕于三种恶劣道途中受苦。

"善良的男子啊！有的人如果想要布施时，或要奉献供养佛陀、佛法、僧尼等三宝时，或想要静坐参禅时，或要修习善行时，或要读诵佛经时，或要供给奉养父母时，应当先自立制约说：'我如果有一天不这样做，就要自己克制处罚。'这种人的福分功德，日夜都在增长进步，就像恒河里的流水。守这五条戒，有五种果报：第一是没有造作的果报，第二是善根的果报，第三是其余的果报，第四是造作的果报，第五是解脱的果报。如果有人能俱全足够地领受持守这五条佛戒，应当知道这个人，必会得到这五种善好的果报。

"如果优婆塞在家居士，时常能够外出到佛教寺庙或僧众坊舍，到达以后亲近诸位比丘僧等；亲近拜见以后，能请教咨问佛法禅味；请问佛法以后，就应当至诚专心听；听法以后能信受保持，内心忆念不要忘记，又能分明识别义理；分明识别义理以后，又能辗转教化众生，这就名叫作优婆塞在家居士自己得到利益，又能利益他人。如果优婆塞在家居士不能学习这些佛陀所说，而轻视怠慢比丘僧，是为求三宝的过失而前往听闻佛法，没有信仰尊敬心；信奉师事外教邪道，只看见外教邪道的功德，深信日、月、五星和各种星宿，这种优婆塞在家居士，不能名叫作道心坚固而依佛法安住呀！

"如果优婆塞在家居士，虽然自己不曾造作杀害生命等五种罪恶业行，但教别人去做，这种优婆塞在家居士，也不是依佛法而安住。如果优婆塞在家居士，先取他人财物，允许为了事，这种优婆塞在家居士，也不是依佛法而安住。如果优婆塞在家居士，典知管制关口津渡，敛税估物贵卖，这种优婆塞在家居士，也不是依佛法而安住。如果优婆塞在家居士，先估算价钱才为人治病，治疗以后又贵卖药物，这种优婆塞在家居士，也不是依佛法而安住。如果优婆塞在家居士，违犯官府国法私自管制，也不是依佛法而安住。如果优婆塞在家居士，自己不造作罪恶，也不教使他人造作罪恶，内心不想念恶事，就名叫作依佛法而安住。如果优婆塞在家居士，因为客寄于内心的烦恼所引起的罪过，做了以后，不曾生起惭愧忏悔心，这也不是依佛法而安住。如果优婆塞在家居士，为了自己的身体生命，造作各种恶事，这也不是依佛法而安住。如果优婆塞在家居士，虽然得了人身，但行于非法恶事，也不能名叫作人。

　　"如果生得信仰三宝的心，又能修做福德善事，善于修习正智善念，观察悟知世间一切万法都是没有恒常存在，没有实在的我和我所有；对于一切万法事物，内心没有贪取执着；了见一切万法，都不能得自主存在，有生起就有消灭，是苦恼是空幻，没有动乱安宁寂静。生做人身很难得到，虽然得到人身，也难得具备眼睛等六根器官；虽然具备了六根器官，也难得具有正确见解；虽然具有正确见解，也难得生起信仰心；虽然能得生起信仰心，也很难遇见善好师友；虽然遇见善好师友，也很难听闻到纯正的佛法；虽然听闻到纯正的佛法，也很难能得领受修持，能够这样观察了悟，这才名叫作获得人身。

"如果有人能观察了知欲界中的一切没有恒常存在，甚至无色界最高的非想非非想处，也都是没有恒常存在，出于这缘故，不希求三界恶劣的一切，甚至非想非非想处的境界。这样观察以后，了见身体、财物、生命三种都不坚固。用不坚固的身体，易换坚固的法身，对三宝礼拜奉献供养，来时迎接，去时欢送，自己亲手布施给予，亲自执行造福善事，这就名叫作用不坚固的身体，易换于坚固的法身。用不坚固的钱财，易换于坚固的功德法财，能够自己吃用以外，也用来布施供给有病瘦弱或远行路过的人，或奉献供养沙门僧尼、婆罗门修道人、贫穷人、下贱人等，这就名叫作用不坚固的钱财，易换于坚固的功德法财。用不坚固的身命，易换于坚固的慧命，修于念佛陀、念佛法、念僧尼、念戒律、念布施、念上天等六种念，和仁慈、悲悯、随喜、舍执着等四种无限量的心，和了知生死苦果、断除惑业集因、求证灭患圣果、勤修诸圣道因等四种真正谛理，善能观察了知众生的出生、衰老、病苦、死亡，明了深信善业和恶业的因果报应；了知恩爱必定当会有别离，一切众生都不能得自由自在，还未证得圣道，生死业力很大；一切世间的享乐，常和苦痛连在一起，虽然也领受安乐，但内心不爱染贪着，就像对凉寒的月亮求取火热自己想得温暖，虽然也这样做，但至终不会造作罪恶。修习忍辱二种布施，好滋润众生；深刻观悟苦和乐，那体性空幻平等；凡有任何发言说话，话都很柔软；善于教化众生，使令合于佛法而安住；远离坏恶的朋友，内心没有放肆纵逸；对于饮酒、赌博弈棋、射箭打猎的事情，都不去做，这就名叫作用不坚固的身命，易换于坚固的慧命。

　　"善良的男子啊！如果已得生为人身，又有很多丰饶的钱财物品，兼能得到自在如意，首先应当供给奉养自己的父母、师长、亲教师和尚、耆老旧宿、修持佛法的人；也供给远方来到的人、初学修行的人、有疾病的人所需要；说话都很柔软，多有惭愧谦恭的心；不只信仰尊敬有德行的一个人，看见有贤人圣者持守戒律而多方听闻佛法的人，能将屋舍住宅、饮料食物、睡卧用具、衣服袈裟、治病医药等奉献供养他们。深信僧尼中多数修有功行道德，修习趋向圣道，或证得初果须陀洹果，甚至已经能修向阿罗汉道，证得阿罗汉果位或修证金刚三昧禅定和电光三昧禅定。这样观想以后，都平等奉献布施，这样布施以后，能得到多得无法计量的福分。因此我于《鹿子经》中，告诉鹿子母说：'虽然也礼请佛陀和五百位大阿罗汉供养，还是不能得名叫作请僧众供养而得福。'如果能在僧众中，奉献布施一位像似极恶的比丘僧，还是能得到无法计量的福德果报。为什么呢？因为这样的比丘僧，虽然是恶劣的人，没有戒行也不多方听闻佛法，也不修行善法，但也能演说声闻菩提、缘觉菩提、诸佛菩提等三种菩提，也说有因必有果，也不诽谤佛陀、佛法、僧尼等佛教三宝，执持举着如来至高无上殊胜的标杆幢幡，正确见解没有错谬。如能供养僧众，就是供养佛陀和僧尼二宝；如果又能观想佛法所具功德很微妙，就是俱全足够地供养了佛陀、佛法、僧尼的三宝。

"如果有人布施供养时，不希求果报，就是供养至高无上的菩提佛果，俱全足够地成就了布施济助能度入圣域的檀那波罗蜜，修证菩提圣道，能得到未来多得无法计量的功德，也能自己得到利益和利益他人。能修习仁慈悲悯心，为破除他人的困苦，自愿舍弃自己的安乐。为度众生而自己还未证得菩提佛果位，内心没有忧虑懊悔，虽然听闻说菩提佛果虽经久远修学还很难证得，而那内心从最初就没有退失转变。为了救度那些众生，于多得无法计量的生生世世中，受尽极大的苦恼，内心也不会疲倦厌弃。乐于依照佛法而修行，不希求世间的享乐，乐于处住寂静处所，出家修行佛道。如未能得出家，虽然在家居住，也像解脱的修行人，不造作各种罪恶，必得三种佛戒：第一是由受戒所得的戒，第二是由禅定所发的戒，第三是由没有烦恼漏失的圣智所发的戒。

"善良的男子啊！菩萨有二种：第一种是在家菩萨，第二种是出家菩萨。出家菩萨能依照佛法而修行，不是很困难；在家菩萨能依照佛法修行，才是困难。为什么呢？因为在家修的人，被很多恶劣的环境因缘条件所缠绕呀！"

第二十三品　尸罗清凉戒能度入圣境波罗蜜

善生说："世上最尊的佛陀啊！要怎样菩萨才能趋向于菩提佛果，而那内心坚固不退呢？"

佛陀说："善良的男子啊！菩萨想要道心坚固，要具足四种法：第一是受到大苦恼时，始终都不舍离按照佛法而修行；第二是内心能得大自在无碍，常修习忍受侮辱；第三是自身虽处于贫穷，仍常乐于布施给予他人；第四是在壮盛的年龄，内心常乐于出家生活。如果有任何菩萨具足这四种法，就能趋向于菩提佛果，而那道心坚固不会退失。

"菩萨具足地修了这四种法，内心又这样想念：这菩提圣道，最初的根本境地，就名叫作佛戒。这佛戒，也名叫作最初境地，也名叫作引导境地，也名叫作平坦境地，也名叫作平等境地，也名叫作仁慈境地，也名叫作悲悯境地，也名叫作佛的足迹，也名叫作一切功德的根本，也名叫作种福的田地。出于这缘故，有智慧的人应当领受持守这佛戒而不毁犯。

"再说！有智慧的人又这样想念：持守佛戒有二种果报，第一是各种天界的福乐，第二是证菩提佛果的福乐。有智慧的人应当求证菩提佛果的福乐，而不希求天界的福乐。如果领受佛戒以后，所不应该做的事情，而故意违犯去做，或所不应该思想的，而故意去思想，懈怠懒惰，乐于睡眠，思念罪恶的感觉观想，邪而不正当的活命职业，心起罪恶誓愿，这就名叫作污染佛戒。如果领受佛戒以后，内心生起后悔厌恨，只希求人间天上的享乐，多起各种放肆纵逸，不生起怜悯心，这就名叫作污染佛戒。如果是因为畏于贫穷，或为内心的恐怖，或为丧失财物，或畏于工作劳役，或为身体生命，或为利益供养，或为爱欲染心，而领受佛的禁戒，既然领受佛戒以后，内心生起疑虑困惑，这就名叫作污染佛戒。

"善良的男子啊！如果有人不乐意长久处于六道的生死轮回，深刻了见生死中的过失罪苦，观悟人间天上的享乐和阿鼻无间地狱的苦刑，平等一样没有差别，能怜悯众生，具足正确的观念，为要利益无法计量的众生，使得成就佛道，为要具备至高无上的菩提圣道，为要依佛法修行，而领受持守这佛戒，内心不放肆纵逸。能观察过去、未来、现在的身体、口舌、心意的三种业行，知道轻也知道重。凡是做任何事情，首先都应当系住自己内心，修习不放肆纵逸，做了以后，或正在做的时候，也是这样，修习不放肆纵逸。如果事先不知情，无意间做了而得罪过；或迷失念心做错，也得过失犯罪；或客寄于内心的烦恼，短暂时间生起而做错，也得过失犯罪；或小小的放肆纵逸，也得过失犯罪。这些人如能时常观想：'虽犯轻罪也像犯了重罪。'观想以后，生起忏悔心和惭愧心，恐怖畏惧而忧愁苦恼，心不安乐，至诚专心向佛忏悔，既然忏悔以后，内心生起欢喜，谨慎维护领受持守佛戒，更不敢再犯，这也名叫作清净的守戒。

"善良的男子啊！有智慧的人，既然领受佛戒以后，应当观想三点事情，而不犯罪作恶行为：第一是因为自己，第二是因为世间，第三是因为佛法。怎样是因为自己呢？就是自我已体证确知，这是罪恶的坏事，知道造作恶业，会得这样的恶果；知道造作善业，会得这样的善果。所造作的恶业，没有是虚假妄幻的，决定还会得到各种恶劣的果报；所造作的善业，也没有是虚假妄幻的，决定还会得到各种善好的果报。如果善恶这二种业报都没有虚假妄幻的，我现今怎么能自己欺诈诳骗自己呢？出于这缘故，我领受佛戒以后，就不应该毁犯佛戒，应当至诚专心持守佛戒，这就名叫作因为自己而不造作罪恶。

"怎样是因为世间呢？就是有智慧的人，观察看见世间的人，有的人证得清净的天界耳朵和天界眼睛，以及能知他人心思的智慧。我如果造作罪恶，这些人必定当会见到、听闻到和知道我所做，如果他人见到、听闻到、知道我的所做，我当怎么不生羞耻惭愧心，而造作罪恶呢？又观察那些天神，具足着无法计量的福德和能飞行的神足通、天神的耳朵、天神的眼睛，又具备知道他人心思的智慧，在很遥远都能看见和听闻；虽然接近于人，人不能看见他们。如果我造作罪恶，这些天神等，当会看见、听闻、知道我的所做，如果这些天神等，很明了地看见我所做，我当怎么不生起羞耻惭愧心，而故意造作罪恶呢？这就名叫作因为世间而不造作罪恶。

"怎样是因为佛法呢？就是有智慧的人，观察如来所说的佛法清净没有污染，能得现在的利益，能使令众生寂静安乐，度到圣境的彼岸，能得解脱苦恼，不选择任何时候季节。我为求这佛法，所以领受持守佛戒。我如果不能先领受小戒的禁制，怎么能得领受大戒的禁制呢？破犯小戒的禁制以后，增添五趣有情的苦报；如能至诚专心持守戒律，就能增进至高无上佛道的安乐。我受得人身以来，之所以未能证得解脱的，实在是由于不曾从过去多得无法计量的诸佛如来，领受禁制的佛戒呀！我现今领受佛戒，未来一定当会值遇和恒河里沙粒相等数量的诸位佛。深刻观悟这以后，生起大怜悯心，至诚专心领受佛戒，领受以后坚持守戒，为要求证阿耨多罗三藐三菩提佛果位，而利益无法计量的那些众生呀！

"善良的男子啊！不论是在家修，或出家修，或三皈依，或守八关斋戒，或守五戒，或具足，或不具足，或一日一夜，或只一短时一念间，或穷尽这一生的身形寿命，都能至诚专心领受持守佛戒，应当知道这种人，得到很大的福分功德。善良的男子啊！如果领受佛戒以后，修习三种善好的业行，多听闻佛法，布施济助，修习禅定，修习善法，奉献供养佛陀、佛法、僧尼的佛教三宝，这就名叫庄严成就菩提佛果。如果领受佛戒以后，能阅读如来所说十二部类的佛经，这就名叫作修学至高无上的伟大佛法宝藏，勤加专精迈进修习，想要俱全修足尸罗清凉戒能度入圣境波罗蜜多。这些佛戒，今世领受以后，后世虽然不曾再受，也能成为不加用心造作也能守戒。

"善良的男子啊！有的是戒，但不能度入圣境波罗蜜；有的能度入圣境波罗蜜，但不是戒；有的是戒，也能度入圣境波罗蜜；有的不是戒，也不能度入圣境波罗蜜。是戒，但不能度入圣境波罗蜜的，就是所谓声闻乘阿罗汉和缘觉乘辟支佛的戒。是能度入圣境波罗蜜，但不是戒的，就像所谓布施济助能度入圣境的檀那波罗蜜。是戒也是能度入圣境波罗蜜的，就像佛往昔过去世做菩萨受瞿陀身时，被那些昆虫鸟兽和蚂蚁等所咬吃，而身体不倾斜摇动，也不生恶恼心；又像过去世作为仙人为了众生，于十二年中，青雀处于头顶筑巢，身心都不起不动。不是戒也不是能度入圣境波罗蜜的，就像世俗的布施济助。

"善良的男子啊！大菩萨摩诃萨安住持守尸罗清凉戒能度入圣境波罗蜜多时，所受众多的苦楚，有谁能说得完呢？有的人如果只领受小小的戒律以后，少有欲求而知道满足，但不能怜悯那些苦恼的众生，应当知道这种人不能具足成就尸罗清凉戒能度入圣境波罗蜜多；如果能修忍辱三昧禅定智慧，勤修道行专精迈进，乐于多听闻佛法，应当知道这种人，就能增进生长尸罗清凉戒能度入圣境波罗蜜，庄严菩提圣道，修证菩提佛果。这样的佛戒，具有无法计量的众多善行呀！具有无法计量的善好果报呀！具有无法计量的戒禁呀！出于这缘故，能庄严成就菩提佛果位。

"善良的男子啊！大菩萨摩诃萨领受佛戒以后，口不说罪恶的话，耳朵不乐意听闻杂话，也不乐意说世间杂事，也不乐意听闻，始终不放置心意在那些邪恶的感觉观想，不亲近邪恶的朋友，因此能得名叫作寂静的清净戒。菩萨如果看见破犯佛戒而行为恶劣的人，不生起厌恶的心，为他施设各种善巧方便法，而劝导调伏他，如果不能调伏改过，应当生起怜悯心，不为身体生命破犯佛戒或舍弃佛戒。餐食以后，先修习惭愧心和不放肆纵逸的心，为治疗身体生命的虚弱，像在治疗恶毒烂疮。如果进入民居村落，就像进入很多刀刺的树林，要收摄卫护眼睛、耳朵等六根，修心集中正确意念，观察了知什么可以做和什么不可以做，不生起放肆纵逸心。

"或者人们做善事修福，也是因为我；或者人们造作罪恶，也是因为我。因此我得到大供养时，也不应该生欢喜心；遇得衰败困苦时，不应该生起瞋恨心。得到很少的供养，内心应该这样想念：我现今的信仰、戒行、布施、听闻佛法、般若智慧等，能依佛法安住还很少，所以才得到这样微少的供养，因此我现今不应该生起忧愁苦恼的心念。我因为二种事情，才接受他人信仰布施：第一是因为要增长他人的福德，第二是因为要增进自己的善行，因此如果得到很少的供养物品或恶劣的物品，都不应该生起烦恼。或停住很久很迟才得到，或被轻视责骂以后才得到，这时候也应当自己责备自身：这是我宿世的罪业，不是众生的过失，因此我现今不应该生起烦恼。如果领受佛戒以后，因为他人而造作罪过，也应该说：'这些所做的罪过，实在不是佛道。为什么呢？因为在佛陀所说十二部类的佛经里，从来不曾说那些罪恶是菩提佛道，因此我现今必会获得苦乐混杂的报应。'如果能够这样深刻观察的人，应当知道这种人，就能具备修足尸罗清凉戒能度入圣境波罗蜜。

　　"善良的男子啊！如果有人能收摄护卫眼耳等六根，身体具备行动、站住、坐着、睡卧等四种威严仪态，不造作各种罪恶，堪能忍受各种困苦，不做邪而不正当的活命事业，应当知道这种人，就能具备修足尸罗清凉戒能度入圣境波罗蜜。如果对于轻罪和重罪的佛戒中，同等生起怖畏心，虽然遭遇恶毒时，也不破犯小戒，不使令烦恼的垢秽污染那内心，修习积集忍受侮辱的道行，应当知道这种人，就能具备修足尸罗清凉戒能度入圣境波罗蜜。如果能远离歹恶的朋友，使令那些众生远离罪恶和歪邪错见，知道有恩于我就能报答恩德，应当知道这种人，就能具备修足尸罗清凉戒能度入圣境波罗蜜。如果为了做善事，不顾惜自己的身体生命，停罢解散自己的事务，经营成就利益他人的善事，遇见他人恶骂，不生起厌恶心，应当知道这种人，就能具备修足尸罗清凉戒能度入圣境波罗蜜。如果遇见如来所开设的处所，依照原本维持；为保护众生的生命，不顾惜自己的财产生命，甚至将要寿命终了，也不违犯小戒；虽然得到七种珍贵的宝物，内心也不生起贪着；不为希求他人报答恩情，常将善行加惠他人；怜悯众生的缘故，而领受持守佛的禁戒，领受持守佛戒以后，善意发立大誓愿，但愿所有的众生都能守得清净佛戒，应当知道这种人，就能具备修足尸罗清凉戒能度入圣境波罗蜜。

　　"善良的男子啊！菩萨有二种：第一种是在家菩萨，第二种是出家菩萨。出家菩萨能具备修足尸罗清凉戒能度入圣境波罗蜜，是不会太难；在家菩萨能具备修足，才是困难。为什么呢？因为在家修的人，被很多恶劣的环境因缘条件所缠绕呀！"

第二十四品　业行（上）

　　善生说："世上最尊的佛陀啊！诸位佛如来还未出世的时候，大菩萨摩诃萨依什么作为遵守的禁戒呢？"

　　佛陀说："善良的男子啊！佛陀还未出世时，那时候没有三皈依和禁戒，只有那有智慧的人，求学菩提圣道，修习不杀害生命、不偷窃盗抢、不邪乱奸淫、不妄语欺骗、不两舌挑拨、不恶毒口舌、不花言绮语、不贪着五欲、不嗔恨恚怒、不愚痴迷执等十种善法。这十种善法，除了佛没有人能分明识别地讲说。过去世的佛曾经讲说，辗转流传到现今，而没有漏失，有智慧的人信受奉行。善良的男子啊！众生不能信受持守和修习积集这十种善法的，都是由于过去不能亲近咨问承受佛的教导。

"善良的男子啊！一切众生都有复杂的心意，由于复杂的心意，而有复杂的烦恼；由于复杂的烦恼，造作复杂的业行；由于复杂的业行，感受于复杂的有情；由于复杂的有情，而受报于复杂的身体。善良的男子啊！一切众生感得复杂的身体以后，眼睛见于复杂的形色，看见复杂的形色以后，内心生起邪恶的思想，这邪恶的思想，名叫作无明烦恼。由于无明烦恼，生起贪求的心，名叫作贪爱；因为贪爱所造作的行为，名叫作业行；由于这业行，而获得果报。有智慧的人，就能破解分析它，由于内在的烦恼，贪求外在所有六种尘境，就能系缚自心，修习十种善行以后，就能解脱。因此如来初证得阿耨多罗三藐三菩提佛果位时，就分明了别地演说这十种善法。因为有十种善法和反面的十种恶法，所以世间就有善好道行和罪恶行为，以及善报的有情和恶报的有情，甚至解脱证圣果等的差别，因此众生应当至诚专心分明、了别、体会、悟解十种善法的道理。像世界外围有风云，而保持大水轮、阿修罗鬼神的宫殿、大地、大山、饿鬼道、畜生道、地狱道、四天王居处，甚至欲界最高的他化自在天住处，都是因为众生能否修十种善道而有。统治天下的转轮圣王所拥有的四种转轮：金轮、银轮、铜轮、铁轮，以及比丘僧、比丘尼、沙弥、沙弥尼、式叉摩那尼、优婆塞男居士、优婆夷女居士等七种佛弟子众的领受佛戒，和求证三种菩提圣道，也都出于修这十种善好业行作为基础的缘故。

"出于这十种善好业道的缘故，一切众生内在和外在的物品，形色和寿命，都会有增减，出于这缘故，有智慧的人应当具备足够地修这十种善好的道行。像那些众生，于少年、壮年、老年时，或于春、夏、秋、冬四季，所生起的烦恼，都各别不同；于小劫、中劫、大劫等长劫时间，所生起的烦恼，也是像这样，各别不同。众生初修十种善好业行时，获得无法计量的寿命，形色、香气、滋味等都俱全，因为内心起贪欲、嗔怒、痴迷而造恶业，这一切善果也就都消失。

"由于这相反的十种罪恶业道，时节、年岁间、星辰、日月、地水火风四大因素，都改变异常。如果有人能观悟这样的事情，应当知道这种人就能得到解脱。众生都出于苦恼的缘故，对佛、法、僧三宝就能生起信仰心；既然生得信仰心，就能观察分别善和恶，这样观察以后，就能修习十种善法。

"心意行使于十处，所以名叫作十道。身体三种恶业道：杀害生命、偷窃盗抢、邪乱奸淫。口舌四种恶业道：恶毒口舌、妄语欺骗、两舌挑拨、无义绮语。心意三种恶业道：嗔恨恚怒、贪爱嫉妒、愚痴邪见，这十种恶业，都是一切众多罪恶的根本。如果那些众生，不同界域、不同有情、不同生命、不同形色、不同寿命、不同名称，出于这缘故，应该名叫作无法计量，不只有十。这十种事情，心意的三种名叫作业，不名叫作道。身体和口舌七种事情，也是业也是道，因此合名十种。这十种业道，或自己做，或教他人做，或自己和他人共同做，从这些而感得善恶二种果报，也是众生善恶报应的缘故。因此有智慧的人，尚且不应起邪恶心念，何况身体故意去做呢？如果有人使令造业的那些烦恼结缚，能得自由自在地生起，应当知道这就是行于十种罪恶道业；如果有人能坏灭那些烦恼的结缚，不使令自由自在地生起，这种人就是修行于十种善道。

"假使有人初始设了犯罪的方便，如果事先不经心意思虑，是当时突然做的，这种人不会得到业行所摄的罪。因此有智慧的人，应当勤修十种善行业道，修证生死苦果、惑业集因、灭患圣果、修圣道因等四种真理圣谛也是这样。做时心存期待才成罪恶，如果无意中做失于期待的，也不会得到罪。因此有智慧的人，应当修习十种善行，因为这十种善行，众生修习以后，能增长寿命和内在外在物品。由于起烦恼，十种罪恶的业行就增加；由于没有烦恼，十种善好业行就增长。

"善良的男子啊！这十种业道，每一种事中各有三种事情：第一是犯罪的根本，第二是犯罪的方便法，第三是犯罪成了。所谓犯罪的根本，就是如果心里有他人的想法和有众生的想法，或因疑惑心，杀断他的命根，或动身做杀害的相状，或口说叫人杀，这就名叫作犯罪的根本。寻求杀害的刀，将刀磨利，买毒药，做绳索，这就名叫作犯罪的方便。杀害以后，手触摸，秤称重量，手提持拿，或自己吃肉，或给他人吃肉，得其身物用度，任意施给他人，欢喜享受快乐，没有惭愧心，内心不悔恨自己犯杀罪，自己称赞自身，生大骄慢心，这就名叫作犯罪成了生欢喜。

"是他人所有的财物，内心也做他人所有的想法，或自己前往偷取抢夺，或派遣他人偷取抢夺，或因疑惑心，将他人财物移置别的处所，这就名叫作犯罪的根本。如果破坏他人的垣墙，预谋咨问计数，置梯缘着围墙爬进，进入他人房舍寻求找觅财物，甚至手触财物，这就名叫作犯罪的方便。如果偷取抢夺财物以后，负载挑担隐藏，任意施给，或卖或用勿使遗失，欢喜享受快乐，没有惭愧心，内心不悔恨自己所犯的过错，自己称赞自身，生大骄慢心，这就名叫作犯罪成了以后。

　　"如果是妇女，这妇女系属于他人的，内心起于他人的想法，或因疑惑心，做不是清净梵行的邪乱奸淫，这就名叫作犯罪的根本。如果派遣使者前往密约，或自己相约见面，或给予守信物品，或用手触摸，或说情爱软蜜细语，这就名叫作犯罪的方便。如果奸淫的事已经犯了，遗留给珠宝串成的璎珞，共同坐着饮食，欢喜享受快乐，没有惭愧心，内心不悔恨自己所犯的过错，自己称赞自身，生大骄慢心，这就名叫作犯罪成了以后。

　　"如果对于大众，舍离事情的原本真相，或于三时，或于二时中，虚构妄骗说谎，这就名叫作犯罪的根本。如果于事先时，依次第庄严装饰辞句，虚构妄言说于事端，或受他人的话，起往彼处欺诳乱说，这就名叫作犯罪的方便。如果欺骗的事犯成以后，接受取于他人财物，任意施给，欢喜享受快乐，没有惭愧心，对自己所犯过错不生悔恨，自己称赞自身，生大骄慢心，这就名叫作犯罪成了以后。

　　"在这虚妄的言语中，杂有两舌挑拨离间的话，能破坏他人的和气结合，这就名叫作犯罪的根本。如果说他人过失和其余的恶事，说双方和合，必有不可以的理由；如果双方离散破坏，就会有好事，这就名叫作犯罪的方便。双方和合既然挑拨离异，接受他人财物，任意施给，欢喜享受快乐，没有惭愧心，对自己所犯的过错不生悔恨，自己称赞自身，生大骄慢心，这就名叫作犯罪成了以后。

"如果面容变怒色，用恶毒口舌骂人，这就名叫作犯罪的根本。如果听闻到他人的罪过，庄严虚饰加重那辞章，起来走去到那地方，想要说那些罪恶，这就名叫作犯罪的方便。如果毒骂以后，还接受他人财物，任意施给，欢喜享受快乐，没有惭愧心，对自己所犯的过错不生悔恨，自己称赞自身，生大骄慢心，这就名叫作犯罪成了以后。

"如果说一些诲盗诲淫的淫欲事情和不适合时候的闲话，这就名叫作犯罪的根本。或用唱歌，或用赞颂淫欲等没有意义的章句，随着下流人所喜好，虚构造作千百事端，这就名叫作犯罪的方便。如果教诲他人行淫做坏事以后，还接受他人的财物，任意施给，欢喜享受快乐，没有惭愧心，对自己所犯的过错不生悔恨，自己称赞自身，生大骄慢心，这就名叫作犯罪成了以后。

"对于他人财物等，生起贪心想要非法得到，这就名叫作犯罪的根本。内心发起贪欲的烦恼心，这就名叫作犯罪的方便。贪求做了以后得到财物等，任意施给，欢喜享受快乐，又向其余的人称说自己所做，没有惭愧心，对自己所犯的过错不生悔恨，自己称赞自身，生大骄慢心，这就名叫作犯罪成了以后。

"如果嗔恨恚怒打骂他人，这就名叫作犯罪的根本。如果捉拿棍杖、石块等，追问他的罪过，这就名叫作犯罪的方便。打骂他人以后，心生欢喜，又受取他人财物，任意施给，欢喜享受快乐，没有惭愧心，对自己所犯的过错不生悔恨，自己称赞自身，生大骄慢心，这就名叫作犯罪成了以后。

"如果愚痴邪见诽谤不信起惑造业由因感果的道理，和真理圣谛的佛法，以及佛、菩萨等贤人圣者，这就名叫作犯罪的根本。如果阅读背诵、书写印刷、信仰领受邪说书籍，甚至赞叹称誉邪说，这就名叫作犯罪的方便。信仰领受邪说以后，又向他人分别演说，增长他人的邪恶错见，又受取他人财物，任意施给，欢喜享受快乐，没有惭愧心，对自己所犯的过错不生悔恨，自己称赞自身，生大骄慢心，这就名叫作犯罪成了以后。

"或有的人，对于这十种恶业道，同一时候做了二种，像说了妄语欺骗，又两舌挑拨。或同一时候犯了三种，就像所谓：妄语欺骗、两舌挑拨、恶毒口舌等。又另有三种，像所谓：愚痴邪见、恶毒口舌、妄语欺骗。又像说这些花言绮语，就是没有意义的话，这合名为四。嗔怒和贪爱，不能得同一时候生起。其余八种恶事，可得同一时候犯到。怎样是同一时候犯到呢？就是眼等六处遣使身口去犯，自己做了二种恶事：第一是奸淫他人的妻妾妇女，第二是愚痴邪见说没有罪业果报。先于造作存心期待是最重要，同一时候就得了罪过恶业。这十种恶业，有的或只得到外在有造作形色的业，而没有那植种子于内心的无造作形色业。有的或兼有造作形色的业和无造作形色的业。如果犯罪时没有犯罪的预谋方便和犯罪成了以后的无耻快乐，就只得到有造作形色的业，而没有熏植于内心种子的无造作形色的业。如果有事先的预谋庄严虚饰和犯罪成了以后的快乐而不知悔恨，就会兼得有造作形色的业和无造作形色的业。这十种恶业道，犯罪有的轻也有的重，如果杀死自己的父母和辟支佛，或偷佛陀、佛法、僧尼的佛教三宝的物品，对亲生母和证阿罗汉果的女尼做不是清净梵行的奸淫，或捏造虚妄话破坏僧团，这就名叫作犯重罪。

"善良的男子啊！这十种业道，各有三种：第一是从贪欲生起，第二是从嗔怒生起，第三是从痴迷生起。像杀害生命，如果是因为贪求利益，而杀害生命的，这就名叫作从贪欲生起；如果是杀害冤家仇敌，这就名叫作从嗔怒生起；如果杀害自己的父母的，这就名叫作从痴迷生起。

"抢劫偷盗他人的财物，也有三种：自己为自身，或为妻妾子女、家眷部属，要非法贪取他人财物，而前往偷盗劫夺，这就名叫作从贪欲生起；偷盗抢劫冤家仇敌的财物，这就名叫作从嗔恨生起；偷盗劫夺贫穷下贱种姓的，这就名叫作从痴迷生起。

"邪乱奸淫也有三种：如果是为自己的享乐，而行不清净梵行的奸淫，这就名叫作从贪欲生起；奸淫冤家仇敌的家眷部属，这就名叫作从嗔恨生起；对于自己的亲生母，做不清净梵行的奸淫，这就名叫作从痴迷生起。

"妄语欺骗也有三种：如果是为钱财利益，自己享受快乐，这就名叫作从贪欲生起；如果是为破坏冤家，这就名叫作从嗔恨生起；如果是畏于他人死亡，这就名叫作从痴迷生起。

"两舌挑拨也有三种：如果是为钱财利益，这就名叫作从贪欲生起；如果是为破坏冤家，这就名叫作从嗔恨生起；如果是为破坏和合的僧众，是邪恶谬见的徒众，这就名叫作从痴迷生起。

"恶毒口舌也有三种：为了钱财利益，毒骂妇女儿子，这就名叫作从贪欲生起；故意向冤家仇敌说其所犯罪恶的事，这就名叫作从嗔恨生起；说他人过去往昔坏事，或说先人的罪过，这就名叫作从痴迷生起。

"无意义绮语也有三种：如果是为自己的欢乐，

高歌大叫，喧哗乱说，这就名叫作从贪欲生起；为了要超胜他人，高歌大叫，喧哗乱说，这就名叫作从嗔恨生起；因为增长邪恶谬见，而高歌大叫，喧哗乱说，这就名叫作从痴迷生起。从贪欲生起的，这就名叫作嫉妒；从嗔恨生起的，这就名叫作恚怒；从痴迷生起的，这就名叫作邪恶谬见。

　　"修行十种善行以后，在每一种善事中都能得到三种解脱。造了这十种恶业，决定当会得到地狱等恶劣果报，或有的堕入饿鬼道，或有的堕入畜生道，其余的恶劣果报，如生于人类中就会得到短命、贫穷缺乏钱财、妇女不贞洁，有任何说话，他人不相信接受；没有亲人和忠厚的朋友，常被人诽谤辱骂，耳朵从最初就不曾听闻到善好的话；能使令外在的物产和地、水、火、风等四大衰微而没有真实；生起很多可恶的暴风暴雨，物品容易腐烂恶臭败坏；土地崎岖不平坦，没有七种珍宝，大多只有石块沙砾、荆棘和可恶的尖刺；时令季节时常转变，没有正常固定；瓜果很少结实，滋味不俱全足够。

　　"如果想要破坏消灭这些恶劣果报等事情，就应当至诚专心修行十种善事。这十种善法，在四大部洲中的东、西、南的三面天下都能修具备，有的或是摄属于受佛戒而修十善，有的或不是摄属于受佛戒而修十善。四大部洲中的北面郁单越洲，只具有不杀害生命、不偷盗抢劫、不邪乱奸淫、不妄语欺骗等四种善行。地狱受苦时不会犯上面四种和不贪欲等共五种；饿鬼道、畜生道、天界中，能具十种，但不是摄属于受佛戒而修。欲界六层天犯十恶时，没有犯罪的预谋方便，唯有犯罪的根本和犯罪成了以后的喜乐二种事。

"十种恶业道，在一念中得到。如果那能杀的人和可被杀的人同时都死亡，这就不会得到根本业果。如犯罪前做了预谋庄严虚饰，但恶事终竟没有做成，这样只得犯罪的方便业，不会得到犯罪的根本业。做犯罪前的庄严预谋以后，便就杀害的，就得到根本罪。如他杀害以后，犯罪成了不追忆喜乐，就没有植种子于内心的无造作形色罪业。如果能杀害的人在前一念中死了，而可被杀的人在次后一念中才死，这能杀害的人不会得到根本业罪。如果遣使他人去杀，被遣使的人会得有造作形色的罪，用口敕令的人会得没有造作形色的罪。如果是用恶毒口舌敕令，也会得到有造作形色的罪和没有造作形色的罪。如果他杀害了他人以后，内心虽起善念或做不善不恶的没有记忆，也仍会得到有造作形色的罪和没有造作形色的罪。

"如果有人说：'过去的已经消灭，未来的还未生起，现在又没有停住，怎样名叫作杀呢？心中一念不杀，微尘不会坏，如果一念不杀，多处也不能杀，怎么说有杀害呢？'这意义并不正确，为什么呢？虽然现在一念不杀，但能遮断未来使不活起来的缘故，所以能得名叫作杀。由于这意义的缘故，不可以看见一处没有杀，便就举出一切处都没杀。有的人被刺伤手，便就寿命终结了；或有的人被截断脚，而生命还保全。头就不是这样，刺杀截断都会死。如果有造作恶事以后，得重大罪的，这就名叫作恶业道途。心意中贪欲、嗔恨、痴迷等三种恶业，是自心得；其余身体和口舌的七种业是自他人得。如果没有造作形色的业，也就没有无造作形色的业。

"或有的人说：'身体造业的三种恶事，兼有造作形色的业和没有造作形色的业。口舌所造的四种业就不是这样。'这意义并不正确，为什么呢？因为如果口舌只有造作形色的业，而没有无造作形色的业，那么用口舌敕令他人去杀了以后，就不应该会获得罪舌。因此口舌造业，也应该兼具有造作形色的业和无造作形色的业。心意就不是这样，为什么呢？因为贤人圣者没有造恶业，不会获得罪苦呀！什么缘故名叫作有造作形色的业和无造作形色的业呢？因为这些恶业会使堕于三种恶劣道途受苦呀！如果出生于人类中，寿命很短，眼耳等所有六根的出入，时常会受到苦恼。其余的果报相似，根本罪业所感的真正果报，或有的会相似，或有的不会相似。

受真正果报时，在活地狱和黑绳地狱。另于饿鬼道、畜生道、人道中，这三处受于剩余的果报。如果对于一个人，做杀害的庄严计谋，做了庄严计谋以后，却有二人死亡，应当知道只对于本所要杀的人，得到有造作形色的业和无造作形色的业。

　　"如果有人说：'形色的身体是没有善恶知觉记忆的，寿命也是没有善恶知觉记忆的，这些既然是没有善恶知觉记忆的，怎么杀了以后，而会获得杀罪呢？'这意义并不正确，为什么呢？因为这些身体生命，是有善恶知觉心意的器用外形，如果杀坏了这外形器用，就遮断了那人未来的善恶心意呀！因此会得到杀罪。如果帝王敕令去杀害，随侍的大臣称说'杀害好'，这帝王和大臣，所得的罪同等没有差别，打猎也是这样。如果有的生命垂危将要终结，那生命残余还有一念知觉在，如果砍下刀杀死，这也得到杀害的罪；如果生命已经终尽了，而砍下刀的，就不会得到杀害的罪。如果起先用意，只想要挝打他，然而下手打时，他便寿命终了，这也不会得到故意杀害的罪。如果配制毒药，给怀孕的人吃，假使破堕了歌罗罗胎儿，这个人就兼得了有造作形色的罪和无造作形色的罪。如果是自己刑罚自杀的，不会得到杀罪。为什么呢？因为他的心里不曾生起他人的想法呀！也没有嗔恨恚怒心呀！不是他杀而是因自己而死亡呀！

"或有人说：'不论心意存在善、不善、不是善也不是恶的无记，都应该会得到杀罪。就像大火、毒药，虽然善心、不善心、无记心，只要接触大火或吃下毒药的人，都会死亡。'这意义并不正确，为什么呢？因为世间有的人，手捉火而不被烧，或吃了毒药也不会死。不是存恶心杀害，也是像这样，不会得到故意杀害的罪，就像那些医师用药误杀等。

"或有人说：'婆薮仙人念咒杀死人，杀羊祭祀上天，不会得到杀罪。'这意义并不正确，为什么呢？因为他已杀断他人的生命呀！又出于邪见愚痴的缘故。如果看见所杀的人已经死亡，内心生起欢喜，应当知道这个人，就得了犯罪成了以后起欢喜心的罪。看见他人杀死以后，内心生起欢喜，拿出钱财奖赏他，也是得到这样的罪。如果遣使他人去杀，受遣使的人到达以后，更用各种苦毒凌辱，而后杀死他。出口敕令的人，只得到有造作形色的罪；受遣使去杀的人，兼得二种罪：有造作形色的罪以及无造作形色的罪。

"如果发起恶心，夺取他人财物，这种人也兼得有造作形色的罪和无造作形色的罪。如果在点数时偷取，或受寄时偷取，或因为市场买卖贸易时偷取，也一样得到偷盗罪。如果自己虽然不偷取、不贪求、不使用，但是教令他人偷取，这种人也一样兼得到有造作形色的罪和无造作形色的罪。如果想要偷金子，偷取时是得到银，走出外面识知以后，又还回放置原本的处所，这种人就不会得到偷盗罪。如果想要偷金子，偷得以后，想念起世间一切虚幻没有常在，内心生起懊悔责恨自己，想要还归原本的主人，而又畏惧他，于是施设其余的方便法，归还所偷的物品，虽然曾偷离原本处所，也不会得偷盗罪。奴仆的财产，因起先悉知生意，和主人共同做，后来生起贪心，常偷取主人财物，取了以后，见生疑心而便藏匿躲避，又内心思虑：这财物是共同所有没有别异而归还，虽然曾取离原本处所，但不会得到偷盗罪。

"如果有人远行路途，被匪贼所抢劫，既走到村落，村长主脑问说：'你被抢失去什么财物，我当补偿你。'如果所说超过所失的财物，而超取他人财物的，这就得了偷盗罪。如果有人发施舍心，施给他二件衣服，受施的人只取一件，而说不需要二件，后来却还留取二件的，这就得了偷盗罪。如果有人发施舍心，想要将房舍、睡卧用具、医药、资助生活所需的物品等，施舍给一位比丘僧，在还未给予这中间，更听闻到其他地方有一位大德来，就回转施给他，这就得了偷盗罪。如果取于命过的比丘僧财物，从谁那边得偷罪呢？如果经过羯磨作法以后，是从羯磨僧那边得偷罪；如果尚未经羯磨作法的，是从十方僧众得偷罪。如果寿命将临终了时，随着所给予的处所，因此而得偷罪。如果偷佛的财物，是从守寺塔的主人那边得偷罪。如果暴涨的河流漂来财物、谷米、瓜果、衣物、资助生活的物品等，拾取来用是不算得偷罪。

"如果于不适当的时候，不适当的处所，不是妇女、处女、他人的妇女，或对自身做淫欲事，这就名叫邪而不正的淫乱。在四大部洲中的东、南、西三面天下会犯邪乱奸淫罪，北面的郁单越洲就没有。或对畜生，或为破坏，或属僧尼，或系于牢狱，或在逃亡，或师长的妇人，或出家人，狎近非礼这些人，这就名叫作邪乱的奸淫。出家的人，没有任何系属，是从谁那边得到罪呢？是从他的亲人眷属和王所官府得到罪。在暴恶时、乱世时、暴虐的国王出现时、怖畏的时候，如果使令妇女妻妾出家剃发为尼以后，还非礼狎近她们，这也得了奸淫罪。如果狎近到三道，这就得了奸淫罪。或对自己，或对他人，于道路旁、塔寺边、祠堂边、大会的处所，做不是清净梵行的行为，这就得了邪而不正的奸淫罪。或被父母、兄弟、国王等所看守保护的人，或先和他有预期相约，或先前允许他，或先前接受财物，或先前已受请的人，或对木雕、泥像、画像，以及死尸，在这些人身上身边，狎近非礼做不是清净梵行的行为，就得了邪乱奸淫罪。如果对自己身体，做他人身体的想法；或对他人身体，做自己身体的想法而猥亵，也名叫作邪乱奸淫。这些邪乱奸淫罪也分有轻重，从重大烦恼所生起，就得到重罪；从轻微烦恼所生起，就得到轻罪。

"如果有疑心，或没有疑心，或看见，或听闻到，或感觉，或了知，或问或不问等，不同于原本实情而说谎，这就名叫作妄语欺骗。如果本曾见闻觉知而说不曾见闻觉知，这也是妄语欺骗，但不名叫作具足。如果是为破除执相而方便说，内心没有覆藏欺骗的相状，这就不算是妄语欺骗。或故意用不同语音说，使前面的人不能了解，这也是妄语欺骗，但不名叫作具足。或颠倒乱说，或口发大声，说不很明了的话，或有任何说话，故意使前面的人不能了解，这也是妄语欺骗，但不名叫作具足。两舌挑拨和恶毒口舌，或是为破坏对方前面的人，或不是为破坏前面的人，做了以后就得到罪业。没有意义的花言绮语，也是这样。身体和口舌这七种事情，是道也是业；其余心意三种事情，只是业不是道。为什么呢？因为自己不行善，妨碍伤害于自己和他人，得到大罪过呀！

"或有人说：'一切微细尘粒，次第迁变而不停住，内心也一念接着一念地生灭，消灭了以后都不曾留住，既然生灭不曾留住，尚且没有留住有造作形色的罪业，何况怎会留有内心无形种子那无造作形色的罪业？'这意义并不正确，为什么呢？因为世间一切万法，都是有因必有果，无因也就无果。像面对静水和明镜，就会有面像显现，离了人面就没有所现的面像。造作善恶业也是这样，从身口而有造作，从这有造作形色的法，植无形种子于内心就生出无造作形色的业，像面对静水和明镜，就有面像显现。譬喻像有一个人，因为发出恶毒心念，就有凶恶的脸色显现；发起慈善的心念，就有慈善的面色显现。有造作形色的业和无造作形色的业，也是像这样。或因为造作善业，而感得善好美妙的形色；或因为造作恶业，而感得粗陋恶劣的形色。有造作形色的业和无造作形色的业，也是像这样。

　　"如果说世间一切念念时常变迁生灭，所以没有有造作形色的业和无造作形色的业。这像先前所说的油灯和河流等譬喻，虽然也念念迁变生灭，由于真实谛和世俗谛二种谛理，而说有造作形色的业和无造作形色的业。万法的微细尘粒，虽然也依次第迁变生灭不曾停住，但也不破坏世俗谛法的事相幻影呀！正因微细尘粒次第迁变而得名。对自己的父母或阿罗汉圣者，凡有人加以杀害的，都会得到无法计量的重罪。父母和阿罗汉，以及其他的普通人，他们的五阴、十八界、十二入等身心，都是平等没有差别，杀父母和阿罗汉之所以会得重罪，是由于他们是植福的田地和应该报恩的福田呀！如说二字不能得同一时，然这二字终不能和合，义不可以说，虽然念念生灭，也名叫作妄语，不破坏世俗谛的事相。就像射箭，虽然也是念念生灭，由于身体业行微细尘粒力量，而有射到或射不到处所。有造作形色的业和无造作形色的业，也是像这样。像跳舞独自快乐，虽然也念念生灭，由于身体业行微细尘粒力量，而能转动身体。有造作形色的业和无造作形色的业，也是像这样。像旋转火点成轮状，虽然念念生灭，由于身体业行微细尘粒力量，火点能得圆匝成轮状。

"初发心不同，方便心不同，做时心不同，说时心不同，众多因缘和合，所以名叫作造作。出于造作的缘故，而生于内心的无造作形色的业。像外表的威严仪态不同，那内心也就不同，植于内心的种子不可能失坏，所以名叫作无造作形色的业。从这些造作法，心里植得无造作形色的业以后，心意虽然或在善、不善，或在不是善不是恶的无记，但以前所造作的善恶业，都丝毫没有遗漏失掉，所以名叫作无造作形色的业。如果身体造作善业，口舌造作不善业，应当知道这种人，会获得善恶苦乐混杂的果报。如果身体所造的善业是有造作形色的业和无造作形色的业，而口舌所造的不善业，只有那有造作形色的业，而没有那无造作形色的业，应当知道这种人，只会得善好果报，不会得到恶劣果报。出于这缘故，佛经中说：'身体和口舌的七种善恶业，是兼有造作形色的业和无造作形色的业。'像一个人患了重病，最重要需有众多医药和合治疗他，如果少了一种药，就不能治好。为什么呢？因为他的疾病很严重呀！一切生灵也是像这样，由于具备各种烦恼罪恶，最重要需要有众多的佛戒，然后才能对治他，如果少了一条佛戒，就不能对治好。"

7 卷七

第二十四品　业行（下）

　　"善良的男子啊！众生造作罪业，共有二种：第一种是受邪恶的戒规，第二种是没有戒律。受了邪恶戒规的人，虽然杀了一头羊，和不杀时都一样常得到杀罪。为什么呢？因为事先已发立恶誓呀！没有受戒律的人，虽然杀了众生千口，杀生时会得杀罪，不杀生时就不会得杀罪。为什么呢？因为不曾发立恶誓呀！因此一切善法功德或不善法的罪恶，心意是最根本。因为根本上，说那些比丘僧犯戒有二种：第一是身体犯戒，第二是口舌犯戒，没有心意犯戒呀！这样的戒，时间不具足，枝末不具足，就不能得戒。譬喻像钻木取火，有火燧工具、有人力、有干的粪草，然后才能够生得火苗，如果少了一种事物，就不能够生得火苗。戒法也是这样，对这些戒，或得戒，或舍戒，或持守戒，或毁犯戒，都是随于心意。如来明了知道那些万法体性，因此制立这些戒律。

"如果有的人，因为对善业有思念力，而不造作那些罪恶，名叫作依照法理的戒；如果是从他人领受得戒，名叫作受得的戒。如果离了佛戒的领受还会有功行道德的话，那么一切各种凶恶的猛兽，像狮子、老虎、野狼等，都应该得有功行道德了，然而事实不可能得有。出于这缘故，领受善好佛戒的，必得无法计量的福德；领受邪恶戒规的，必得无法计量的罪苦。因此佛经中说恶劣的规律仪态行为：第一是畜养羊，第二是畜养鸡，第三是畜养猪，第四是钓鱼，第五是网鱼，第六是杀牛，第七是狱卒，第八是畜养猎狗，第九是做张弓，第十是做猎师，第十一是咒龙术，第十二是杀人，第十三是做贼，第十四是两舌挑拨离间，第十五是用苦刑的藤鞭皮靻、颈枷手脚锁链、押额刑具、铁钉、烧灼烙灸等加于人身。国王或大臣受寄抵换欺谩不知道感恩的，恶性恶心或大恶的村落主脑和典管税物的，毁犯佛戒的比丘僧内心没惭愧的，像这些人，都没有戒规。虽然还不就名叫作不善的恶业道，而已得到大罪过。为什么呢？

因为穷尽一生寿命都在做呀！像这些事情等，如果不立誓，不从他人受，就不会成就。这些邪恶戒规，在四种时间中能舍去：第一是得二根的时候，第二是舍了寿命死亡的时候，第三是领受善好佛戒的时候，第四是断除爱欲烦恼结缚的时候。

"或有的人说：'像善戒的具足，邪恶的戒规也是这样。'这意义并不正确，为什么呢？因为邪恶的戒规容易得呀！由一种因缘就可以得，就是所谓发立恶誓。善好的佛戒不是这样，要有五种方便，就是所谓信、精进、念、定、慧的五根，所以是很难得到，出于难得的缘故，最要紧必须具足。

"或有的人说：'优婆塞在家居士的戒律，没有说没有意义的花言绮语、两舌挑拨、恶毒口舌，所以优婆塞在家居士戒和八关斋戒法，出家的沙弥和比丘僧不具足得到。'这意义并不正确，为什么呢？因为我现今领受持守，是要清净口业呀！

"或有人说：'我领受五戒，要清净身体、口舌、心意。'心意如果不清净，应当知道这种人也不能得具足戒。譬喻像有人，领受邪恶戒规以后，虽然不杀生，这种人还是常有邪恶戒规在身，成就毁犯善好的禁戒，比丘僧也是像这样。为什么呢？因为领受持守佛戒以后，每一条戒那边都有很多善业善果呀！众生多得无法计量，戒律也就多得无法计量；事物多得无法计量，戒律也就多得无法计量。这些善好和邪恶的戒，都有三种，就是所谓上等、中等、下等。如果不领受邪恶戒规，虽然多次造作罪恶，也不名叫作邪恶戒规。

"或有人问难说：'是什么缘故五戒要穷尽这一生身形寿命领受持守；而八关斋戒法，只持守一天一夜呢？'这应当回答说：'如来善于了知万法事物体相，通达方便没有障碍，所以才这样说。'

"善良的男子啊！世间上种福的田地，共有二种：第一是有功行道德的种福田地，第二是应该报答恩德的种福田地。毁坏伤害这二类种福的田地，就名叫作犯了五逆重罪。犯这杀父、杀母、杀阿罗汉、伤出佛身血、破坏和合僧团等五种忤逆重罪，有三种主因助缘：第一是存有极恶毒的心，第二是不认识福田功德，第三是不了见真正的圣果。如果有人生起错觉异想，而杀了阿罗汉圣者，只犯杀罪而不会得到忤逆重罪，对父母也是这样。如果没有惭愧心，不观悟感恩图报，内心没有恭敬，只要做了谋害的方便，尚未做根本杀害，虽然不是犯忤逆重罪，也会得到很大苦报。因为父母善能教授儿女，生怜悯爱护心，为儿女能堪忍一切辛苦，难做而能做，为儿女受了很大的辛苦，所以父母名叫作应报答恩德的田地。或者有的人，杀了自己的父母以后，虽然也修了一些善行，但这些善行也无法抵过忤逆重罪无间地狱的苦报的。因此我说：'人歇于树荫处，甚至只是少许时候，也应谨慎不要折毁树干枝条和花果。'

"善良的男子啊！我证入涅槃圣域地离开人世以后，有些弟子当会这样说：'如果因为错觉异想或搞错异名，误杀了父母的，不会得到忤逆重罪只得杀害罪。'这就是昙无德部派。或另有的人说：'虽然因为错觉异想，而杀死父母，也是会得忤逆重罪。'这就是弥沙塞部派。或另有的人说：'不论是错觉异想或搞错异名，误杀于父母的，都会得到忤逆重罪。'这就是萨婆多部派。为什么呢？世间真实的事，是可以信呀！父母是真实的，想法也没有转变，如果起恶毒心杀了他们，就会得到忤逆重罪。如果实在是父母，但内心错觉没有父母的想法，不是发恶毒心杀害，父母虽然被自己误杀死了，这不会得到忤逆重罪只得杀害罪。为什么呢？因为要具备足够四种事情，才会得到忤逆重罪：第一是实在是父母，心里也做父母的想法；第二是起恶毒心；第三是舍弃心；第四是做活的众生想法。具备这四种事情，忤逆重罪就成立就绪；如果四种事情不具备，忤逆重罪就不会成就。

"如果因为怜悯，或因为恭敬，或因为受法，或因为怖畏，或因为名称，授予死亡的工具，虽然不是亲手杀死，也会得到忤逆重罪。如果是因为他人使令而杀父母的，内心痛苦啼哭忧愁而去杀的，像这样的犯罪相状，初中后轻。想要杀死自己的父母，却误杀了他人，这得杀罪而不会得到忤逆重罪。本来想要杀害他人，却误杀了自己的父母，也是这样得了杀罪而不会得到忤逆重罪。想要杀害母亲时，却误杀了相似的人，杀了以后收藏刀时，却又杀中母身，这也只得杀罪而不会得到忤逆重罪。母亲有不同见解，儿子有错觉误杀，只得到杀害的罪，不会得到忤逆重罪。

　　"这五种忤逆重罪，杀死父亲的罪比较轻，杀死母亲的罪就比较重；杀死阿罗汉圣者，罪重于杀死母亲；伤出佛身的血，罪重于杀死阿罗汉圣者；破坏和合的僧团，罪又重于伤出佛身的血。有的是物重而心意轻，有的是物轻而心意重，有的是物重而心意也重，有的是物轻而心意也轻。物重而心意轻的，就像没有恶毒的心意，而误杀了贵重的父母；物轻而心意重的，就像用恶毒的心意，杀于轻微的畜生；物重而心意也重的，就像用极恶毒的心意，杀害亲生的父母；物轻而心意也轻的，就像用轻微的心意，杀害于畜生。这些恶业，有的是方便重，而根本和成以后轻；有的是方便和根本轻，而成以后重；有的是方便和根本重，而成以后轻；有的是根本轻，方便和成以后重。物体同是一种，由于心意轻重力量不同，而获得轻重不同的果报。

"善良的男子啊！有人拿食物，想要布施给我，还未给予我的时候，就转施给饿狗，我也称美赞叹他说：'像这样的人，是大布施的主人。'不论是种福的田地或不是种福的田地，内心都不分别选择，而都布施给予的，这种人就会获得无法计量的福德。为什么呢？因为内心善良清净平等呀！这些业行有四种：第一种是现世感果报，第二种是来生感果报，第三种是多世以后才感果报，第四种是没有果报。业行感果报又有四种：第一种是时间确定而果报不确定；第二种是果报确定，时间未必确定；第三种是时间确定而果报也确定；第四种是时间和果报二种都还未确定。

"时间确定，就是所谓现在世，或次一生，或多世以后的未来世。如果时间不确定，果报也不确定，这种业就可以转变。假如果报确定，应当于后世受果报的，这种业可以转于现在世受。为什么呢？善好心、智慧、因缘等力量呀！恶业的果报确定的，也可以转变成轻。是什么缘故，名叫作果报确定呢？就是因为时常造作而没有悔过心，或因为专心造作，或因为喜欢乐于造作，或因为立了誓愿，或因为造作以后起欢喜心，出于这些缘故这些业行决得果报是确定；除了这些以外，都名叫作还不确定。

"众生的行为造业，有的轻，有的重，有的远，有的近，随着那主因助缘，或先或后受报。如果有人修于自身、修持佛戒、修摄心意、修习定慧，确定知道善恶应当都有果报，这种人就能转重业变为轻，轻业化无而不受报。如果遭遇植福的田地，或遇见善好相知认识的师友，而修学佛道和修习善行，这种人就能转后世的重罪于现在世轻微受报。如果有人还具有欲界的各种业，证得第三果阿那含不必还来的圣果以后，就能转变未来后世的业于现在世受果报；证得第四果阿罗汉圣果的，也是像这样。

"善良的男子啊！有智慧的人如果能够修于自身、修持佛戒、修摄心意、修习定慧，这种人能破坏极恶的重业，像阿伽陀万灵仙药、神咒和解除剧毒的宝物等，能破坏那些恶毒。如果造作小罪恶，最初方便是轻，后成以后却严重，是因为这个人不修于自身、佛戒、心意、定慧，致使轻罪变作严重。

"众生造业或造作一种，或二种，甚至很多，有的造作不俱全足够，有的造作俱全足够。先生起恶念后造作的，名叫作造作俱全足够；事先不曾生起恶念，直接造作的，名叫作造作不俱全足够。又有造作以后，不俱全足够的，就是所谓造作业以后，果报不确定；又有造作以后，也俱全足够的，就是所谓造作业以后，确定当会得到果报。又有造作以后，不俱全足够的，就是果报虽然确定，时间季节还不确定；又有造作以后，也俱全足够的，就是时间和果报都已确定。又有造作以后，不俱全足够的，因为能持守佛戒和生起纯正见解；又有造作以后，也俱全足够的，因为又毁犯佛戒，也生起邪恶见解。又有造作以后，不俱全足够的，是由于相信造什么因必得什么果；又有造作以后，也俱全足够的，是因为不相信因果报应。又有造作以后，不俱全足够的，是因为造作罪恶的时候，有善好的助缘围绕着；又有造作以后，也俱全足够的，是因为造作罪恶的时候，有邪恶的助缘围绕着。又有造作以后，不俱全足够的，就是虽然造作众多罪恶，但生于人类中受果报；又有造作以后，也俱全足够的，就是在人类中造作罪恶，而于地狱受苦报。又有造作以后，不俱全足够的，因为存有纯正忆念的心意；又有造作以后，也俱全足够的，是因为没有忆念善法的心意。又有造作以后，不俱全足够的，因为于三时中生悔过心；又有造作以后，也俱全足够的，因为于三时中不生悔过心。就像罪恶这样，行善积德所感果报也是像这样。因为这些造作以后，也俱全足够呀！或造作小因而得大果，或造作大因而得小果。

"由一种心意业力而感得模样身形，身形感得完成就绪，又生有多得无法计量种心意，人的模样身形最初的意业就是善的！身形成就以后，就会得二种不同的果，因为已混杂善业和不善业，像人类和天界也是这样。堕于地狱的众生，因为罪恶意业所感的模样身形，身形感成以后，一向仍是不善的意业。饿鬼道和畜生道的众生，也是罪恶意业所感的模样身形，身形感成以后，就混杂着善和不善的二种意业。善和恶的中阴身，是因善业和恶业所成的模样身形，身形完成以后，都会得到复杂的果报，因为善混杂着不善。从初结母胎的歌罗罗阶段时，甚至活到老时，也感得复杂的果报，因为善混杂着不善。出于这缘故，佛经说有四种业：罪恶的黑业得到苦痛的黑报，善好的白业得到福乐的白报，善恶混杂的业得到苦乐混杂的报，不是罪恶黑业也不是人天善行的白业，这种业不会感六道苦乐的果报。罪恶的黑业得到痛苦的黑报，就是所谓地狱的苦报；善好的白业得到福乐的白报，就是所谓色界天的果报；混杂的业感得混杂的报，就是所谓欲界天、人类中、畜生道、饿鬼道；不是人天善行的白业，也不是罪恶的黑业，没有六道苦乐的果报，就是所谓没有烦恼漏失的境界。

"善良的男子啊！如果一个人不了解这些业力因缘，就会于无法计量的生生世世中，流转生死不停息。为什么呢？不了解这些业力因缘的人，虽然上生到无色界的非想非非想处天，寿命长到八万大劫，但是天福享尽时，还是会堕于地狱、饿鬼、畜生等三种恶劣道途受苦呀！善良的男子啊！造作一切模型画像，没有能胜过心意的，由心意画出烦恼，由烦恼画出业行，由业力就画出果报身。由于贪爱，容色声音都妙好，威严仪态详细有秩序；由于嗔怒，容色声音粗野凶恶，威严仪态急猝暴躁；像嗔怒那样，痴迷也是这样。

"无法计量的世界，有一百三十六个地狱处所；多得无法计量的畜生，多得无法计量的饿鬼，都因为业行造作而成，人类和天界也是这样。多得无法计量的众生，能获得解脱，也因为修没有烦恼漏失的善好业行。善良的男子啊！修这十种善好业道，有三种利益事情：第一是能遮止烦恼，第二是能生造作善业的心，第三是能增长戒行。像能消除毒气的药方，共有三种：第一是阿伽陀不死药，第二是神圣灵咒，第三是真宝。如果有人善于修习不放肆纵逸的道行，又具有足够的纯正观念，能分明了别善和恶，应当知道这种人，决定能修十种善好的业行道法。如果多放肆纵逸，没有惭愧心和信仰心，应当知道这种人，决定会造作十种罪恶不善的业道。这十种业行道法，又分有三种事：第一是事先的方便，第二是业行的根本，第三是造作成以后。如果有人能勤于礼拜敬佛，供给奉养父母、师长、和尚师父、有德行的人，先善意问候请安，说话柔软温和，这就名叫作事先的方便。如果造作善行完成以后，能修忆念佛法的心，内心欢喜而不后悔，这就名叫作造作完成以后。造作善行时能专诚做着，这就名叫作业行的根本。

"善良的男子啊！这十种业行道法，又分有三种：所谓上品、中品、下品。或事先的方便是上品，业行的根本是中品，造作完成以后是下品。或事先的方便是中品，业行的根本是下品，造作完成以后是上品。或事先的方便是下品，业行的根本是上品，造作完成以后是中品。这十种业行道法，有三种善法和恶法围绕着，就是所谓没有贪欲、没有恚怒、没有痴迷的三种善法和有贪欲、恚怒、痴迷的三种恶法。这十种业行道法，有的是和持戒共同的业行，或是不和持戒共同的业行。舍去佛戒有六种：第一是断尽善心根本的时候，第二是变得兼有男女二生殖器根的时候，第三是舍了寿命死亡的时候，第四是领受邪恶禁戒的时候，第五是舍了佛戒的时候，第六是舍了欲界身命的时候。

"或有人说：'佛法消灭的时候，便失去所受的佛戒。'这意义并不正确，为什么呢？因为佛戒领受以后，就不会失去；还未领受佛戒，是不会得到的。断除身体、口舌、心意的罪恶，所以名叫作守戒的戒。修根本四禅天的禅定，或还未达到四禅天的禅定而不犯戒，这就名叫作禅定的戒。由根本四禅天的禅定或还未达到初禅所发的智慧而不犯戒，就名叫作没有烦恼漏失的戒。舍了这身命到来生后世，都不再造作罪恶，名叫作没有造作的戒。守摄眼、耳等六根，修习正确的心念，看见、听闻、感觉、了知于形色、声音、香气、滋味、摩触、万法影相等六种尘境，不生起放肆纵逸心，名叫作收摄六根的戒。是什么缘故，而得名叫作戒呢？所谓戒，名叫作制止，能制止一切罪恶不善法，所以得名叫作制止。又戒名叫作迫窄狭隘，虽然有恶法侵入，戒性不能包容，所以名叫作迫窄狭隘。又戒名叫作清凉，能遮隔烦恼热炎，使令不能得入侵，所以名叫作清凉。又戒名叫作上升，能使人上升天界，甚至上升到至高无上的佛果圣道，所以名叫作上升。又戒名叫作修学，修学调伏内心，修学智慧，修学收摄六根，所以名叫作修学。

"善良的男子啊！或有时候有人，具备修足一种戒，就是所谓各别解脱的波罗提木叉戒；有人或具备二种戒，就是受戒的戒再加禅定共合的戒；有人或具备三种戒，就是上面那二种再加没有烦恼漏失和圣道共合的戒；或具备四种戒，就是再加摄收六根的戒；或具备五种戒，就是再加没有造作的戒。善良的男子啊！各别解脱的波罗提木叉戒，现在世作法而得；和禅定共合的戒，是过去世、现在世、未来世的三世中都能得。

"善良的男子啊！如果有人想要领受佛戒时，能至诚专心观察了知生死轮回的罪恶过失和解脱生死的功德利益，有信心生欢喜，这种人能兼得有造作的戒和没有造作的戒。这样的戒，随着寿命的长短，寿命长就得戒长，寿命短就得戒短。这种没有造作的戒，有三种缘故会舍去：第一是少有庄严的道行，第二是内心放肆纵逸，第三是造作善业的心不坚固。不舍没有造作戒的缘故，也有三种事情：第一是因为发有根本大愿，第二是因为造作善业的心很坚固，第三是至诚专心不放肆纵逸。

　　"善良的男子啊！除了十善业和十恶业，以及善戒和邪恶戒以外，更还有善恶业和善恶戒所不含摄的，就是所谓善法和恶法。这些善和恶，分有造作和没有造作。有的人具足了有造作和没有造作，如果现在做善还未舍的时候，就具有造作和没有造作，到第二心念中间，成就了过去的有造作和没有造作。造作以后，在过去只有那没有造作，没有那造作呀！如果有人得了佛戒，虽然造作了不善的恶法，这种人现在世便成就了善恶二法，恶法是有造作，善法是没有造作的。

　　"这些有造作和没有造作，有二种缘故会舍去：第一是所布施的物品已完尽，第二是内心舍了善意。有造作是二世成就，就是过去世和现在世。没有造作是过去、现在、未来三世都有。和禅定共合的戒，有二种缘故会舍去：第一是禅定退失时，第二是断尽善根时。又有三种时候会舍去：第一是舍了身命时，第二是退步时，第

三是生到上一层天时。没有烦恼漏失的戒，有三种时候
会舍去：第一是退步时，第二是转愚钝成作利智时，第
三是证得更上果位时。内心善业一时失，所谓向上生时；
身体、口舌、心意的善法，于断善根时同一时都失去。
善良的男子啊！如果得了具足的佛戒、和禅定共合的
戒、没有烦恼漏失的戒、摄收六根的戒，这种人就能了
解十种业行道途。

　　"善良的男子啊！由于这十种业行道途，众生的
寿命，有增加也有减少，减少的甚至寿命只有十年，增
加的甚至长到无法计量年。北郁单越洲人，定寿一千
年，这里寿命一百年；东西二洲地方，寿命二百五十
年；这里的寿命长到无法计量时，那里也就长到无法
计量。四天王天的寿命，人间算数九百万岁，但命不一
定，就像北郁单越等三洲天下。三十三天的忉利天，寿
一千八百万岁，命也不一定。焰摩天寿三千六百万岁，
命也不一定。兜率天寿七千二百万岁，除了是最后一次
生身就成佛的菩萨，其余一切天神的命，也都不一定。
化乐天寿一万四千四百万岁，命也不一定。他化自在天
寿二万八千八百万岁，命也不一定。

　　"他化自在天上一年，就是焰热地狱的一日一
夜，这样三十日为一个月，十二个月为一岁，那焰热
地狱寿命二万八千八百万岁，命也不一定。化乐天上

一年，就是大声叫唤地狱的一日一夜，这样三十日为一个月，十二个月为一岁，那大声叫唤地狱的寿命是一万四千四百万岁，命也不一定。兜率天一年，就是小声叫唤地狱的一日一夜，这样三十日为一个月，十二个月为一岁，那小声叫唤地狱的寿命是七千二百万岁，命也不一定。焰摩天的一年，就是众合地狱的一日一夜，这三十日为一个月，十二个月为一岁，那众合地狱寿命三千六百万岁，命也不一定。三十三天忉利天的一年，就是黑绳地狱的一日一夜，这样三十日为一个月，十二个月为一岁，那黑绳地狱的寿命是一千八百万岁，命也不一定。四大天王天上的一年，就是活地狱中的一日一夜，这样三十日为一个月，十二个月为一岁，那活地狱的寿命是九百万岁，命也不一定。阿鼻无间地狱，寿命是一长劫；大热地狱寿命是半劫，但是这二处，寿命是已决定。人世间中的五百年，是饿鬼中的一日一夜，这样三十日为一个月，十二个月为一岁，那饿鬼道的寿命一万五千岁，命也不一定。在畜生道中，除了难陀和婆难陀二龙王兄弟的寿命一大劫，其余的一切畜生，寿命长短也不一定。阿鼻无间地狱的一年，就是无色界非想非非想处天的一日一夜，这样三十日为一个月，十二个月为一岁，那非想非非想处天的寿命是八万大劫。无所有处天的寿命是六万大劫；识无边处天的寿命是四万大劫；空无边处天的寿命是二万大劫。

"如果有人内心发起轻微的烦恼，又喜爱耽着空的禅定，应当知道这种人必上生四空定的无色界天。从人寿十年，每一百年增一岁而增到八万岁；又从八万岁，每一百年减一岁而还回减到人寿十年，这样一次增又一次减，反复满十八次，名叫作一中劫。五谷昂贵发生三次饥馑灾，流行疾病发生三次瘟疫灾，战乱发生一次刀兵灾，名叫作一小劫。水灾和火灾的二种灾，各经过五段，就有一次大风灾，这样经过五次大风灾，名叫作一个大劫。

"这南阎浮提中，战乱刀兵灾生起时，东西二地方的人暂生起嗔怒心。这疾病生起时，他们会感到小头痛，气力少微衰弱。此地发生饥馑而五谷昂贵时，他们就思念食物。这些恶劣的事情，北郁单越洲是没有的。因为不杀生，寿命就增长；由于偷窃，寿命就减少。有二种灾劫：第一种是大水的灾劫，第二种是大火的灾劫。大水的灾劫生起时，地狱里的众生，如果罪业苦报已经受尽的，都能得出离地狱；如果罪业苦报还未受尽的，就会迁移到其他地方的大地狱中再受苦报。如果这世间的八个大地狱都空尽没有受刑的众生，这就名叫作众生都已脱离于地狱。四面大海中的所有众生，业报如果受尽的，都会得到脱离；如果还未受尽的，都会转生于其他地方世界的海中。如果那些大海中，都没有一个众生了，就名叫作都已得到解脱。

"南阎浮提地下，一直向下过五百由延，有阎罗王的住城，四周绕一匝纵直和横广各有七万五千由延。在这城中，饿鬼道的众生，业报已经受尽的，都能得解脱出离；业报还未受尽的，就转生到其他地方的阎罗王处所。如果这些阎罗王城中，甚至没有一个众生的，这就名叫作已经得到脱离。

"那时候有人内心修禅定的缘故，获得初禅境界，证得以后就站起来，大声唱喊说：'初禅境界寂静安乐！初禅境界寂静安乐！'那些人听闻以后，就各自内心修禅定思虑，于是所有人都共同获证得初禅境界，就舍了人身，生到色界初禅境地。

"那时候在初禅中，又有一个人，内心修禅定的缘故，已经修证得二禅的境界，证得以后就起立，大声唱喊说：'二禅境界寂静安乐！二禅境界寂静安乐！'众生听闻以后，各自内心修禅定思虑，大家又获得二禅境界，于是舍了初禅的身，生到二禅天的处所。当这个时候，从下面的阿鼻无间地狱，上面到色界的初禅，甚至再没有一个众生存在。

"善良的男子啊！四面天下以外，有由乾陀山，空中有七个太阳，由于众生修福积德所生力量，只有一个太阳接近出现，依赖这太阳成熟千百种谷类、瓜果、草木。大火灾劫生起时，七个太阳星球都接近出现，燃烧一切千百种谷类、瓜果、草木、山河大地、最高的须弥山王，甚至烧到初禅天。住在二禅天的众生，看见这样的火灾，内心生起恐怖畏惧。他们里面有些是先上生这些天界的，就对后来上生天界的人说：'你们不必恐怖畏惧，我以前曾经见过这样的大火灾，燃烧只齐到初禅天而停止，不会烧来到这二禅天。'像那些众生，由十年的岁寿，增到八万岁，再由八万岁的长寿，逐渐减还到只有活十年的短寿，经过这么长的时间，这些大火灾，热焰都还未熄灭。

"这时便从中间的禅天处，降注下大雨水，又经过寿命一次增加和一次减少，由于众生业力行为的因缘力量，为了保持这些水，那下面又出现七重的风云。这时大雨停止，水上生起泡膜，就像奶乳膏肥；四面天下中间，须弥山王渐渐生起出现，水中自然具备一切各种的种子。

"这时候在二禅天，又有一个人短了寿命而福将享尽，由于业力而堕落，降生于世间，寿命长到无法计量岁，自身光明照耀，独自处住，经过久了，内心生起愁闷烦恼，而自己念说：'我既然独自处住，如果我有福分，但愿更有别人来降生这世间，和我做伴。'发起这心念以后，这时候在二禅天，有些众生已薄了福而寿命将尽，由于业力，便下来降生这世间。这个人看见以后，内心生起欢喜，就自心想念说："这些降生的人，是我所化现出生，也就是我所造作出来的，我对于那些人，有自由自在的支配力量。"那些人也心里想念：我们是从他而出生，他化现造作了我们，他在我们的身上，有自由自在的支配力量。出于这缘故，一切众生，内心都生起实有我的执见思想。善良的男子啊！五阴、十八界、十二入等的有情众生世界和国土的器世界，都是由十种善恶业的缘故而生有。

"善良的男子啊！菩萨有二种：第一种是在家菩萨，第二种是出家菩萨。出家菩萨能观察了悟这十种业行道途的，是不会太困难；在家菩萨能观察了悟的，才是困难。为什么呢？因为在家修的人，被很多恶劣的环境因缘条件所缠绕呀！"

第二十五品　忍受侮辱能度入圣境的羼提波罗蜜

善生说："世上最尊的佛陀啊！佛陀先前已经说了布施济助能度入圣境的檀那波罗蜜和持守戒律能度入圣境的羼提波罗蜜。菩萨要怎样才能得修集忍受侮辱能度入圣境的羼提波罗蜜呢？"

佛陀说："善良的男子啊！忍受有二种：第一种是世间的忍受，第二种是出世间的忍受。能够忍受饥饿口渴、寒冷炎热、困苦安乐，这就名叫作世间的忍受。能够坚持忍住信仰、守戒、施济、听闻佛法、修智慧、没有错谬的纯正见解，忍受佛陀、佛法、僧尼等三宝的信仰，忍受别人的毁骂、挝打、恶毒口舌、恶劣事情、贪欲、嗔怒、痴迷等，都能忍受不动，能忍受那些很难忍受的事、很难施济的事、很难做的事，这就名叫作出世间的忍受。善良的男子啊！菩萨如果值遇他人挝打、辱骂、轻视、贱待、毁谤、恶毒口舌责骂，这时候内心没有加以报复的心想。菩萨虽然做这样忍受的事，不是为了现在，只是为了以后的利益。有善意恩惠要报答，恶意陷害就不反目报仇。

"善良的男子啊！有的是忍受侮辱，但不是能度入圣境的波罗蜜；有的是能度入圣境的波罗蜜，但不是忍受侮辱；有的是忍受侮辱，也是能度入圣境的波罗蜜；有的不是忍受侮辱，也不是能度入圣境的波罗蜜。是忍受侮辱，但不是能度入圣境波罗蜜的，像所谓世间的忍受，或声闻乘阿罗汉、缘觉乘辟支佛，所修行的忍受侮辱。是能度入圣境的波罗蜜，但不是忍受侮辱的，像所谓禅定静虑能度入圣境波罗蜜。也是忍受侮辱，也是能度入圣境波罗蜜的，像所谓被割截头颅、眼目、手脚，甚至内心不生起一念嗔恨心的，这也是布施济助能度入圣境的檀那波罗蜜、持守戒律能度入圣境的尸罗波罗蜜、出世圣智能度入圣境的般若波罗蜜。不是忍受侮辱，也不是能度入圣境波罗蜜的，像所谓声闻乘阿罗汉和缘觉乘辟支佛，所修的持守戒律、布施济助等。

"善良的男子啊！如果想要修习忍受侮辱行，这种人应当先破除骄傲我慢、嗔恨心、痴迷心，不观看有我和我所有的执相，甚至种性的恒常相。如果有人能做这些等的观悟，应当知道这种人，就能修习忍受侮辱行，这样修习以后，内心得到欢喜。有智慧的人，如果遭遇他人恶毒毁骂，应当做这样想念：这些毁骂的字句，不是同一时候生出，最初一字骂出时，后一字还未生出，等后一字生出以后，最初一字又已经消灭，如果骂的字句不是同一时候出来，怎么是在骂呢？简直只是吹风的声音，我怎么要嗔怒呢？我现今这身心，是由形色、感受、思想、志行、心识等五种阴积所和合，四种阴积如果不现起，就不可能听到骂，形色的阴积十分和合才有，像这样和合的身心，念念生灭地不曾停住，如果不曾停住，是谁应当受骂呢？然他们的骂声，只是风和气。风也有二种：有一种是内风，有一种是外风。我对于外风，都不生起嗔怒，怎么对于内风而生起嗔怒呢？

世间的毁骂也有二种：第一种是实在，第二种是虚假。如果所说是实在的，既是实在有什么好嗔怒呢？如果所说是虚假的，虚假自应得骂，无关于我的事情，我为什么要嗔怒呢？如果我生起嗔怒，我就自己造作了罪恶。为什么呢？因为生起嗔恨恚怒，会投生于地狱、饿鬼、畜生等三种恶劣道途中。如果我于那三种恶劣道途中受到苦恼，就是我自己造作而自己感受的苦报，因此说：一切善恶苦乐，都因为我自身。

"善良的男子啊！生起忍辱的主因助缘，有五种事情：第一是恶意来陷害不加报复，第二是内心观悟没有恒常的想法，第三是修习于慈悲心，第四是内心不放肆纵逸，第五是断除嗔恨恚怒。善良的男子啊！如果有人能修成这五种事情，应当知道这种人，就能修习忍受侮辱行。如果有人说温柔软语，清净身体、口舌、心意的三种业行，保持和气的颜面和喜悦的容色，首先善意问讯致意，能观察了知一切各种苦乐的缘故，应当知道这种人，就能修习忍受侮辱行。如果能修习一切空幻的三昧禅定，观察那些众生都是无常变灭和受着苦恼等想法。被人毒骂侮辱时，能观想那出口毁骂的人，就像疯狂的，像愚痴的，像幼稚小孩，像没有理智的，应当知道这种人，就能修习忍受侮辱行。有智慧的人应当观想：超胜我的人骂我，不应该嗔怒。为什么呢？因为我如果嗔怒反抗，他或可能就杀夺我的生命。如果是不如我的人，嗔恨骂我也不应当报复。为什么呢？因为他不是我的同等匹敌呀！我如果报复他，就有辱我的身份口舌。譬喻像有人授毒给他，没有人会责怪他，如果他自己拿毒服食，他人就会嗤鼻嘲笑。我也是这样，我如果嗔怒他，我当会于未来受到很大的苦恼，一切圣者贤人，都会责怪我。出于这缘故，我身体如果被割截砍杀手脚分离，也不应该生起嗔恨。应当深刻观悟往昔所造罪业的原因所致，应当修慈悲心，怜悯一切众生。像这样的小事都不能忍受，我将怎样能调伏教化众生呢？忍受侮辱就是修证菩提佛果的真正因种，阿耨多罗三藐三菩提的佛果位，就是忍受侮辱的圣果。我如果不种植这样的种子，怎么能够获得这样成佛的正果呢？

"善良的男子啊！如果有智慧的人，乐于修习忍受侮辱行，这种人常会得到颜面容色和气喜悦，和好快乐欢喜戏笑，他人看见生欢喜心，观看没有讨厌，对于受感化的人，内心不生贪着。有智慧的人看见怨敌，用恶毒来加害，内心应当发立善愿说：'但愿那怨敌，未来的后世，能作为我的父母、兄弟、亲戚，不要对于我的所在，生起憎恨怨仇的心想。'又应当观察想：如果人的形体残废，颜面容色丑陋恶劣，眼耳等六根器官不俱全，贫穷缺乏财物，应当知道这些都是从嗔恨心的缘故所得的果报，我现今怎么能不修忍受侮辱行呢？出于这缘故，有智慧的人应当深修忍受侮辱的德行。

　　"善良的男子啊！大菩萨摩诃萨修习忍受侮辱行时，常乐于观察生死轮回的罪苦过患，乐于修习佛法道行，勤于专精迈进，阅读背诵和书写印刷如来纯正的经典，奉献供养师长和有德行的人。能瞻看照顾有病苦的人，修于慈悲心行，怜爱悯念一切众生，看见受苦恼的人，能使令远离苦恼。常乐于出家修行，甚至穷尽这生寿命，持守戒律专精迈进，摄收修持眼耳等六根，不使令能得生起烦恼的因缘，宁可舍了自己的身体生命，始终不愿毁犯佛戒。如果他人有事情，乐于为他人营办处理，常有惭愧心，乐于称赞忍受侮辱的德行。为了教化调伏众生，堪能忍受各种苦恼。对于怨敌，尚且能够忍受于恶毒陷害的事，何况对于亲人所在的事情呢？能忍二种嗔怒：第一种是对众生的嗔怒，第二种是对不是众生的嗔怒。舍了自己享乐的器具，使令众人能得快乐；不忆念多方面的恶事，不忘记少许的善事；远离两舌的挑拨，前后两边默然不说；不说别人的短处，讲说起烦恼的过患，使令众人能得远离烦恼；他人所不喜欢的，就不去说，清净身体、口舌、心意等三种业行，灭了各种罪业；如果是客寄于内心的烦恼为主因助缘而造作罪过，做了以后应生惭愧，内心自生忏悔厌恨。

"善良的男子啊！菩萨有二种：第一种是在家菩萨，第二种是出家菩萨。出家菩萨能修清净忍受侮辱行，是不会太难；在家菩萨能修忍受侮辱行，才是困难。为什么呢？因为在家修的人，被很多恶劣的环境因缘条件所缠绕呀！"

第二十六品　精勤迈进能度入圣境的毗梨耶波罗蜜

善生说："世上最尊的佛陀啊！大菩萨摩诃萨能修习六种能度入圣境的波罗蜜，哪一种是真正原因呢？"

佛陀说："善良的男子啊！如果有善良的男子或善良的女人，对已生起来的罪恶法，想要灭坏它；对还未生起的罪恶法，想要遮阻使不生起；对还未生起的善好法，想要使令快速生起；对已经生起的善好法，想要使令增进广大，修习勤勉专精迈进，这就名叫作精勤迈进能度入圣境的波罗蜜。这样精勤迈进，就是修习六种能度入圣境波罗蜜的真正原因呀！这勤勉专精迈进，能脱离一切各种烦恼界。

"善良的男子啊！如果能堪受于三种恶劣道途的苦楚，应当知道这种人，就是真正实在能够修习精勤迈进能度入圣境的毗梨耶波罗蜜，要平等修集，不急迫不缓慢。精勤迈进有二种：第一种是正确的，第二种是歪邪的。菩萨远离了歪邪的精勤迈进以后，修习正确的精勤迈进。能修习信仰、施济、守戒、闻法、智慧、仁慈、悲悯等，就名叫作正确的精勤迈进。至诚专心恒常去做，每天三个时段中都没有后悔，修于善法的所在，内心不生起知道满足，所修学善好的世间法和出世间的佛法，这一切都可以名叫作正确的精勤迈进呀！菩萨虽也不顾惜自己的身体生命，然而为了维护佛法，应当爱惜自己的身体生命；自身的行动、站住、坐着、睡卧等四种威严仪态，常修使合于佛法。修习善好的佛法时，内心没有懒惰、懈怠、停息；将丧失身体生命时，也不舍去合于佛法戒律，如果修六种能到于彼岸圣境，都是精勤迈进的缘故呀！

"如果自己阅读背诵、书写印刷、思虑观悟这十二部类的佛经，名叫作自己为求佛法的勤勉修行专精迈进。如果能将这些佛法去转变教化众生，使令调顺降伏的，名叫作为救度他人依佛法勤勉修行专精迈进。如果为求证菩提佛果位，修习菩提圣道：布施济助、持守佛戒、多闻佛法、般若智慧等；或修学善好的世间法，供给奉养父母、师长、有道德的人等；或修舍摩他止静和毗婆舍那观照；或阅读背诵、书写印刷十二部类的佛经，又能远离贪欲、恚怒、痴迷等，就名叫作为求证菩提佛果位勤勉修行专精迈进。这些都名叫作正确的精勤迈进，也是名叫作六种能度入圣境波罗蜜的真正原因呀！

"善良的男子啊！懒惰懈怠的人，不能一少许时做一切各种布施济助，也不能持守佛戒，或勤勉修行专精迈进，或摄收内心忆念静定，也不能忍受于恶毒陷害的事和分明判别善和恶。出于这缘故，我说：'成就六种能度入圣境的波罗蜜，主因在于精勤迈进。'

"善良的男子啊！有的是勤勉专精迈进，但不是能度入圣境的波罗蜜；有的是能度入圣境的波罗蜜，但不是勤勉专精迈进；有的也是精勤迈进，也是能度入圣境的波罗蜜；有的不是精勤迈进，也不是能度入圣境的波罗蜜。是精勤迈进，但不是能度入圣境波罗蜜的，像歪邪的精勤迈进，或世间善事的精勤迈进，或声闻乘阿罗汉和缘觉乘辟支佛所有各种精勤迈进。有的是能度入圣境波罗蜜，但不是精勤迈进的，像所谓般若圣智能度入圣境的波罗蜜。有的也是精勤迈进，也是能度入圣境波罗蜜的，就像所谓布施济助、持守戒律、忍受侮辱、精勤迈进、禅定静虑等五种能度入圣境的波罗蜜。有的不是精勤迈进，也不是能度入圣境的波罗蜜，像一切凡夫、声闻乘阿罗汉、缘觉乘辟支佛等，所修的布施济助、持守戒律、忍受侮辱、禅定静虑、般若智慧和其余的善法。

"善良的男子啊！菩萨有二种：第一种是在家菩萨，第二种是出家菩萨。出家菩萨修勤勉专精迈进，是不会太难；在家菩萨要修精勤迈进，才是困难。为什么呢？因为在家修的人，被很多恶劣的环境因缘条件所缠绕呀！"

第二十七品　禅定静虑能度入圣境的波罗蜜

善生说："世上最尊的佛陀啊！大菩萨摩诃萨修禅定静虑能度入圣境的波罗蜜，什么是禅定静虑呢？"

佛陀说："善良的男子啊！所谓禅定静虑也就是守戒、仁慈、悲悯、随喜、舍着，远离那些烦恼结缚，修习积集善好的佛法，这就名叫作禅定静虑。善良的男子啊！如果离了禅定静虑，尚且不能得到世间一切各种好事，何况出世间的圣事呢？出于这缘故，应当至诚专心地修习积集。

"菩萨想要证得禅定静虑能度入圣境的波罗蜜，首先应当亲近真正善好了知认识的师友，修习积集三昧禅定的方便道，就是所谓所受戒的佛戒和摄收眼耳等六根的戒，断除邪而不正的活命事务，合于佛法而安住。随顺师父的教导，对于善法的所在，心不生起知道满足，修习善行时，内心没有休息停止；时常乐于寂静，远离贪欲、嗔怒、痴迷、昏沉、掉举散乱等五种盖覆心智的烦恼；内心乐于思虑，观悟生死轮回的过患；时常勤修善法，至诚专心而不懈怠荒废；具备足够的纯正忆念，断除各种放肆纵逸。省少于言语杂话，也损减于睡眠和饮食；心意清净和身口清净；不亲近恶劣的朋友，也不和恶劣的人交往，不乐于世俗的杂事。知道时机也知道合法，了知自己本身，观照内心算数修法。禅定中如果起有欢喜相状、忧愁相状、嗔怒相状、柔软相状、坚执相状等，了知以后能除灭，就像冶金的师父，善于了知温度冷热，不使令失误所应当的。乐于甘露法味，虽然处住于世间染污法中，身心不被染污摇动，就像须弥山，不被四面的大风所动摇倾斜，纯正心念坚固不动，也悟见觉知有生灭作为的世间法很多过患。如果有人乐于修习这样的三昧禅定，不休止不停息，应当知道这种人，就能俱全足够地证得，譬喻钻木求火苗，由于连续钻不停息，火苗就容易得到。

"善良的男子啊！如果离了三昧禅定，想能得到世间善法和出世间的菩提佛果位，没有这种可能。善良的男子啊！一切各种三昧禅定，就是一切善法的根本，出于这缘故，应当摄收自心。像一个人手执明镜，就能清楚看见一切各种善或恶的事相，出于这缘故，三昧禅定名叫作菩提圣道的庄严呀！能感受身心的安乐，名叫作三昧禅定；不曾增加也不曾减少，名叫作平等的三昧禅定。从最初修死人白骨的观想，一直到证得阿耨多罗三藐三菩提的佛果位，都名叫作三昧禅定。修这三昧禅定，有四种助缘：第一是从内心的想要修，第二是从精勤迈进，第三是从内心修，第四是从智慧修。因为从这四种助缘修，所以得到无法计量的福德，增长一切各种善法。又有三种助缘：第一是从听闻佛法，第二是从思虑，第三是从实修。从这三法修，渐渐而生禅定。修禅定又有三种时候，所谓生起的时候、安住的时候、增进的时候。

"善良的男子啊！在欲界中有三昧禅定的种子，由于这种子，最终证得三种菩提圣果。修这三昧禅定，会有时退步，有时安住，有时增进。如果在色界的四禅中，定性就会坚固，从初禅一直到无色界的非想非非想处定，上一境地胜于下一境地，依次第上进就是这样。在根本禅中，就会有禅悦喜乐，不是在中间禅。天眼通、天耳通、他心通、宿命通、神足通、漏尽通等六种神通也是这样，在于根本禅，不在其余的处所。这三昧禅定，名叫作菩提圣道的庄严，因为这三昧禅定，能得修学圣道以及已经无须修学的圣道，和仁慈、悲悯、随喜、舍着等四种广大没有限量的心，以及悟空解脱、没有执相解脱、没有愿望解脱等三种解脱法门，自己得到利益，又利益他人，无限量的神足飞行，能知他人心智，能调顺降伏众生，得无法计量的智慧，五种智慧的三昧禅定，转愚钝成为锐利，断于一切投生、衰老、疾病、死亡的六道轮回，能得成就一切种智，了见万法真性，像透过极薄的罗纱所看视。

"善良的男子啊！有智慧的人应当做这样观想：一切各种烦恼，是我的大怨敌。为什么呢？因为这些烦恼，能破坏自己和他人，出于这缘故，我应当修习积集仁慈悲悯的心，这是为要利益那些众生呀！为能求得无法计量的纯正善法呀！如果有人说：'离了仁慈悲悯心，也能得善法功德。'没有这种可能。这仁慈悲悯心，能断灭不善的罪恶，能使令众生脱离苦恼而受安乐，能破坏欲界的烦恼。这仁慈心如能行缘于欲界，就名叫作欲界的仁慈。善良的男子啊！众生如果能够修习积集仁慈心，这种人当会得到无法计量的功德。修习仁慈心时，如果能先于怨家中施给平安，这就名叫作修仁慈心。

"善良的男子啊！一切众生共有三种类聚：第一种是怨家，第二种是亲人，第三种是不怨不亲的中间者。这三种类聚，都名叫作仁慈心所缘的对象。修习仁慈心的人，先从亲人修起，要使令感受安乐，这缘观既已修成，仁慈依次再缘到怨家。善良的男子啊！生起仁慈心时，有的是因为受佛戒而生起，有的是因为布施济助而生起，如果能够观看怨家当作自己儿子的想法，这就名叫作得了仁慈心。善良的男子啊！仁慈心只能缘观，不能救众生苦；悲悯心就不这样，也能缘观，也能救苦。善良的男子啊！如果能够观察发现怨家一丝毫的善行优点，不看见他的罪恶短处，应当知道这种人，名叫作修习仁慈心。如果那怨家，设使遭遇到病痛困苦，而能前往问讯致候，瞻顾治疗他所患的病苦，供给他所需要的，应当知道这种人，能够善于修习仁慈心。

"善良的男子啊！如果能够修习忍受侮辱行，应当知道这就是修习仁慈心的主因助缘，这仁慈心，就是一切安乐的主因助缘。如果能够修习仁慈心，应当知道这种人，就能破除一切骄傲我慢的因缘，并能修行布施济助、持守戒律、忍受侮辱、精勤迈进、禅定静虑、般若智慧等，依照佛法修行。如果有人能修禅定，应当知道这种人，能修清净梵行的福德，得到清净梵身，名叫作梵行福德。如果有人能观悟生死轮回的过失罪恶和涅槃圣域的功果美德，这种人脚下所履踏过的粪土，也应当用头顶奉戴，这种人难忍受也能忍受，难于施济也能施济，难于做到也能做到；这种人也能修色界四种禅定、无色界四种空定，以及八种解脱禅定。内心又做这样想念：一切众生身体、口舌、心意所造的罪恶，未来后世如果要受苦恼果报的，都使令我来代他们受；如果我有任何善好果报的，都能使令众生同我一起受乐。这仁慈悲悯心，所缘对象广就会广，所缘对象少就会少。

"仁慈悲悯心有三种，就是所谓下品、中品、上品。又分有三种：第一种是缘于亲人，第二种是缘于怨家，第三种是缘于不亲不怨的中间者。又分有三种：第一种是缘于贪爱，第二种是缘于众生，第三种是缘于不是众生。这些缘观，都名叫作三昧禅定。悲悯、随喜、舍着等三种广大没有限量的心，也是像这样。

"善良的男子啊！有的是禅定静虑，但不是能度入圣境的波罗蜜；有的是能度入圣境的波罗蜜，但不是禅定静虑；有的也是禅定静虑，也是能度入圣境的波罗蜜；有的不是禅定静虑，也不是能度入圣境的波罗蜜。是禅定静虑，但不是能度入圣境波罗蜜的，像所谓世俗外教所修的禅定和声闻乘阿罗汉、缘觉乘辟支佛所有的禅定。是能度入圣境的波罗蜜，但不是禅定静虑的，像所谓布施济助、持守戒律、忍受侮辱、精勤迈进等能度入圣境的波罗蜜。也是禅定静虑，也是能度入圣境波罗蜜的，像所谓金刚不坏的三昧禅定。不是禅定静虑，也不是能度入圣境波罗蜜的，像所谓一切众生，或声闻乘阿罗汉和缘觉乘辟支佛，从听闻思虑所生起的善法。

"善良的男子啊！菩萨有两种：第一种是在家菩

萨，第二种是出家菩萨。出家菩萨能修于清净的禅定，是不会太难；在家菩萨能修清净禅，才是困难。为什么呢？因为在家修的人，被很多恶劣的环境因缘条件所缠绕呀！"

第二十八品　般若圣智能度入圣境的波罗蜜

善生说："世上最尊的佛陀啊！菩萨要怎样才能修清净般若圣智能度入圣境波罗蜜呢？"

佛陀说："善良的男子啊！如果有菩萨能持守佛戒、精勤迈进、多闻佛法、心存正念，修于忍受侮辱，怜爱悯念众生，内心多生惭愧，远离嫉妒心，真实了知各种善法的方便法门；愿为众生受苦，不生起懊悔退心；乐于修行恩惠施济，能调顺降伏众生；善于了知所犯是轻是重的罪过，勤于劝导众生，施行造作福德善业；识知文字，了知义理，内心没有骄傲我慢，亲近善好的师友；能自己得到利益和利益他人；恭敬佛陀、佛法、僧尼的佛教三宝和诸位师父、和尚、长老、有道德的人；对于自身的菩提觉性，不生起轻薄自弃的想法；能观察了知菩提佛果甚深微妙的功德，了知善恶的差别相，知道世间和出世间一切声音言论，知道造什么因，知道得什么果，知道最初的方便法，以及根本的道理，这样应当知道这种人，就能证得智慧。

　　"这些智慧有三种：第一种是从闻法而生，第二种是从思虑而生，第三种是从修证而生。从文字悟得真义，名叫作从闻法而生；从思虑悟得真义，名叫作从思虑而生；从修证悟得真义，名叫作从修证而生。能阅读了知如来所说十二部类的佛经，能消除疑惑的罗网；能阅读了知一切世间的言论和世间的事务，能善于分明判别邪正的道理，这就名叫作智慧。能够善于分明了别十二部类的佛经和五阴、十二入、十八界等因果和字义，了知毗婆舍那的观照和舍摩他的止静相状，上、中、下三相，善性、恶性、无记性和对世间法执常、乐、我、净的四种颠倒错见，了知见道位和修道位，能够善于分明了别这等等事，这就名叫作智慧。

　　"善良的男子啊！有智慧的人，求学于十种智力、四种没有任何怖畏、大悲三种念处，时常亲近佛陀和佛的弟子。当世间没有佛法的时候，乐于在外教修道处出家修学，虽然处住在邪道中，但内心仍乐于求学纯正的要法。时常修习仁慈、悲悯、随喜、舍着等四种广大没有限量的心和五种神通的道理。证得五种神通以后，观想世间一切不清净和无常变灭的想法，能说有生灭作为的世间法有很多过患罪恶。为要说纯正的佛语，教导那些众生，使令学习各种语言声音论说；能使令众生脱离身心的病苦；乐于用世间事务教于他人；所做的事情业务，没有人能胜过他的，所谓咒语方术和各种医药都知晓。能够善于求得钱财，得到钱财以后，又能维护不失，使用合于道理，合法地给众生恩惠施济。虽然了知一切法，内心不生起骄傲我慢；修得很大的功德，内心不生起知道满足；能够教导众生，信仰三宝、布施济助、持守佛戒、多闻佛法、修于智慧，了知善性、不善性、无记性、方便法。善于了知学习修行的主因助缘和次第；了知菩提圣道和圣道的庄严；了知各种众生的上根、中根、下根等三种根性；了知佛法以外的言语声音论说，但内心不存执着；了知众生根性时，随所适宜调顺降伏；了知有情的众生世界和国土的器具世界；这了知的智慧是从俱全足够地修了六种能度入圣境的波罗蜜而来。

"善良的男子啊！有的是智慧，但不是能度入圣境的波罗蜜；有的是能度入圣境的波罗蜜，但不是智慧；有的也是智慧，也是能度入圣境的波罗蜜；有的不是智慧，也不是能度入圣境的波罗蜜。是智慧，但不是能度入圣境的波罗蜜的，像所谓一切各种世间的智慧和声闻乘阿罗汉、缘觉乘辟支佛所证得的智慧。是能度入圣境波罗蜜，但不是智慧的，没有这种义理。是智慧，也是能度入圣境的波罗蜜的，像所谓一切这六种能度入圣境的波罗蜜。不是智慧，也不是能度入圣境波罗蜜的，像所谓一切声闻乘阿罗汉和缘觉乘辟支佛所修的施济、守戒、精进等。善良的男子啊！如果有人能勤于修习这六种能度入圣境的波罗蜜，这种人名叫作真正礼拜供养了六方，能够增得钱财寿命。

"善良的男子啊！菩萨有二种：第一种是在家菩萨，第二种是出家菩萨。出家菩萨能修清净的智慧，是不会太难；在家菩萨能修清净智慧，才是困难。为什么呢？因为在家修的人，被很多恶劣的环境因缘条件所缠绕呀！"

佛陀讲说这些佛法时，善生这长者的儿子等，万千的优婆塞男居士和优婆夷女居士，都立了要求证阿耨多罗三藐三菩提佛果位的心志。发立心志以后，就从座位起立，礼拜佛陀以后而退去，辞别还回到自己所止住的处所。

古文原译
优婆塞戒经

北凉中印度三藏法师昙无谶译于姑藏

1 卷一

集会品第一

如是我闻：

一时，佛在舍卫国祇树林中阿那邠坻精舍，与大比丘僧千二百五十人、五百比丘尼、千优婆塞、五百乞儿。

尔时，会中有长者子名曰善生，白佛言："世尊！外道六师常演说法，教众生言：若能晨朝敬礼六方，则得增长命之与财。何以故？东方之土属于帝释，有供养者，释提桓因则为护助。南方之土属阎罗王，有供养者，彼阎罗王则为护助。西方之土属婆娄那天，有供养者，彼婆娄那则为护助。北方之土属拘毗罗天，有供养者，彼拘毗罗则为护助。下方之土属于火天，有供养者，火则为护。上方之土属于风天，有供养者，风则为护。世尊！佛法之中，颇有如是六方否耶？"

"善男子！我佛法中亦有六方，所谓六波罗蜜。东方即是檀波罗蜜。何以故？始初出者，为出智慧光因缘故。彼东方者属众生心，若有众生能供养彼檀波罗蜜，则为增长寿命与财。南方即是尸波罗蜜。何以故？尸波罗蜜名之为右，若人供养，亦得增长寿命与财。西方即是羼提波罗蜜。何以故？彼西方者名之为后，一切恶法弃于后故，若有供养，则得增长寿命与财。北方即是毗梨耶波罗蜜。何以故？北方名号胜诸恶法，若人供养，则得增长寿命与财。下方即是禅波罗蜜。何以故？能正观察三恶道故，若人供养，亦得增长命之与财。上方即是般若波罗蜜。何以故？上方者即是无上无生故，若有供养，则得增长命之与财。善男子！是六方者属众生心，非如外道六师所说。"

"如是六方，谁能供养？"

"善男子！惟有菩萨乃能供养。"

"世尊！以何义故名为菩萨？"

佛言："得菩提故名为菩萨，菩提性故名为菩萨。"

"世尊！若言得菩提已名为菩萨者，若未供养彼六方时，云何得名为菩萨耶？若以性故名菩萨者，谁有此性？有此性者，则能供养；若无性者，则不能供养。是故如来不应说言：'彼六方者属众生心。'"

"善男子！非得菩提故名菩萨。何以故？得菩提者，名之为佛。未得菩提乃名菩萨，亦非性故名菩萨也。善男子！一切众生无菩提性，如诸众生无人、天性，师子、虎、狼、狗犬等性。现在世中，和合众善业因缘故，得人天身；和合不善业因缘故，得师子等畜生之身。菩萨亦尔，和合众善业因缘故，发菩提心，故名菩萨。若有说言一切众生有菩萨性者，是义不然。何以故？若有性者，则不应修善业因缘供养六方。善男子！若有性者，则无初心及退转心；以无量善业因缘故，发菩提心名菩萨性。

"善男子！有诸众生受行外道，不乐外典颠倒说故，发菩提心；或有众生住寂静处，内善因缘，发菩提心；或有众生观生死过，发菩提心；或有众生见恶闻恶，发菩提心；或有众生深知自身贪欲、嗔恚、愚痴、悭嫉，为诃责故，发菩提心；或有众生见诸外道五通神仙，发菩提心；或有众生欲知世间有边无边故，发菩提心；或有众生见闻如来不思议故，发菩提心；或有众生生怜悯故，发菩提心；或有众生爱众生故，发菩提心。

"善男子！菩提之心凡有三种，谓下、中、上。若言'众生定有性'者，云何说言有三种耶？众生下心能作中心，中心作上，上心作中，中心作下。众生勤修无量善法，故能增上；不勤修故，便退为下。若善修进，则名不退；若不修进，名之为退。一切时中常为一切无边众生修集善故，名不退转；若不如是，是名退转，如是菩萨则有退心及恐怖心。若一切时中为一切众生修集善法，得不退转，是故我记是人，决定不久当得阿耨多罗三藐三菩提。

"善男子！三种菩提无有定性；若有定性，已发声闻、缘觉心者，则不能发菩提之心。善男子！譬如众僧无有定性，是三种性亦复如是。若有说言定有性者，是名外道。何以故？诸外道等无因果故，如自在天非因非果。

"善男子！或有人说'菩萨之性，譬如石中定有金性，以巧方便因缘发故，得为金用；菩萨之性，亦如是者'，是梵志说。何以故？梵志等常言尼拘陀子有尼拘陀树，眼有火石，是故梵志无因无果，因即是果，果即是因。尼拘陀子具足而有尼拘陀树，当知即是梵志因果。是义不然，何以故？因细果粗故。若言眼中定有火者，眼则被烧；眼若被烧，云何能见？眼中有石，石则遮眼；眼若有遮，复云何见？善男子！如梵志说：有即是有，无即是无。无则不生，有不应灭。若言石中有金性者，金不说性，性不说金。善男子！因缘故则有和合，缘和合故本无后有。如梵志言无即永无，是义云何？金合水银，金则灭坏。若言有不应灭，是义云何？若说众生有菩萨性，是名外道，不名佛道。善男子！譬如和合石因缘故而有金用，菩萨之性，亦复如是。众生有思，名为欲心，以如是欲，善业因缘发菩提心，是则名为菩萨性也。善男子！譬如众生先无菩提后乃方有，性亦如是，先无后有，是故不可说言定有。

"善男子！求大智慧，故名菩萨；欲知一切法真实故，大庄严故，心坚固故，多度众生故，不惜身命故，是名菩萨修行大乘。善男子！菩萨有二种：一者，退转；二者，不退。已修三十二相业者，名不退转；若未能修，是名退转。复有二种：一者，出家；二者，在家。出家菩萨奉持八重，具足清净，是名不退；在家菩萨奉持六重，具足清净，亦名不退。

"善男子！外道断欲所得福德，胜于欲界一切众生所有福德；须陀洹人胜于一切外道异见；斯陀含人胜于一切须陀洹果；阿那含人胜于一切斯陀含果；阿罗汉人胜于一切阿那含果；辟支佛人胜于一切阿罗汉果；在家之人发菩提心，胜于一切辟支佛果。出家之人发菩提心，此不为难；在家之人发菩提心，是乃名为不可思议。何以故？在家之人多恶因缘所缠绕故。在家之人发菩提心时，从四天王乃至阿迦尼吒诸天，皆大惊喜，作如是言:‘我今已得人天之师！’”

发菩提心品第二

善生言:“世尊！众生云何发菩提心？”

“善男子！为二事故发菩提心:一者,增长寿命;二者,增长财物。复有二事:一者,为不断绝菩萨种性;二者,为断众生罪苦烦恼。复有二事:一者,自观无量世中受大苦恼,不得利益;二者,虽有无量恒沙诸佛,悉皆不能度脱我身,我当自度。复有二事:一者,作诸善业;二者,作已不失。复有二事:一者,为胜一切人天果报;二者,为胜一切二乘果报。复有二事:一者,为求菩提之道,受大苦恼;二者,为得无量大利益事。复有二事:一者,过去、未来恒沙诸佛皆如我身;二者,深观菩提是可得法,是故发心。复有二事:一者,观六住人虽有转心,犹胜一切声闻、缘觉;二者,勤心求索无上果故。复有二事:一者,欲令一切众生悉得解脱;二者,欲令众生解脱,胜外道等所得果报。复有二事:一者,不舍一切众生;二者,舍离一切烦恼。复有二事:一者,为断众生现在苦恼;二者,为遮众生未来苦恼。复有二事:一者,为断智慧障碍;二者,为断众生身障。

"善男子！发菩提心有五事：一者，亲近善友；二者，断嗔恚心；三者，随师教诲；四者，生怜悯心；五者，勤修精进。复有五事：一者，不见他过；二者，虽见他过而心不悔；三者，得善法已，不生骄慢；四者，见他善业，不生妒心；五者，观诸众生，如一子想。

"善男子！有智之人发菩提心已，即能破坏恶业等果如须弥山。有智之人为三事故发菩提心：一者，见恶世中五浊众生；二者，见于如来有不可思议神通道力；三者，闻佛如来八种妙声。复有二事：一者，憭憭自知己身有苦；二者，知众生苦如己受苦，为断彼苦，如己无异。

"善男子！若有人能发菩提心，当知是人能礼六方增长命财，不如外道之所宣说。"

悲品第三

善生言："世尊！彼六师等不说因果，如来今说因，有二种：一者，生因；二者，了因。如佛初说发菩提心，为是生因、是了因耶？"

"善男子！我为众生或说一因，或说二因，或说三因，或说四因，或说五因，或说六、七，至十二因。言一因者，即生因也。言二因者，生因、了因。言三因者，烦恼、业、器。言四因者，所谓四大。言五因者，未来五支。言六因者，如契经中所说六因。言七因者，如《法华》说。言八因者，现在八支。言九因者，如《大城经》说。言十因者，如为摩男优婆塞说。十一因者，如《智印》说。十二因者，如十二因缘。善男子！一切有漏法无量无边因，一切无漏法无量无边因。有智之人欲尽知故，发菩提心，是故如来名一切智。

"善男子！一切众生发菩提心，或有生因，或有了因，或有生因、了因。汝今当知：夫生因者，即是大悲；因是悲故，便能发心，是故悲心为生因也。"

"世尊！云何而得修于悲心？"

"善男子！智者深见一切众生沉没生死苦恼大海，为欲拔济，是故生悲。又见众生未有十力、四无所畏、大悲三念，我当云何令彼具足，是故生悲。又见众生虽多怨毒，亦作亲想，是故生悲。又见众生迷于正路，无有示导，是故生悲。又见众生卧五欲泥而不能出，犹故放逸，是故生悲。又见众生常为财物、妻子缠缚，不能舍离，是故生悲。又见众生以色命故而生骄慢，是故生悲。又见众生为恶知识之所诳惑，故生亲想，如六师等，是故生悲。又见众生堕生有界，受诸苦恼，犹故乐着，是故生悲。又见众生造身、口、意不善恶业，多受苦果，犹故乐着，是故生悲。又见众生渴求五欲，如渴饮咸水，是故生悲。又见众生虽欲求乐，不造乐因，虽不乐苦，喜造苦因，欲受天乐，不具足戒，是故生悲。

"又见众生于无我、我所，生我、我所想，是故生悲。又见众生无定有性，流转五有，是故生悲。又见众生畏生老死，而更造作生老死业，是故生悲。又见众生受身心苦，而更造业，是故生悲。又见众生爱别离苦，而不断爱，是故生悲。又见众生处无明暗，不知炽然智慧灯明，是故生悲。

"又见众生为烦恼火之所烧然，而不能求三昧定水，是故生悲。又见众生为五欲乐造无量恶，是故生悲。又见众生知五欲苦，求之不息，譬如饥者食于毒饭，是故生悲。又见众生处在恶世，遭值虐王，多受苦恼，犹故放逸，是故生悲。又见众生流转八苦，不知断除如是苦因，是故生悲。又见众生饥渴、寒热，不得自在，是故生悲。

"又见众生毁犯禁戒，当受地狱、饿鬼、畜生，是故生悲。又见众生色力、寿命、安隐、辩才，不得自在，是故生悲。又见众生诸根不具，是故生悲。又见众生生于边地，不修善法，是故生悲。又见众生处饥馑世，身体羸瘦，互相劫夺，是故生悲。又见众生处刀兵劫，更相残害，恶心增盛，当受无量苦报之果，是故生悲。

"又见众生值佛出世，闻说甘露净法，不能受持，是故生悲。又见众生信邪恶友，终不追从善知识教，是故生悲。又见众生多有财宝，不能舍施，是故生悲。又见众生耕田种作、商贾贩卖，一切皆苦，是故生悲。又见众生父母、兄弟、妻子、奴婢、眷属、宗室，不相爱念，是故生悲。善男子！有智之人应观非想非非想处所有定乐，如地狱苦，一切众生等共有之，是故生悲。

"善男子！未得道时，作如是观，是名为悲；若得道已，即名大悲。何以故？未得道时，虽作是观，观皆有边，众生亦尔；既得道已，观及众生皆悉无边，是故得名为大悲也。未得道时，悲心动转，是故名悲；既得道已，无有动转，故名大悲。未得道时，未能救济诸众生故，故名为悲；既得道已，能大救济，故名大悲。未得道时，不共慧行，是故名悲；既得道已，与慧共行，故名大悲。

"善男子！智者修悲，虽未能断众生苦恼，已有无量大利益事。善男子！六波罗蜜皆以悲心而作生因。

"善男子！菩萨有二种：一者，出家；二者，在家。出家修悲，是不为难；在家修悲，是乃为难。何以故？在家之人多有恶因缘故。善男子！在家之人若不修悲，则不能得优婆塞戒；若修悲已，即便获得。

"善男子！出家之人惟能具足五波罗蜜，不能具足檀波罗蜜；在家之人则能具足。何以故？一切时中一切施故。是故在家应先修悲，若修悲已，当知是人能具戒、忍、进、定、智慧。若修悲心，难施能施，难忍能忍，难作能作，以是义故，一切善法，悲为根本。

"善男子！若人能修如是悲心，当知是人能坏恶业如须弥山，不久当得阿耨多罗三藐三菩提，是人所作少许善业，所获果报如须弥山。"

解脱品第四

"善男子！若善男子、善女人有修悲者，当知是人得一法体，谓解脱分。"

善生言："世尊！所言体者，云何为体？"

"善男子！谓身、口、意；是身、口、意从方便得。方便有二：一者，耳闻；二者，思维。复有三种：一者，惠施；二者，持戒；三者，多闻。"

善生言："世尊！如佛所说，从三方便得解脱分，是三方便有定数否？"

"不也。善男子！何以故？有人虽于无量世中，以无量财施无量人，亦不能得解脱分法；有人于一时中，以一把麨施一乞儿，能得如是解脱分法。有人乃于无量佛所受持禁戒，亦不能得解脱分法；有人一日一夜受持八戒，而能获得解脱分法。有人于无量世无量佛所受持读诵十二部经，亦不能得解脱分法；有人惟读一四句偈，而能获得解脱分法。何以故？一切众生心不同故。善男子！若人不能一心观察生死过咎、涅槃安乐，如是之人，虽复惠施、持戒、多闻，终不能得解脱分法；若能厌患生死过咎，深见涅槃功德安乐，如是之人，虽复少施、少戒、少闻，即能获得解脱分法。

"善男子！得是法者，于三时中：佛出世时、缘觉出时，若无是二，阿迦尼吒天说解脱时，是人闻已得解脱分。善男子！我于往昔初发心时，都不见佛及辟支佛，闻净居天说解脱法，我时闻已，即便发心。

"善男子！如是之法，非欲界天之所能得。何以故？以放逸故。亦非色天之所能得。何以故？无三方便故。亦非无色天之所能得。何以故？无身、口故。是法体者，是身、口、意。郁单越人亦所不得。何以故？无三方便故。是解脱分，三人能得，所谓声闻、缘觉、菩萨。众生若遇善知识者，转声闻解脱得缘觉解脱，转缘觉解脱得菩萨解脱；菩萨所得解脱分法，不可退转，不可失坏。"

善生言："世尊！说法之人，复以何义能善分别如是等人有解脱分？如是等人无解脱分？"

"善男子！如是法者，二人所得，谓在家、出家。如是二人至心听法，听已受持，闻三恶苦，心生怖畏，身毛皆竖，涕泣横流，坚持斋戒，乃至小罪不敢毁犯，当知是人得解脱分法。"

"善男子！诸外道等获得非想非非想定，寿无量劫，若不能得解脱分法，当观是人为地狱人。若复有人阿鼻地狱经无量劫，受大苦恼，能得如是解脱分法，当观是人为涅槃人。善男子！是故我于郁头蓝弗生哀悯心，于提婆达多不生怜心。善男子！如舍利弗等，六万劫中求菩提道，所以退者，以其未得解脱分法；虽尔，犹胜缘觉根利。

"善男子！是法有三，谓下、中、上。下者声闻，中者缘觉，上者诸佛。善男子！有人勤求优婆塞戒，于无量世如闻而行，亦不得戒；有出家人求比丘戒、比丘尼戒，于无量世如闻而行，亦不能得。何以故？不能获得解脱分法；故可名修戒，不名持戒。善男子！若诸菩萨得解脱分法，终不造业，求生欲界、色、无色界，常愿生于益众生处；若自定知有生天业，即回此业求生人中。业者，所谓施、戒、修定。善男子！若声闻人得解脱分，不过三身得具解脱；辟支佛人，亦复如是；菩萨摩诃萨得解脱分，虽复经由无量身中常不退转，不退转心，出胜一切声闻、缘觉。

"善男子！若得如是解脱分法，虽复少施，得无量果；少戒、少闻，亦复如是。是人假使处三恶道，终不同彼三恶受苦。若诸菩萨获得如是解脱分法，名调柔地。何故名为调柔地耶？一切烦恼渐微弱故，是名逆流。善男子！有四种人：一者，顺生死流；二者，逆生死流；三者，不顺不逆；四者，到于彼岸。善男子！如是法者，于声闻人名柔软地，于诸菩萨亦名柔软，复名喜地。以何义故名为喜地？闻不退故，名菩萨故。以何义故名为菩萨？能常觉悟众生心故。如是菩萨虽知外典，自不受持，亦不教人。如是菩萨不名人天，非五道摄，是名修行无障碍道。

"善男子！夫菩提者，有四种子：一者，不贪财物；二者，不惜身命；三者，修行忍辱；四者，怜悯众生。善男子！增长如是菩提种子，复有五事：一者，于己身中不生轻想，言我不能得阿耨多罗三藐三菩提；二者，自身受苦，心不厌悔；三者，勤行精进，不休不息；四者，救济众生无量苦恼；五者，常赞三宝微妙功德。有智之人修菩提时，常当修集如是五事，增长炽然菩提种子。复有六事，所谓檀波罗蜜乃至般若波罗蜜。是六种事，因一事增，谓不放逸。菩萨放逸，不能增长如是六事；若不放逸，则能增长。善男子！菩萨求于菩提之时，复有四事：一者，亲近善友；二者，心坚难坏；三者，能行难行；四者，怜悯众生。复有四事：一者，见他得利，心生欢喜；二者，常乐称赞他人功德；

三者，常乐修集六念处法；四者，勤说生死所有过咎。善男子！若有说言，离是八法得菩提者，无有是处。善男子！若有菩萨初发无上菩提心时，即得名为无上福田，如是菩萨出胜一切世间之事及诸众生。

"善男子！虽有人言：无量世界有无量佛，然此佛道甚为难得。何以故？世界无边，众生亦尔；众生无边，佛亦如是。假使佛道当易得者，一佛世尊则应化度一切众生。若尔者，世界众生则为有边。善男子！佛出世时，能度九万九那由他人，声闻弟子度一那由他，而诸众生犹不可尽，故名无边。是故我于声闻经说无十方佛。所以者何？恐诸众生轻佛道故。诸佛圣道，非世所摄，是故如来说无虚妄。如来世尊无有妒心，以难得故，说无十方诸佛世尊。

"善男子！无量众生发菩提心，不能究竟行菩萨道。若人难言，若有现在无量诸佛，何故经中但说过去、未来二世有无量佛，不说现在无量佛耶？善男子！我一国说过去、未来有恒沙佛，现在世中惟一佛耳。善男子！真实义者，能得佛道，无量众生修行佛道多有退转，时有一人乃能得度，如庵罗华及鱼子等。

"善男子！菩萨有二种：一者，在家；二者，出家。出家菩萨得解脱分法，是不为难；在家得者，是乃为难。何以故？在家之人多恶因缘所缠绕故。"

三种菩提品第五

善生言："世尊！如佛所说，菩萨有二种：一者，在家；二者，出家。菩提三种：一者，声闻菩提；二者，缘觉菩提；三者，诸佛菩提。若得菩提名为佛者，何故声闻、辟支佛人不名为佛？若觉法性名为佛者，声闻、缘觉亦觉法性，以何缘故不名为佛？若一切智名为佛者，声闻、缘觉亦一切智，复以何故不名为佛？言一切者，即是四谛。"

佛言："善男子！菩提有三种：一者，从闻而得；二者，从思维得；三者，从修而得。声闻之人从闻得故，不名为佛；辟支佛人从思维已，少分觉故，名辟支佛；如来无师，不依闻、思，从修而得觉悟一切，是故名佛。善男子！憭知法性，故名为佛。法性二种：一者，总相；二者，别相。声闻之人，总相知故，不名为佛；辟支佛人，同知总相，不从闻故，名辟支佛，不名为佛；如来世尊，总相、别相一切觉憭，不依闻、思，无师独悟，从修而得，故名为佛。善男子！如来世尊缘智具足，声闻、缘觉虽知四谛，缘智不具足，以是义故，不得名佛；如来世尊缘智具足，故得名佛。

"善男子！如恒河水，三兽俱渡，兔、马、香象。兔不至底，浮水而过；马或至底，或不至底；象则尽底。恒河水者，即是十二因缘河也。声闻渡时，犹如彼兔；缘觉渡时，犹如彼马；如来渡时，如彼香象，是故如来得名为佛。声闻、缘觉虽断烦恼，不断习气；如来能拔一切烦恼、习气根原，故名为佛。

"善男子！疑有二种：一、烦恼疑；二、无记疑。二乘之人断烦恼疑，不断无记；如来悉断如是二疑，是故名佛。善男子！声闻之人厌于多闻，缘觉之人厌于思维；佛于是二心无疲厌，故名为佛。

"善男子！譬如净物，置之净器，表里俱净。声闻、缘觉智虽清净而器不净；如来不尔，智器俱净，是故名佛。善男子！净有二种：一者，智净；二者，行净。声闻、缘觉虽有净智，行不清净；如来世尊智行俱净，是故名佛。

"善男子！声闻、缘觉其行有边；如来世尊其行无边，是故名佛。善男子！如来世尊能于一念破坏二障：一者，智障；二者，解脱障，是故名佛。如来具足智因、智果，是故名佛。

"善男子！如来出言，无二无谬，亦无虚妄，智慧无碍，乐说亦尔，具足因智、时智、相智，无有覆藏，不须守护，无能说过，悉知一切众生烦恼起结因缘、灭结因缘，世间八法所不能污，有大怜悯，救拔苦恼，具足十力、四无所畏、大悲、三念，身心二力悉皆满足。

"云何身力满足？善男子！三十三天有一大城，名曰善见，其城纵广满十万里，宫室百万，诸天一千六十六万六千六百六十有六。夏三月时，释提桓因欲往波利质多林中，欢娱受乐。由乾陀山有一香象，名伊罗钵那，具足七头，帝释发念，象知即来。善见城中所有诸天处其头上，旋行而往。其林去城五十由延，是象身力出胜一切香象身力。正使和合如是香象一万八千，其力惟敌佛一节力，是故身力出胜一切众生之力。

"世界无边，众生亦尔；如来心力，亦复无边。是故如来独得名佛，非二乘人名为佛也。以是义故，名无上师，名大丈夫，人中香象、师子、龙王，调御示导，名大船师，名大医师，大牛之王，人中牛王，名净莲华，无师独觉，为诸众生之眼目也。是大施主，是大沙门，大婆罗门，寂静持戒，勤行精进，到于彼岸，获得解脱。善男子！声闻、缘觉虽有菩提，都无是事，是故名佛。

"善男子！菩萨有二种：一者，在家；二者，出家。出家菩萨分别如是三种菩提，是不为难；在家分别，是乃为难。何以故？在家之人多恶因缘所缠绕故。"

修三十二相业品第六

善生言："世尊！如佛所说菩萨身力，何时成就？"

佛言："善男子！初修三十二相业时。善男子！菩萨修集如是业时，得名菩萨，兼得二定：一者，菩提定；二者，有定。复得二定：一者，知宿命定；二者，生正法因定。善男子！菩萨从修三十二相业，乃至得阿耨多罗三藐三菩提，于其中间，多闻无厌。菩萨摩诃萨修一一相，以百福德而为围绕，修心五十，具心五十，是则名为百种福德。

"善男子！一切世间所有福德，不及如来一毛功德；如来一切毛孔功德，不如一好功德；聚合八十种好功德，不及一相功德；一切相功德，不如白毫相功德；白毫相功德，复不得及无见顶相。

"善男子！菩萨常于无量劫中，为诸众生作大利益，至心勤作一切善业，是故如来成就具足无量功德；是三十二相，即是大悲之果报也。转轮圣王虽有是相，相不明了具足成就。是相业体，即身、口、意业。修是业时，非于天中、北郁单越，惟在三方，男子之身，非女人身也。菩萨摩诃萨修是业已，名为满三阿僧祇劫，次第获得阿耨多罗三藐三菩提。

"善男子！我于往昔宝顶佛所，满足第一阿僧祇劫；然灯佛所，满足第二阿僧祇劫；迦叶佛所，满足第三阿僧祇劫。善男子！我于往昔释迦牟尼佛所，始发阿耨多罗三藐三菩提心，发是心已，供养无量恒沙诸佛，种诸善根，修道持戒，精进多闻。善男子！菩萨摩诃萨修是三十二相业已，憭憭自知定得阿耨多罗三藐三菩提，如观掌中庵摩勒果。其业虽定，修时次第，不必定也。

"或有人言：如来先得牛王眼相。何以故？为菩萨时，于无量世，乐以善眼和视众生，是故先得牛王眼相；次得余相。或有说言：如来先得八梵音相，余次第得。何以故？为菩萨时，于无量世，恒以软语、实语，教化众生，是故先得八梵音相。或有说言：如来先得无见顶相，余次第得。何以故？为菩萨时，于无量世，供养师长，诸佛、菩萨，头顶礼拜，破骄慢故，是故先得无见顶相。或有说言：如来先得白毫光相，余次第得。何以故？为菩萨时，于无量世，不诳一切诸众生故，是故先得眉间毫相。善男子！除佛世尊，余无能说如是相业。

"善男子！或复有人次第说言：如来先得足下平相，余次第得。何以故？为菩萨时，于无量世，布施、持戒、修集道时，其心不动，是故先得足下平相。得是相已，次第获得足下轮相。何以故？为菩萨时，于无量世，供养父母、师长、善友，如法拥护一切众生，是故次得手足轮相。得是相已，次第获得纤长指相。何以故？为菩萨时，至心受持第一、第四优婆塞戒，是故次得纤长指相、足跟长相。

"得是相已，次第获得身腨满相。何以故？为菩萨时，善受师长、父母、善友所教敕故，是故次得身腨满相。得是相已，次得手足合网缦相。何以故？为菩萨时，以四摄法摄众生故，是故次得手足网缦相。

"得是相已，次第获得手足柔软胜余身相。何以故？为菩萨时，于无量世，以手摩洗师长、父母身，除去垢秽，香油涂之，是故次得手足软相。得是相已，次得身毛上向靡相。何以故？为菩萨时，于无量世，常化众生，令修施、戒一切善法，是故次得毛上靡相。得是相已，次第获得鹿王腨相。何以故？为菩萨时，至心听法，至心说法，为坏生死诸过咎故，是故次得鹿王腨相。得是相已，次第获得身方圆相，如尼拘陀树王。何以故？为菩萨时，于无量世，常施一切众生病药，是故次得身方圆相。

"得是相已，次第获得手过膝相。何以故？为菩萨时，终不欺诳一切贤圣、父母、师长、善友知识，是故次得手过膝相。得是相已，次得象王马王藏相。何以故？为菩萨时，于无量世，见怖畏者能为救护，心生惭愧，不说他过，善覆人罪，是故次得象马藏相。得是相已，次得软身，一一孔中一毛生相。何以故？为菩萨时，于无量世，亲近智者，乐闻乐论，闻已乐修，乐治道路，除去棘刺，是故次得皮肤柔软，一一孔中一毛生相。得是相已，次第获得身金色相。何以故？为菩萨时，于无量世，常施众生房舍、卧具、饮食、灯明，是故次得金色身相。

　　"得是相已，次第获得七处满相。何以故？为菩萨时，于无量世，可嗔之处不生嗔心，乐施众生，随意所需，是故次得七处满相。得是相已，次第获得缺骨满相。何以故？为菩萨时，于无量世，善能分别善不善相，言无错谬，不说不义，可受之法口常宣说，不可受者不妄宣传，是故次得缺骨满相。

　　"得是相已，次得二相：一者，上身；二者，颊车，皆如师子。何以故？为菩萨时，于无量世，自无两舌，教他不为，是故次得如是二相。得是相已，次得三相：一、四十齿；二、白净相；三、齐密相。何以故？为菩萨时，于无量世，以十善法教化众生，众生受已，心生欢喜，常乐称扬他人功德，是故次得如是三相。得是相已，次第获得四牙白相。何以故？为菩萨时，于无量世，修欲界慈，乐思善法，是故次得四牙白相。得是相已，次得味中最上味相。何以故？为菩萨时，于无量世，不待求已，然后方施，是故次得味上味相。得是相已，次得二相：一者，肉髻；二、广长舌。何以故？为菩萨时，于无量世，至心受持十善法教，兼化众生，是故次得如是二相。得是相已，次得梵音相。何以故？为菩萨时，于无量世，自不恶口，教他不为，是故次得梵音声相。

"得是相已，次得牛王绀色目相。何以故？为菩萨时，于无量世，等以慈善视怨亲故，是故次得牛王目相。得是相已，次得白毫相。何以故？为菩萨时，于无量世，宣说正法，实法不虚，是故次得白毫光相。得是相已，次得无见顶相。何以故？为菩萨时，于无量世，头顶礼拜一切圣贤、师长、父母，尊重赞叹，恭敬供养，是故获得无见顶相。

"善男子！菩萨二种：一者，在家；二者，出家。出家菩萨修如是业，是不为难；在家菩萨修是业者，是乃为难。何以故？在家之人多恶因缘所缠绕故。"

2 卷二

发愿品第七

善生言："世尊！是三十二相业，谁能作耶？"

佛言："善男子！智者能作。"

"世尊！云何名智者？"

"善男子！若能善发无上大愿，是名智者。菩萨摩诃萨发菩提心已，身、口、意等所作善业，愿为众生；将来得果，一切共之。菩萨摩诃萨常亲近佛、声闻、缘觉、善知识等，供养恭敬，咨问深法，受持不失。

"作是愿言：我今亲近诸佛、声闻、缘觉、善友，宁无量世受大苦恼，不于菩提生退转心。众生若以恶心打骂毁辱我身，愿我因是更增慈心，不生恶念。愿我后生，在在处处不受女身、无根、二根、奴婢之身。复愿令我身有自在力为他给使，不令他人有自在力而驱使我。愿令我身诸根具足，远离恶友，不生恶国边裔之处，常生豪姓，色力殊特，财宝自在。得好念心、自在之心，心得勇健。凡有所说，闻者乐受，离诸障碍。无有放逸，离身、口、意一切恶业，常为众生作大利益。为利众生，不贪身命，不为身命而造恶业，利众生时，莫求恩报。

常乐受持十二部经，既受持已，转教他人。能坏众生恶见、恶业，一切世事所不能胜；既得胜已，复以转教。善治众生身心重病，见离坏者能令和合，见怖畏者为作救护，护已为说种种之法，令彼闻已心得调伏。见饥施身，令得饱满，愿彼不生贪恶之心；当啖我时，如食草木。常乐供养师长、父母、善友、宿德，于怨亲中其心等一。常修六念及无我想、十二因缘。无三宝处，乐在寂静，修集慈悲。一切众生若见我身，闻触之者，远离烦恼。菩萨虽知除菩提已，不求余果，为众生故，求以弘利。善男子！菩萨若能如是立愿，当知是人即是无上法财长者，是求法王未得法王。

"善男子！菩萨摩诃萨具足三事，则得名为法财长者：一者，心不甘乐外道典籍；二者，心不贪着生死之乐；三者，常乐供养佛、法、僧宝。复有三事：一者，为人受苦，心不生悔；二者，具足微妙无上智慧；三者，具善法时，不生骄慢。复有三事：一者，为诸众生受地狱苦，如三禅乐；二者，见他得利，不生妒心；三者，所作善业，不为生死。复有三事：一者，见他受苦，如己无异；二者，所修善事，悉为众生；三者，善作方便，令彼离苦。

"复有三事：一者，观生死乐，如大毒蛇；二者，乐处生死，为利众生；三者，观无生法忍，多诸功德。

复有三事：一者，舍身；二者，舍命；三者，舍财。舍是三事，悉为众生。复有三事：一者，多闻无厌；二者，能忍诸恶；三者，教他修忍。复有三事：一者，自省己过；二者，善覆他罪；三者，乐修慈心。复有三事：一者，至心奉持禁戒；二者，四摄摄取众生；三者，口言柔软不粗。复有三事：一者，能大法施；二者，能大财施；三者，以此二施劝众生行。

"复有三事：一者，常以大乘教化众生；二者，常修转进增上之行；三者，于诸众生不生轻想。复有三事：一者，虽具烦恼而能堪忍；二者，知烦恼过乐而不厌；三者，自具烦恼能坏他结。复有三事：一者，见他得利，欢喜如己；二者，自得安乐，不乐独受；三者，于下乘中，不生足想。复有三事：一者，闻诸菩萨苦行不怖；二者，见有求者，终不言无；三者，终不生念我胜一切。

"善男子！菩萨若能观因观果，能观因果，能观果因，如是菩萨能断因果，能得因果。菩萨若能断得因果，是名法果，诸法之王，法之自在。

"善男子！菩萨有二种：一者，在家；二者，出家。出家菩萨立如是愿，是不为难；在家菩萨立如是愿，是乃为难。何以故？在家菩萨多恶因缘所缠绕故。"

名义菩萨品第八

善生言："世尊！如佛所说，菩萨二种：一者，假名菩萨；二者，实义菩萨。云何名为假名菩萨？"

"善男子！众生若发菩提心已，乐受外术及其典籍，持讽诵读。即以此法教化众生，为自身命杀害他命，不乐修悲。于生死中，常造诸业，受生死乐。无有信心，于三宝所生疑罔心。护惜身命，不能忍辱。语言粗犷，悔恨放逸。于己身所生自轻想，我不能得无上菩提。于烦恼中生恐怖想，亦不勤修坏结方便。常生悭贪、嫉妒、嗔心，亲近恶友，懈怠、乱心，乐处无明。不信六度，不乐修福，不观生死，常乐受持他人恶语。是名假名菩萨。

"善男子！复有众生发菩提心，欲得阿耨多罗三藐三菩提，闻无量劫苦行修道，然后乃得，闻已生悔；虽修行道，心不真实，无有惭愧，不生怜悯。乐奉外道，杀羊祀天。虽有微信，心不坚固。为五欲乐造种种恶，倚色、命、财，生大骄慢，所作颠倒，不能利益。为生死乐而行布施，为生天乐受持禁戒，虽修禅定为命增长。是名假名菩萨。

"实义菩萨者，能听深义，乐近善友，乐供养师长、父母、善友，乐听如来十二部经，受持、读诵、书写、思义。为法因缘，不惜身命、妻子、财物，其心坚固。怜悯一切，口言柔软，先语实语，无有恶语及两舌语。于自身所，不生轻想。舒手惠施，无有禁固。常乐修磨利智慧刀，虽习外典，为破邪见，出胜邪见，善知方便调伏众生。于大众所，不生恐怖，常教众生菩提易得，能令闻者不生怖心。

"勤修精进，轻贱烦恼，令彼烦恼不得自在。心不放逸，常修忍辱。为涅槃果，持戒、精进。愿为众生趋走给使，令彼安隐欢娱受乐；为他受苦，心不生悔。见退菩提，心生怜悯。能救一切种种苦恼，能观生死所有过罪，能具无上六波罗蜜。所作世事，胜诸众生。信心坚固，修集慈悲亦不悕求慈悲果报，于怨亲中其心无二。施时平等，舍身亦尔，知无常相，不惜身命。

"以四摄法摄取众生。知世谛故，随众生语。为诸众生受苦之时，其心不动，如须弥山。虽见众生多作诸恶，有少善者，心终不忘。于三宝所不生疑心，乐为供养。若少财时，先给贫穷，后施福田；先为贫苦，后为富者。乐赞人善，为开涅槃。所有技艺，却令人学；见学胜己，生欢喜心。不念自利，常念利他。身、口、意业所作诸善，终不自为，恒为他人。是名实义菩萨。

"善男子！菩萨有二种：一者，在家；二者，出家。出家菩萨为实义菩萨，是不为难；在家菩萨，是乃为难。何以故？在家之人多恶因缘所缠绕故。"

义菩萨心坚固品第九

善生言："世尊！义菩萨者，云何自知是义菩萨？"

"善男子！菩萨摩诃萨修苦行时，先自诚心。善男子！我念往昔行菩萨道时，先从外道受苦行法，至心奉行，心无退转。无量世中，以灰涂身，惟食胡麻、小豆、粳米、粟米、稊等，日各一粒；荆棘恶刺、柞木、地石以为卧具；牛屎、牛尿以为病药。盛夏之月，五热炙身；孟冬之节，冻冰衬体。或受草食、根食、茎食、叶食、果食、土食、风食。作如是等诸苦行时，自身、他身俱无利益。虽尔，犹故心无退转，出胜一切外道苦行。

"善男子！我于往昔为四事故，舍弃身命：一者，为破众生诸烦恼故；二者，为令众生受安乐故；三者，为自除坏贪着身故；四者，为报父母生养恩故。菩萨若能不惜身命，即自定知是义菩萨。

"善男子！我于往昔为正法故，剜身为灯三千六百。我于尔时具足烦恼，身实觉痛，为诸众生得度脱故，谕心令坚，不生退转。尔时，即得具足三事：一者，毕竟无有退转；二者，得为实义菩萨；三者，名为不可思议，是名菩萨不可思议。

"又我往昔为正法故，于一劫中，周身左右受千疮苦。尔时具足一切烦恼，身实觉苦，为诸众生得度脱故，谕心令坚，不生退转，是名菩萨不可思议。

"又我往昔为一鸽故，弃舍是身。尔时具足一切烦恼，身实觉苦，为诸众生得度脱故，谕心令坚，不生退转，是名菩萨不可思议。善男子！一切恶有诸烦恼业，即是菩萨道庄严伴。何以故？一切凡夫无有智慧正念之心，故以烦恼而为怨敌；菩萨智慧正念具足，故以烦恼而为道伴。恶有及业，亦复如是。

"善男子！舍离烦恼，终不得受恶有之身。是故菩萨虽现恶业，实非身、口、意恶业所作，是誓愿力。以是愿力受恶兽身，为欲调伏彼畜生故。菩萨现受畜生身已，善知人语、法语、实语、不粗恶语、不无义语，心常怜悯，修集慈悲，无有放逸，是名菩萨不可思议。

"善男子！我于往昔受熊身时，虽具烦恼，烦恼于我无自在力。何以故？具正念故。我于尔时怜悯众生，拥护正法，修行法行，受瞿陀身、劫宾阇罗身、兔身、蛇身、龙身、象身、金翅鸟身、鸽身、鹿身、猕猴、羖羊、鸡雉、孔雀、鹦鹉、虾蟆，我受如是鸟兽身时，虽具烦恼，烦恼于我无自在力。何以故？具正念故，怜悯众生，拥护正法，修行法行。

"善男子！于饥馑世，我立大愿，以愿力故，受大鱼身，为诸众生离于饥渴，食我身者，修道、念道，无恶罪过。疾疫世时，复立大愿，以愿力故，身为药树，诸有病者，见、闻、触我，及食皮肤、血肉、骨髓，病悉除愈。善男子！菩萨摩诃萨受如是苦，心不退转，是名义菩萨。

"菩萨修行六波罗蜜时，终不悕求六波罗蜜果，但以利益众生为事。菩萨深知生死过患，所以乐处，为利众生受安乐故。菩萨憭知解脱安乐、生死过患，而能处之，是名菩萨不可思议。

"菩萨所行，不求恩报；受恩之处，常思反报。善男子！一切众生常求自利，菩萨所行恒求利他，是名菩萨不可思议。菩萨摩诃萨具足烦恼，于怨亲所平等利益，是名菩萨不可思议。

"善男子！若诸外道化众生时，或以恶语、鞭打、骂辱、摈之令出，然后调伏；菩萨不尔，化众生时，无粗恶语、嗔语、绮语，惟有软语、真实之语，众生闻已，如青莲遇月，赤莲遇日。

"善男子！菩萨施时，财物虽少，见多乞求，不生厌心，是名菩萨不可思议。菩萨教化盲、聋、喑、痖、愚痴、边地恶众生时，心无疲厌，是名菩萨不可思议。

"善男子！菩萨有四不可思议：一者，所爱重物，能以施人；二者，具诸烦恼，能忍恶事；三者，离坏之众，能令和合；四者，临终见恶，说法转之，是名菩萨四不可思议。复有三事不可思议：一者，诃责一切烦恼；二者，处烦恼中而不舍之；三者，虽具烦恼及烦恼业，而不放逸，是名菩萨三不可思议。复有三事不可思议：一者，始欲施时，心生欢乐；二者，施时为他，不求果报；三者，施已心乐，不生悔恨，是名菩萨三不可思议。善男子！菩萨摩诃萨作是行时，自观其心，我是名菩萨耶？义菩萨乎？众生若能作如是事，当知是人即义菩萨也。

"善男子！菩萨有二种：一者，在家；二者，出家。出家菩萨作如是事，是不为难；在家菩萨为如是事，是乃为难。何以故？在家之人多恶因缘所缠绕故。"

自利利他品第十

善生言："世尊！云何菩提？云何菩提道？"

佛言："善男子！若离菩提无菩提道，离菩提道则无菩提；菩提之道即是菩提，菩提即是菩提之道；出胜一切声闻、缘觉所得道果，是名菩提、菩提之道。"

善生言："世尊！声闻、缘觉所得道果，即是菩提，即是菩提道，云何言胜？"

"善男子！声闻、缘觉道不广大，非一切觉，是故菩提、菩提之道得名为胜。犹如一切世间经书，十二部经为最第一。何以故？所说不谬，无颠倒故。二乘之道比菩提道，亦复如是。

"善男子！菩提道者，即是学，即是学果。云何名学？行菩提道，未能具足不退转心，是名为学；已得不退，是名学果。未得定有，是名为学；已得定有，第三劫中是名学果。初阿僧祇劫，犹故未能一切惠施、一切时施、一切众生施；第二阿僧祇劫，虽一切施，未能一切时施、一切众生施；如是二处，是名为学。第三阿僧祇劫，能一切施、一切时施、一切众生施，是名学果。

"善男子！菩萨修行施、戒、忍辱、进、定、智时，是名为学；到于彼岸，是名学果。善男子！有是惠施非波罗蜜，有波罗蜜不名为施，有亦惠施亦波罗蜜，有非惠施非波罗蜜。善男子！是施非波罗蜜者，声闻、缘觉、一切凡夫、外道异见、菩萨初二阿僧祇劫所行施是。是波罗蜜非惠施者，如尸波罗蜜乃至般若波罗蜜是。亦是惠施亦波罗蜜者，菩萨第三阿僧祇劫所行施是。非施非波罗蜜者，声闻、缘觉持戒、修定、忍、慈、悲是。善男子！是施非波罗蜜，是名为学；亦施亦波罗蜜，是名学果。

"善男子！夫菩提者，即是尽智、无生智也。为此二智，勤心修集三十七品，是名为学；得菩提已，是名学果。自调诸根，次调众生，是名为学；自得解脱，令众生得，是名学果。修集十力、四无所畏、大悲、三念，是名为学；具足获得十八不共法，是名学果。为利自他，造作诸业，是名为学；能利他已，是名学果。习学世法，是名为学；学出世法，是名学果。为诸众生不惜身财，是名为学；为诸众生亦不吝惜身、财、寿命，是名学果。能化众生作人天业，是名为学；作无漏业，是名学果。能施众生一切财物，是名为学；能行法施，是名学果。能自破坏悭贪、嫉妒，是名为学；破他悭贪、嫉妒之心，是名学果。受持五根，修行忆念，是名为学；教他修集，成就具足，是名学果。

"善男子！菩萨信根既自利已，复利益他。自利益者，不名为实；利益他者，乃名自利。何以故？菩萨摩诃萨为利他故，于身、命、财不生悭吝，是名自利。菩萨定知若用声闻、缘觉、菩提教化众生，众生不受，则以人天世乐教之，是名利他；利益他者，即是自利。菩萨不能自他兼利，惟求自利，是名下品。何以故？如是菩萨于法财中生贪着心，是故不能自利益也。行者若令他受苦恼，自处安乐，如是菩萨不能利他。若自不修施、戒、多闻，虽复教他，是名利他，不能自利。若自具足信等五根，然后转教，是名菩萨自利利他。

"善男子！利益有二：一者，现世；二者，后世。菩萨若作现在利益，是不名实；若作后世，则能兼利。善男子！乐有二种：一者，世乐；二者，出世乐。福德亦尔。菩萨若能自具如是二乐、二福化众生者，是则名为自利利他。

　　"善男子！菩萨摩诃萨具足一法，则能兼利，谓不放逸。复有二法能自他利：一者，多闻；二者，思维。复有三法能自他利：一者，怜悯众生；二者，勤行精进；三者，具足念心。复有四法能自他利，谓四威仪。复有五法能自他利：一者，信根；二者，持戒；三者，多闻；四者，布施；五者，智慧。复有六法能自他利，所谓六念。复有七法能自他利，谓坏七慢。

　　"善男子！若沙门、婆罗门、长者、男女，或大众中，有诸过失，菩萨见已，先随其意，然后说法，令得调伏；如其不能，先随其意，便为说法，是则名为下品菩萨。

　　"善男子！菩萨二种：一者，乐近善友；二者，不乐。乐善友者，能自他利；不乐近者，则不能得自他兼利。善男子！乐近善友复有二种：一、乐供养；二、不乐供养。乐供养者，能自他利；不乐供养，不能兼利。乐供养者复有二种：一、能听法；二、不能听。至心听者，能自他利；不至心听，则无兼利。至心听法复有二种：一者，能问；二、不能问。能问义者，能自他利；不能问者，则不能得自利他利。能问义者复有二种：一、至心持；二、不能持。至心持者，能自他利；不至心者，则不能得自利他利。

"至心持者复有二种：一者，思维；二、不思维。能思维者，能利自他；不思维者，则不得名自利他利。能思维者复有二种：一者，解义；二、不解义。能解义者，能自他利；不解义者，则不得名能自他利。解义之人复有二种：一、如法住；二、不如法住。如法住者，能自他利；不如法住者，则不得名自利他利。

"如法住者复有二种：一者，具足八智；二者，不能具足。何等八智？一者，法智；二者，义智；三者，时智；四者，知足智；五者，自他智；六者，众智；七者，根智；八者，上下智。是人具足如是八智，凡有所说具十六事：一者，时说；二、至心说；三、次第说；四、和合说；五、随义说；六、喜乐说；七、随意说；八、不轻众说；九、不诃众说；十、如法说；十一、自他利说；十二、不散乱说；十三、合义说；十四、真正说；十五、说已不生骄慢；十六、说已不求世报。

"如是之人能从他听，从他听时具十六事：一者，时听；二者，乐听；三者，至心听；四者，恭敬听；五者，不求过听；六者，不为论议听；七者，不为胜听；

八者，听时不轻说者；九者，听时不轻于法；十者，听时终不自轻；十一、听时远离五盖；十二、听时为受持读；十三、听时为除五欲；十四、听时为具信心；十五、听时为调众生；十六、听时为断闻根。

"善男子！具八智者，能说能听，如是之人能自他利；不具足者，则不得名自利他利。善男子！能说法者复有二种：一者，清净；二、不清净。不清净者复有五事：一者，为利故说；二者，为报而说；三者，为胜他说；四者，为世报说；五者，疑说。清净说者复有五事：一、先施食，然后为说；二、为增长三宝故说；三、断自他烦恼故说；四、为分别邪正故说；五、为听者得最胜故说。

"善男子！不净说者，名曰垢秽，名为卖法，亦名污辱，亦名错谬，亦名失意。清净说者，名曰净洁，亦名正说，亦名实语，亦名法聚。

"善男子！若具足知十二部经，声论、因论、知因、知喻、知自他取，是名正说。听者有四：一者，略闻多解；二者，随分别解；三者，随本意解；四者，于一一字一一句解。如来说法正为三人，不为第四。何以故？以非器故。如是四人分为二种：一者，熟；二者，生。熟者，现在调伏；生者，未来调伏。

"善男子！譬如树林凡有四种：一者，易伐难出；

二者，难伐易出；三者，易伐易出；四者，难伐难出。在家之人亦有四种：一者，易调难出；二者，难调易出；三者，易调易出；四者，难调难出。如是四人分为三种：一者，诃责已调；二者，软语而调；三者，诃责软语使得调伏。复有二种：一者，自能调伏，不假他人；二者，自若不能，请他令调。复有二种：一者，施调；二者，咒调。是调伏法复有二时：一者，喜时；二者，苦时。为是四人说正法时有二方便：一者，善知世事；二者，为其给使。善男子！菩萨若知是二方便，则能兼利；若不知者，则不能得自利他利。

"善男子！菩萨摩诃萨为利他故，先学外典，然后分别十二部经；众生若闻十二部经，乃于外典生于厌贱。复为众生说烦恼过、烦恼解脱，叹善友德，诃恶友过，赞施功德，毁悭过失。菩萨常寂，赞寂功德；常修法行，赞法行德。若能如是，是名兼利。

"在家菩萨先自调伏，若不调伏，则不出家。在家菩萨能多度人，出家菩萨则不如是。何以故？若无在家，则无三乘出家之人，三乘出家、修道、持戒、诵经、坐禅，皆由在家而为庄严。善男子！有道、有道庄严。道者，所谓法行；道庄严者，所谓在家。出家菩萨为在家者修行于道，在家之人为出家者而作法行。在家之人多修二法：一者，受；二者，施。出家之人亦修二法：一者，诵；二者，教。

"善男子！菩萨摩诃萨兼有四法：受、施、诵、教，如是名为自利利他。菩萨若欲为众生说法界深义，先当为说世间之法，然后乃说甚深法界。何以故？为易化故。菩萨摩诃萨应护一切众生之心，若不护者，则不能调一切众生。菩萨亦应拥护自身，若不护身，亦不能得调伏众生。菩萨不为贪身命财；护身命财，皆为调伏诸众生故。菩萨摩诃萨先自除恶，后教人除；若不自除，能教他除，无有是处。是故菩萨先应自施、持戒、知足、勤行精进，然后化人。菩萨若不自行法行，则不能得教化众生。

"善男子！众生诸根凡有三种，菩萨诸根亦复三种，谓下、中、上。下根菩萨能化下根，不及中、上；中根菩萨能化中、下，不及上根；上根菩萨能三种化。

"善男子！菩萨有二种：一者，在家；二者，出家。出家菩萨自利利他，是不为难；在家菩萨修是二利，是乃为难。何以故？在家菩萨多恶因缘所缠绕故。"

自他庄严品第十一

善生言："世尊！菩萨摩诃萨具足几法能自他利？"

"善男子！具足八法能自他利。何等为八？一者，寿命长远；二者，具上妙色；三者，身具大力；四者，具好种姓；五者，多饶财宝；六者，具男子身；七者，言语辩憀；八者，无大众畏。”

善生言："世尊！何因缘故，菩萨得寿命长，乃至大众不生怖畏？"

佛言："善男子！菩萨摩诃萨无量世中，慈心不杀，以是因缘，获得长寿。无量世中，常施衣、灯，以是因缘，获得上色。无量世中，常坏骄慢，以是因缘，生上种姓。无量世中，常施饮食，以是因缘，身力具足。无量世中，常乐说法，以是因缘，多饶财宝。无量世中，诃责女身，以是因缘，得男子身。无量世中，至心持戒，以是因缘，言语辩憀。无量世中，供养三宝，以是因缘，无大众畏。

"如是八事有三因缘：一者，物净；二者，心净；三者，福田净。云何物净？非偷盗物，非圣遮物，非众共物，非三宝物，非施一人回与多人，非施多人回与一人，不恼他得，不诳他得，不欺他得，是名物净。云何心净？施时不为生死善果，名称胜他，得色、力、财，不断家法，眷属多饶，惟为庄严菩提故施，为欲调伏众生故施，是名心净。云何福田净？受施之人远离八邪，名福田净。善男子！以如是等三因缘故，八法具足。

"善男子！菩萨所以求于长命，欲为众生赞不杀故。菩萨所以求上色者，为令众生见欢喜故。菩萨所以求上种姓，为令众生生恭敬故。菩萨所以求具足力，为欲持戒、诵经、坐禅故。菩萨所以求多财宝，为欲调伏诸众生故。菩萨所以求男子身，为欲成器盛善法故。菩萨所以求语辩憀，为诸众生受法语故。菩萨所以求不畏大众，为欲分别真实法故。

"善男子！是故菩萨具足八法，能自他利，能如是行，是名实行。善男子！菩萨摩诃萨有八法者：具足受持十善之法，乐以化人；具足受持优婆塞戒，乐以化人。虽得妙色，终不以是而生骄慢；虽持净戒、多闻、精进、大力、好姓、多饶财宝，终不以此而生骄慢。不以幻惑欺诳众生，不生放逸，修六和敬。菩萨具足如是等法，虽复在家，不异出家。如是菩萨终不为他作恶因缘。何以故？惭愧坚故。

"善男子！在家之人，设于一世受持如是优婆塞戒，虽复后生无三宝处，终不造作诸恶因缘。所以者何？二因缘故：一者，智慧；二不放逸。善男子！于后恶处不作恶事，有四因缘：一者，了知烦恼过故；二者，不随诸烦恼故；三者，能忍诸恶苦故；四者，不生恐怖心故。菩萨具足如是四法，不为诸苦、一切烦恼之所倾动。善男子！不动菩萨有五因缘：一者，乐修善法；二者，分别善恶；三者，亲近正法；四者，怜悯众生；五者，常识宿命。

"善男子！菩萨具足如是八法，若闻讥毁，心能堪忍；若闻赞叹，反生惭愧。修行道时，欢喜自庆，不生骄慢；能调恶人，见离坏众，能令和合；扬人善事，隐他过咎；人所惭处，终不宣说；闻他秘事，不向余说；不为世事而作咒誓；少恩加己，思欲大报；于己怨者，恒生善心；怨亲等苦，先救怨者；见有骂者，反生怜悯；见他偷时，默然不动；见来打者，生于悲心；视诸众生，犹如父母；宁丧身命，终不虚言。何以故？知果报故。

"于诸烦恼应生怨想，于善法中生亲旧想。若于外法生于贪心，寻能观察贪之过咎；一切烦恼，亦复如是。虽复久与恶人同处，终不于中生亲善想；虽与善人不同居止，终不于彼而生远想。虽复供养父母、师长，终不为是而作恶事。乏财之时，见有求者，不生恶想。虽不亲近凶恶之人，而其内心常生怜悯，恶来加己，以善报之。自受乐时，不轻他人；见他受苦，不生欢喜。

"身业清净，持四威仪，即以是法用化众生；口业清净，诵读如来十二部经，即以是法用化众生；意业清净，修四无量，亦以是法开化众生。假身受苦，令他受乐，甘乐为之。世间之事，虽无利益，为众生故而亦学之。所学之事，世中最胜，虽得通达，心无骄慢。以己所知，勤用化人，欲令此事经世不绝。于亲友中，不令作恶，乐以上八教化众生。说因说果，无有错谬。爱别离时，心不生恼，观无常故。受乐受时，心不耽荒，观苦、无常。善男子！菩萨具足如上八法，则能施作如是等事。

"善男子！菩萨二种：一者，在家；二者，出家。出家菩萨修是八法，是不为难；在家修集，是乃为难。何以故？在家菩萨多恶因缘所缠绕故。"

二庄严品第十二

善生言："世尊！云何菩萨自他庄严？"

佛言："善男子！菩萨具足二法能自他庄严：一者，福德；二者，智慧。"

"世尊！何因缘故，得二庄严？"

"善男子！菩萨修集六波罗蜜，便得如是二种庄严。施、戒、精进，名福庄严；忍、定、智慧，名智庄严。复有六法二庄严因，所谓六念：念佛、法、僧，名智庄严；念戒、施、天，名福庄严。

"善男子！菩萨具足是二庄严，能自他利，为诸众生受三恶苦，而其内心不生忧悔。若能具足是二庄严，则得微妙善巧方便，了知世法及出世法。善男子！福德庄严即智庄严，智慧庄严即福庄严。何以故？夫智慧者，能修善法，具足十善，获得财富及大自在，得是二故，故能自利及利益他。有智之人，所学世法，于学中胜，以是因缘，便得财富及大自在。菩萨具足如是二法，则能二世自他利益。智者若能分别世法及出世法：世间法者，一切世论、一切世定；出世法者，知阴、入、界。菩萨知是二法因缘，故能二世自他利益。善男子！菩萨虽知世间之乐，虚妄非真，而亦能造世乐因缘。何以故？为欲利益诸众生故。

"善男子！是二庄严有二正因：一者，慈心；二者，悲心。修是二因，虽复流转生死苦海，心不生悔。复次，菩萨具足二法而能庄严无上菩提：一者，不乐生死；二者，深观解脱。是故亦能二世利益，了知法相，得大智慧，能令自他财命增长。善男子！菩萨摩诃萨具是二法，一切施时，不生忧悔，见众恶事而能堪忍。

"菩萨施时观二种田：一者，福田；二者，贫穷田。菩萨为欲增福德故，施于贫苦；为增无上妙智慧故，施于福田。为报恩故，施于福田；生怜悯故，给施贫穷。舍烦恼故，施于福田；成功德故，施于贫穷。增长一切乐因缘故，施于福田；欲舍一切苦因缘故，施于贫穷。菩萨若施所亲爱处，为报恩故；若施怨仇，为除恶故。

"菩萨摩诃萨见来求者，生一子想，是故任力多少施之，是则名为施波罗蜜。菩萨施时，离于悭心，名尸波罗蜜。能忍一切求者之言，名忍波罗蜜。所施之物，手自授与，名精进波罗蜜。至心系念，观于解脱，名禅波罗蜜。不择一切怨亲之相，名般若波罗蜜。

"善男子！如诸众生，贪心杀时，一念具足十二因缘；菩萨施时亦复如是，一念具足如是六事，是名功德智慧庄严。复次，善男子！菩萨摩诃萨造作不共法之因缘，名福庄严；教化众生悉令获得三种菩提，名智庄严。复次，善男子！菩萨若能调伏众生，名智庄严；同于众生受诸苦恼，名福庄严。菩萨能令一切众生离于恶见，名智庄严；能教众生住信、施、戒、多闻、智慧，名福庄严。复次，善男子！菩萨摩诃萨具足五法，则能庄严无上菩提。何等为五？一者，信心；二者，悲心；三者，勇健；四者，读诵世论，不生疲厌；五者，学诸世业，亦不厌之。

"善男子！菩萨具足二种庄严，则有七相。何等为七？一者，自知罪过；二者，不说他过；三者，乐瞻病人；四者，乐施贫人；五者，获菩提心；六者，心不放逸；七者，一切时中，常至心修六波罗蜜。善男子！复有七相。何等为七？一者，乐化怨仇；二者，化时不厌；三者，要令成熟解脱；四者，尽己所知世语、世事，以化众生，心不贪着；五者，能忍一切恶事；六者，终不宣说他人所不喜事；七者，见破戒者及弊恶人，心不嗔恚，常生怜悯。善男子！菩萨摩诃萨知是七相，则能自利及利益他。

"善男子！菩萨二种：一者，在家；二者，出家。出家菩萨为二庄严，是不为难；在家修集，是乃为难。何以故？在家多有诸恶因缘所缠绕故。"

3 卷三

摄取品第十三

善生言："世尊！菩萨具足二庄严已，云何得畜徒众弟子？"

"善男子！应以四摄而摄取之，令离诸恶，增诸善法，至心教诏，犹如一子，不求恩报，不为名称，不为利养，不求自乐。善男子！菩萨若无如是等事畜弟子者，名弊恶人，假名菩萨，非义菩萨，名旃陀罗，臭秽不净，破坏佛法，是人不为十方诸佛之所怜念。善男子！菩萨若能随时教戒，所言时者，贪、恚、痴时。起贪结时，当为种种说对治法，令得除贪；余二亦尔。

"次当教学十二部经，禅定三昧，分别深义，调其身心，令修六念、不放逸法。瞻养病苦，不生厌心。能忍恶口、诽谤、骂辱，苦加身心，亦当堪忍。设其有苦，能为救解，除其弊恶疑罔之心。善知利根、中根、钝根，教钝根之人令生信心，中根之人能令纯淑，利根之人令得解脱。若能如是勤教诏者，名义菩萨，是名善人，分陀利华，人中香象，调御丈夫，名大船师。

"善男子！宁受恶戒，一日中断无量命根，终不养畜弊恶弟子不能调伏。何以故？是恶律仪殃齐自身，畜恶弟子不能教诲，乃令无量众生作恶，能谤无量善妙之法，坏和合僧，令多众生作五无间，是故剧于恶律仪罪。

"善男子！菩萨二种：一者，在家；二者，出家。出家菩萨有二弟子：一者，出家；二者，在家。在家菩萨有一弟子，所谓在家。出家菩萨教出家者十二部经，随所犯罪，谕令忏悔，教习八智。何等为八？一者，法智；二者，义智；三者，时智；四者，知足智；五者，自智；六者，众智；七者，根智；八者，分别智。善男子！菩萨摩诃萨若能如是教诏调伏出家弟子，是师弟子二人俱得无量利益，如是师徒能增三宝。何以故？如是弟子知八智已，能勤供养师长、和上、耆旧、有德，能受善语，能勤读诵，兼为法施，心不放逸，调伏众生，能瞻病苦，给施贫乏。

"善男子！出家菩萨若有在家弟子，亦当先教不放逸法。不放逸者，即是法行，供养父母、诸师、和上、耆旧、有德，施于安乐；至心受戒，不妄毁犯；受寄不抵；见恚能忍；恶口、恶语及无义语，终不为之；怜悯众生，于诸国王、长者、大臣，恒生恭敬怖畏之心；能自调伏妻子眷属，分别怨亲，不轻众生；除去骄慢，不亲恶友；节食除贪，少欲知足；斗诤之处，身不往中，乃至戏笑，不说恶语，是则名为不放逸法。

"出家菩萨若畜在家弟子，先当教告不放逸法。受苦乐时，常当共俱。设在穷乏有所需者，六物之外有不应惜。病时当为求觅所需，瞻病之时不应生厌。若自无物，应四出求，求不能得，贷三宝物，瘥已，依俗十倍偿之，如波斯匮国之正法。若不能偿，复当教言：汝今多负三宝之物，不能得偿，应当勤修得须陀洹果至阿罗汉果。若能至心发菩提心，若教千人于佛法中生清净信，若坏一人殷重邪见。出家菩萨能教在家如是等事，是师、弟子二人俱得无量利益。

　　"善男子！在家菩萨若畜在家弟子，亦当先教不放逸法。不放逸者，供养父母、师长、和上、耆旧、有德，复当供给兄弟、妻子、亲友、眷属、欲行之人，及远至者。所有僮仆作使之人，先给饮食，然后自用。又复教令信向三宝，苦乐共俱，终不偏独，随时赏赐，不令饥寒，终不打骂鞭挞苦楚，应当软言敦谕教诏。设有病苦，应当瞻疗，随所乏少，当为求索。世间之事，悉以教之，婚姻求对，不取卑下。教以如来五部经典，见离坏者，能为和合；既和合已，令增善心。一切出家内外诸道，随意供养，终不选择。何以故？先以施摄，后当调故，以六和敬而教诏之。若求财物、商贾、农作、奉事王者，常当至心如法而作。既得财已，如法守护，乐为福德；见他作时，心生欢喜。是则名为不放逸法。在家菩萨若能教诲如是事者，是师、弟子二人俱得无量利益。

"善男子！在家菩萨若得自在，为大国主，拥护民庶，犹如一子，教离诸恶，修行善法。见作恶者，挞打骂辱，终不断命。财物六分，税取其一。见嗔恶者，教修忍辱及不放逸，所言柔软。又能分别善恶之人，见有罪者，忍而不问。随有财物，常行惠施。任力读诵五部经典，善能守护身命、财物，能化众生不令作恶。见贫穷者，生大怜悯。自于国土，常修知足。恶人谗谤，终不信受。不以非法，求觅财物。如法护国，远七种恶：一者，不乐摴蒲、围棋、六博；二者，不乐射猎；三者，不乐饮酒；四者，不乐欲心；五者，不乐恶口；六者，不乐两舌；七者，不乐非法取财。

"常乐供养出家之人，能令国人常于王所生父母想，信因信果，见有胜己不生嫉妒，见己胜他不生骄慢。知恩报恩，小恩大报。能伏诸根，净于三业。赞叹善人，诃责恶人。先意发言，言则柔软。自无力势，如法属他。取他国时，不举四兵。众生恐怖，能为救解，常以四摄而摄取之。善能分别种种法相，不受法者，软言调之。

"善男子！菩萨有二种：一者，在家；二者，出家。出家菩萨畜二弟子，是不为难；在家菩萨畜一弟子，是乃为难。何以故？在家之人多恶因缘所缠绕故。"

受戒品第十四

善生言："世尊！在家菩萨云何得受优婆塞戒？"

"善男子！在家菩萨若欲受持优婆塞戒，先当次第供养六方：东方、南方、西方、北方、下方、上方。

"言东方者，即是父母。若有人能供养父母衣服、饮食、卧具、汤药、房舍、财宝，恭敬礼拜，赞叹尊重，是人则能供养东方。父母还以五事报之：一者，至心爱念；二者，终不欺诳；三者，舍财与之；四者，为娉上族；五者，教以世事。

"南方者，即是师长。若有人能供养师长衣服、饮食、卧具、汤药，尊重赞叹，恭敬礼拜，早起晚卧，受行善教，是人则能供养南方。是师复以五事报之：一者，速教不令失时；二者，尽教不令不尽；三者，胜己不生妒嫉；四者，持付严师善友；五者，临终舍财与之。

"西方者，即是妻子。若有人能供给妻子衣服、饮食、卧具、汤药、璎珞、服饰、严身之具，是人则是供养西方。妻子复以十四事报之：一者，所作尽心营之；二者，常作终不懈慢；三者，所作必令终竟；四者，疾作不令失时；五者，常为瞻视宾客；六者，净其房舍卧具；七者，爱敬言则柔软；八者，僮使软言教诏；九者，善能守护财物；十者，晨起夜寐；十一者，能设净食；十二者，能忍教诲；十三者，能覆恶事；十四者，能瞻病苦。

"北方者，即善知识。若有人能供施善友，任力与之，恭敬软言，礼拜赞叹，是人则能供养北方。是善知识复以四事而还报之：一者，教修善法；二者，令离恶法；三者，有恐怖时能为救解；四者，放逸之时能令除舍。

"下方者，即是奴婢。若有人能供给奴婢衣服、饮食、病瘦医药，不骂不打，是人则能供给下方。奴婢复以十事报之：一者，不作罪过；二者，不待教作；三者，作必令竟；四者，疾作不令失时；五者，主虽贫穷终不舍离；六者，早起；七者，守物；八者，少恩多报；九者，至心敬念；十者，善覆恶事。

"上方者，即是沙门、婆罗门等。若有供养沙门、婆罗门衣服、饮食、房舍、卧具、病痛医药，怖时能救，馑世施食，闻恶能遮，礼拜恭敬，尊重赞叹，是人则能供养上方。是出家人以五种事报：一者，教令生信；二者，教生智慧；三者，教令行施；四者，教令持戒；五者，教令多闻。若有供养是六方者，是人则得增长财命，能得受持优婆塞戒。

"善男子！若人欲受优婆塞戒，增长财命，先当咨启所生父母。父母若听，次报妻子、奴婢、僮仆。此辈若听，次白国主。国主听已，谁有出家发菩提心者，便往其所，头面作礼，软言问讯，作如是言：'大德！我是丈夫，具男子身，欲受菩萨优婆塞戒，惟愿大德怜愍故听。'

"是时比丘应作是言：'汝之父母、妻子、奴婢、国主听不？'若言听者，复应问言：'汝不曾负佛、法、僧物及他物耶？'若言不负，复应问言：'汝今身中将无内外身心病耶？'若言无者，复应问言：'汝不于比丘、比丘尼所作非法耶？'若言不作，复应问言：'汝不作五逆罪耶？'若言不作，复应问言：'汝不作盗法人耶？'若言不作，复应问言：'汝非二根、无根人，坏八戒斋，父母师病不弃去耶？不杀发菩提心人，盗现前僧物，两舌恶口，于母姊妹作非法耶？不于大众作妄语耶？'

"若言无者，复应语言：'善男子！优婆塞戒极为甚难。何以故？是戒能为沙弥十戒、大比丘戒及菩萨戒，乃至阿耨多罗三藐三菩提而作根本。至心受持优婆塞戒，则能获得如是等戒无量利益。若有毁破如是戒者，则于无量无边世中处三恶道，受大苦恼。汝今欲得无量利益，能至心受不？'

"若言能者，复应语言：'优婆塞戒极为甚难！若归佛已，宁舍身命，终不依于自在天等；若归法已，宁舍身命，终不依于外道典籍；若归僧已，宁舍身命，终不依于外道邪众。汝能如是至心归依于三宝不？'若言能者，复应语言：'善男子！优婆塞戒极为甚难。若人归依于三宝者，是人则为施诸众生无怖畏已；若人能施无怖畏者，是人则得优婆塞戒乃至阿耨多罗三藐三菩提。汝能如是施诸众生无怖畏不？'

"若言能者，复应语言：'人有五事，现在不能增长财命。何等为五？一者，乐杀；二者，乐盗；三者，邪淫；四者，妄语；五者，饮酒。一切众生因杀生故，现在获得恶色、恶力、恶名、短命，财物耗减，眷属分离，贤圣诃责，人不信用，他人作罪，横罹其殃，是名现在恶业之果。舍此身已，当堕地狱，多受苦恼、饥渴、长命、恶色、恶力、恶名等事，是名后世恶业之果。若得人身，复受恶色、短命、贫穷。是一恶人因缘力故，令外一切五谷果蓏悉皆减少，是人殃流及一天下。

"'善男子！若人乐偷，是人亦得恶色、恶力、恶名、短命，财物耗减，眷属分离，他人失物，于己生疑，虽亲附人，人不见信，常为贤圣之所诃责，是名现在恶业之果。舍此身已，堕于地狱，受得恶色、恶力、恶名、饥渴、苦恼、寿命长远，是名后世恶业之果。若得人身，贫于财物，虽得随失，不为父母、兄弟、妻子之所爱念，身常受苦，心怀愁恼。是一恶人因缘力故，一切人民凡所食啖，不得色力，是人恶果殃流万姓。

　　"'善男子！若复有人乐于妄语，是人现得恶口、恶色，所言虽实，人不信受，众皆憎恶，不喜见之，是名现世恶业之报。舍此身已，入于地狱，受大苦楚、饥渴、热恼，是名后世恶业之报。若得人身，口不具足，所说虽实，人不信受，见者不乐，虽说正法，人不乐闻。是一恶人因缘力故，一切外物资产减少。

　　"'善男子！若复有人乐饮酒者，是人现世喜失财物，身心多病，常乐斗诤，恶名远闻，丧失智慧，心无惭愧，得恶色力，常为一切之所诃责，人不乐见，不能修善，是名饮酒现在恶报。舍此身已，处在地狱，受饥渴等无量苦恼，是名后世恶业之果。若得人身，心常狂乱，不得系念思维善法。是一恶人因缘力故，一切外物资产臭烂。

　　"'善男子！若复有人乐为邪淫，是人不能护自他身，一切众生见皆生疑，所作之事，妄语在先，于一切时常受苦恼，心常散乱，不能修善，喜失财物，所有妻子心不恋慕，寿命短促，是名邪淫现在恶果。舍此身已，处在地狱，受恶色力、饥渴、长命无量苦恼，是名后世恶业果报。若得人身，恶色、恶口，人不喜见，不能守护妻妾男女。是一恶人因缘力故，一切外物不得自在。善男子！是五恶法，汝今真实能远离不？'

"若言能者，复应语言：'善男子！受优婆塞戒，有四事法所不应作。何等为四？为贪因缘不应虚妄，为嗔恚、痴、恐怖因缘不应虚妄。是四恶法，汝能离不？'若言能者，复应语言：'善男子！受优婆塞戒，有五处所所不应游：屠儿、淫女、酒肆、国王、旃陀罗舍。如是五处，汝能离不？'

"若言能者，复应语言：'善男子！受优婆塞戒，复有五事所不应作：一者，不卖生命；二者，不卖刀剑；三者，不卖毒药；四者，不得酤酒；五者，不得压油。如是五事，汝能离不？'若言能者，复应语言：'善男子！受优婆塞戒，复有三事所不应为：一者，不作罗网；二者，不作蓝染；三者，不作酿皮。如是三事，汝能离不？'若言能者，复应语言：'善男子！受优婆塞戒，复有二事所不应为：一者，樗蒲、围棋、六博；二者，种种歌舞技乐。如是二事，汝能离不？'若言能者，复应语言：'善男子！受优婆塞戒，有四种人不应亲近：一者，棋博；二者，饮酒；三者，欺诳；四者，酤酒。如是四人，汝能离不？'

"若言能者，复应语言：'善男子！受优婆塞戒，有法放逸所不应作。何等放逸？寒时、热时、饥时、渴时、多食饱时、清旦暮时、懅时、作时、初欲作时、失时、得时、怖时、喜时、贼难谷贵时、病苦少壮年衰老时、

富时、贫时、为命求财时，如是时中，不修善法，汝能离不？'

"若言能者，复应语言：'善男子！受优婆塞戒，先学世事，既学通达，如法求财；若得财物，应作四分：一分应供养父母、己身、妻子眷属；二分应作如法贩转；留余一分，藏积俟用。如是四事，汝能作不？'

"若言能者，复应语言：'善男子！财物不应寄付四处：一者，老人；二者，远处；三者，恶人；四者，大力。如是四处不应寄付，汝能离不？'若言能者，复应语言：'善男子！受优婆塞戒，有四恶人常应离之：一者，乐说他过；二者，乐说邪见；三者，口软心恶；四者，少作多说。是四恶人，汝能离不？'

"若言能者，应令是人满六月日，亲近承事出家智者。智者复应至心观其身四威仪，若知是人能如教作，过六月已，和合众僧满二十人，作白羯磨：'大德僧听！是某甲今于僧中乞受优婆塞戒，满六月中净四威仪，至心受持净庄严地，是人丈夫，具男子身。若僧听者，僧皆默然；不听者，说。'僧若听者，智者复应作如是言：'善男子！谛听！谛听！僧已和合听汝受持优婆塞戒，是戒即是一切善法根本，若有成就如是戒者，当得须陀洹果，乃至阿那含果；若破是戒，命终当堕三恶道中。善男子！优婆塞戒不可思议。何以故？受是戒已，虽受五欲，而能不障须陀洹果至阿那含果，是故名为不可思议。汝能怜悯诸众生故，受是戒不？'若言能受，尔时智者次应为说三归依法，第二、第三亦如是说。受三归已，名优婆塞。

"尔时智者复应语言：'善男子！谛听！谛听！如来正觉说优婆塞戒，或有一分，或有半分，或有无分，或有多分，或有满分。若优婆塞受三归已，不受五戒，名优婆塞。若受三归，受持一戒，是名一分；受三归已，受持二戒，是名少分；若受三归，持二戒已，若破一戒，是名无分；若受三归，受持三、四戒，是名多分；若受三归，受持五戒，是名满分。汝今欲作一分优婆塞？作满分耶？'

"若随意说，尔时智者当随意授。既授戒已，复作是言：优婆塞者，有六重法。善男子！优婆塞受持戒已，虽为天女乃至蚁子，悉不应杀。若受戒已，若口教杀，若身自杀，是人即失优婆塞戒。是人尚不能得暖法，况须陀洹至阿那含？是名破戒优婆塞、臭优婆塞、旃陀罗优婆塞、垢优婆塞、结优婆塞，是名初重。

"优婆塞戒，虽为身命，不得偷盗乃至一钱。若破是戒，是人即失优婆塞戒。是人尚不能得暖法，况须陀洹至阿那含？是名破戒优婆塞，臭、旃陀罗、垢、结优婆塞，是名二重。

"优婆塞戒，虽为身命，不得虚说我得不净观至阿那含。若破是戒，是人即失优婆塞戒。是人尚不能得暖法，况须陀洹至阿那含？是名破戒优婆塞，臭、旃陀罗、垢、结优婆塞，是名三重。

"优婆塞戒，虽为身命，不得邪淫。若破是戒，是人即失优婆塞戒。是人尚不能得暖法，况须陀洹至阿那含？是名破戒优婆塞，臭、旃陀罗、垢、结优婆塞，是名四重。

"优婆塞戒，虽为身命，不得宣说比丘、比丘尼、优婆塞、优婆夷所有过罪。若破是戒，是人即失优婆塞戒。是人尚不能得暖法，况须陀洹至阿那含？是名破戒优婆塞，臭、旃陀罗、垢、结优婆塞，是名五重。

"优婆塞戒，虽为身命，不得酤酒。若破是戒，是人即失优婆塞戒。是人尚不能得暖法，况须陀洹至阿那含？是名破戒优婆塞，臭、旃陀罗、垢、结优婆塞，是名六重。

"善男子！若受如是优婆塞戒，能至心持，不令毁犯，则能获得如是戒果。善男子！优婆塞戒名为璎珞，名为庄严，其香微妙，熏无边界，遮不善法，为善法律，即是无上妙宝之藏，上族种姓，大寂静处，是甘露味，生善法地。直发是心，尚得如是无量利益，况复一心受持不毁！

"善男子！如佛说言，若优婆塞受持戒已，不能供养父母、师长，是优婆塞得失意罪，不起堕落，不净有作。

"若优婆塞受持戒已，耽乐饮酒，是优婆塞得失意罪，不起堕落，不净有作。

"若优婆塞受持戒已，污恶不能瞻视病苦，是优婆塞得失意罪，不起堕落，不净有作。

"若优婆塞受持戒已，见有乞者，不能多少随宜分与，空遣还者，是优婆塞得失意罪，不起堕落，不净有作。

"若优婆塞受持戒已，若见比丘、比丘尼、长老、先宿、诸优婆塞、优婆夷等，不起承迎礼拜问讯，是优婆塞得失意罪，不起堕落，不净有作。

"若优婆塞受持戒已，若见比丘、比丘尼、优婆塞、优婆夷毁所受戒，心生骄慢，言我胜彼，彼不如我，是优婆塞得失意罪，不起堕落，不净有作。

"若优婆塞受持戒已，一月之中，不能六日受持八戒，供养三宝，是优婆塞得失意罪，不起堕落，不净有作。

"若优婆塞受持戒已，四十里中有讲法处，不能往听，是优婆塞得失意罪，不起堕落，不净有作。

"若优婆塞受持戒已，受招提僧卧具、床座，是优婆塞得失意罪，不起堕落，不净有作。

"若优婆塞受持戒已，疑水有虫，故便饮之，是优婆塞得失意罪，不起堕落，不净有作。

"若优婆塞受持戒已，险难之处无伴独行，是优婆塞得失意罪，不起堕落，不净有作。

"若优婆塞受持戒已，独宿尼寺，是优婆塞得失意罪，不起堕落，不净有作。

"若优婆塞受持戒已，为于财命，打骂奴婢、僮仆、外人，是优婆塞得失意罪，不起堕落，不净有作。

"若优婆塞受持戒已，若以残食施于比丘、比丘尼、优婆塞、优婆夷，是优婆塞得失意罪，不起堕落，不净有作。

"若优婆塞受持戒已，若畜猫、狸，是优婆塞得失意罪，不起堕落，不净有作。

"若优婆塞受持戒已，畜养象、马、牛、羊、驼、驴一切畜兽，不作净施未受戒者，是优婆塞得失意罪，不起堕落，不净有作。

"若优婆塞受持戒已，若不储畜僧伽梨衣、钵盂、锡杖，是优婆塞得失意罪，不起堕落，不净有作。

"若优婆塞受持戒已，若为身命须田作者，不求净水及陆种处，是优波塞得失意罪，不起堕落，不净有作。

"若优婆塞受持戒已，为于身命，若作市易斗称卖物，一说价已，不得前却舍贱趋贵；斗称量物，任前平用，如其不平，应语令平，若不如是，是优婆塞得失意罪，不起堕落，不净有作。

"若优婆塞受持戒已，若于非处、非时行欲，是优婆塞得失意罪，不起堕落，不净有作。

"若优婆塞受持戒已，商估贩卖，不输官税，盗弃去者，是优婆塞得失意罪，不起堕落，不净有作。

"若优婆塞受持戒已，若犯国制，是优婆塞得失意罪，不起堕落，不净有作。

"若优婆塞受持戒已，若得新谷、果蓏、菜茹，不先奉献供养三宝，先自受者，是优婆塞得失意罪，不起堕落，不净有作。

"若优婆塞受持戒已，僧若不听说法赞叹，辄自作者，是优婆塞得失意罪，不起堕落，不净有作。

"若优婆塞受持戒已，道路若在诸比丘前、沙弥前行，是优婆塞得失意罪，不起堕落，不净有作。

"若优婆塞受持戒已，僧中赋食，若偏为师选择美好过分与者，是优婆塞得失意罪，不起堕落，不净有作。

"若优婆塞受持戒已，若养蚕者，是优婆塞得失意罪，不起堕落，不净有作。

"若优婆塞受持戒已，行路之时，遇见病者，不住瞻视，为作方便付嘱所在而舍去者，是优婆塞得失意罪，不起堕落，不净有作。

"善男子！若优婆塞至心能受持如是戒，是人名为优婆塞中分陀利华，优婆塞中微妙上香，优婆塞中清净莲华，优婆塞中真实珍宝，优婆塞中丈夫之人。

"善男子！如佛所说，菩萨二种：一者，在家；二者，出家。出家菩萨，名为比丘；在家菩萨，名优婆塞。出家菩萨持出家戒，是不为难；在家菩萨持在家戒，是乃为难。何以故？在家之人多恶因缘所缠绕故。"

净戒品第十五

善生言："世尊！若人受持如是戒已，云何当令是戒净耶？"

佛言："善男子！有三法能净是戒：一者，信佛、法、僧；二者，深信因果；三者，解心。复有四法：一者，慈心；二者，悲心；三者，无贪心；四者，未有恩处，先以恩加。复有五法：一者，先于怨所，以善益之；二者，见怖懅者，能为救护；三者，求者未索，先开心与；四者，凡所施处，平等无二；五者，普慈一切，不依因缘。

"复有四法：一者，终不自轻言我不能得菩提果；二者，趋菩提时其心坚固；三者，精进勤修一切善法；

四者，造作大事心不疲悔。复有四法：一者，自学善法，学已教人；二者，自离恶法，教人令离；三者，善能分别善恶之法；四者，于一切法不取不着。

"复有四法：一者，知有为法无我我所；二者，知一切业悉有果报；三者，知有为法皆是无常；四者，知从苦生乐，从乐生苦。复有三法：一者，于诸众生心无取着；二者，施众生乐，其心平等；三者，如说而行。

"复有三法：一者，能施众生乐因；二者，所作不求恩报；三者，自知定当得成阿耨多罗三藐三菩提。复有三法：一者，为诸众生受大苦恼；二者，次第受之；三者，中间不息，虽受是苦心终不悔。

"复有三法：一者，未除爱心，能舍所爱施与他人；二者，未除嗔恚，有恶来加而能忍之；三者，未除痴心，而能分别善恶之法。复有三法：一者，善知方便，能教众生远离恶法；二者，善知方便，能教众生令修善法；三者，化众生时，心无疲悔。

"复有三法：一者，为令众生离身苦时，自于身命心不吝惜；二者，为令众生离心苦时，自于身命心不吝惜；三者，教化众生修善法时，自于身命心不吝惜。复有三法：一者，自舍己事，先营他事；二者，营他事时，不择时节；三者，终不顾虑辛苦忧恼。

"复有三法：一者，心无妒嫉；二者，见他受乐，心生欢喜；三者，善心相续，间无断绝。复有三法：一者，见他少善，心初不忘；二者，毫末之惠，辄思多报；三者，于无量世受无量苦，其心坚固无退转想。

"复有三法：一者，深知生死多诸过咎，犹故不舍一切作业；二者，见诸众生无归依者为作归依；三者，见恶众生心生怜悯，不责其过。复有三法：一者，亲近善友；二者，闻法无厌；三者，至心咨受善知识教。

"复有九法：远离三法，三时不悔，平等惠施三种众生。复有四法，所谓慈、悲、喜、舍。

"善男子！菩萨若以上法净心，要在二时：一、佛出世时；二、缘觉出时。善男子！众生善法有三种生：一、从闻生；二、从思生；三、从修生。闻思二种，在二时中；从修生者，不必尔也。

"善男子！菩萨二种：一者，在家；二者，出家。出家菩萨如是净戒，是不为难；在家净戒，是乃为难。何以故？在家之人多恶因缘所缠绕故。"

息恶品第十六

善生言："世尊！菩萨已受优婆塞戒，若有内外诸恶不净因缘，云何得离？"

"善男子！菩萨若有内外诸恶不净因缘，是人应当修念佛心。若有至心修念佛者，是人则得离内外恶不净因缘，增长悲慧。"

"世尊！当云何修？"

"善男子！当观如来有七胜事：一者，身胜；二者，如法住胜；三者，智胜；四者，具足胜；五者，行处胜；六者，不可思议胜；七者，解脱胜。

"云何身胜？如来身为三十二相、八十种好之所严饰，一一节力敌万八千伊罗钵那香象之力，众生乐见无有厌足，是名身胜。云何如法住胜？如来既自得利益已，复能怜悯救济利益无量众生，是名如法住胜。云何智胜？如来所有四无碍智，非诸声闻缘觉所及，是名智胜。云何具足胜？如来具足行命、戒、见，是名具足胜。云何行处胜？如来世尊修三三昧、九次第等，非诸声闻缘觉所及，是名行处胜。云何不可思议胜？如来所有六种神通，亦非声闻缘觉所及，如十力、四无所畏、大悲三念处，是名不可思议胜。云何解脱胜？如来具足二种解脱，除智慧障及烦恼障，永断一切烦恼习气，智缘二事俱得自在，是名解脱胜。是故舍利弗于契经中赞叹如来具七胜法。

"如来从观不净乃至得阿耨多罗三藐三菩提，从庄严地至解脱地，胜于声闻、辟支佛等，是故如来名无上尊。如来世尊修空三昧、灭定三昧、四禅、慈悲观、十二因缘，皆悉为利诸众生故。如来正觉，发言无二，故名如来。如往先佛，从庄严地出，得阿耨多罗三藐三菩提，故名如来。

"具足获得微妙正法，名阿罗呵。能受一切人天供养，名阿罗呵。觉憭二谛，世谛、真谛，名三藐三佛陀。修持净戒，具足三明，名明行足。更不复生诸有之中，故名善逝。知二世界，众生世界、国土世界，名世间解。善知方便调伏众生，名调御丈夫。能令众生不生怖畏，方便教化，离苦受乐，是名天人师。知一切法及一切行，故名为佛。能破四魔，名婆伽婆。

"复观如来行戒、定、慧，为益众生。又于无量无数世中，怨亲等利，无有差别，悉断一切无量烦恼，一一皆知，一一众生为一烦恼，无量世中受大苦恼。如来世尊为众生故，难施能施，难忍能忍。

"佛有二净：一、庄严净；二、果报净。如是二净因缘力故，从初十十至后十十，无有人天能说其过。如来具足八万音声，众生闻之，不生厌离。以是因缘，如来出胜一切声闻、辟支佛等。

"善男子！若人受持优婆塞戒欲净戒者，当作如是修念佛心。若修念佛，是人则离内外诸恶不净因缘，增长悲慧，贪、嗔、痴断，具足成就一切善法。

"善男子！菩萨二种：一者，在家；二者，出家。

出家菩萨修念佛心，是不为难；在家修集，是乃为难。何以故？在家之人多恶因缘所缠绕故。"

供养三宝品第十七

善生言："世尊！菩萨已受优婆塞戒，复当云何供养三宝？"

"善男子！世间福田凡有三种：一、报恩田；二、功德田；三、贫穷田。报恩田者，所谓父母、师长、和上。功德田者，从得暖法乃至得阿耨多罗三藐三菩提。贫穷田者，一切穷苦困厄之人。如来世尊是二种福田：一、报恩田；二、功德田。法亦如是，是二种田。众僧三种：一、报恩田；二、功德田；三、贫穷田。以是因缘，菩萨已受优婆塞戒，应当至心勤心供养三宝。

"善男子！如来即是一切法藏，是故智者应当至心勤心供养生身、灭身、形像、塔庙。若于空野无塔像处，常当系念尊重赞叹，若自力作，若劝人作，见人作时，心生欢喜；如其自有功德力者，要当广教众多之人而共作之。既供养已，于己身中莫生轻想，于三宝所亦应如是。凡所供养，不使人作，不为胜他，作时不悔，心不愁恼，合掌赞叹，恭敬尊重。若以一钱至无量宝，若以一綖至无量綖，若以一华至无量华，若以一香至无量香，若以一偈赞至无量偈赞，若以一礼至无量礼，若绕一匝至无量匝，若一时中乃至无量时，若自独作若共人作。善男子！若能如是至心供养佛、法、僧者，若我现在及涅槃后，等无差别。

"见塔庙时，应以金、银、铜、铁、绳锁、幡盖、技乐、香油、灯明而供养之。若见鸟兽践蹋毁坏，要当涂治扫除令净；暴风水火之所坏处，亦当自治。若自无力，当劝人治，或以金、银、铜、铁、土、木。若有尘土，洒扫除拂；若有垢污，以香水洗。若作宝塔及作宝像，作讫，当以种种幡盖、香华奉上。若无真宝，力不能办，次以土木而造成之，成讫，亦当幡盖、香华、种种技乐而供养之。若是塔中草木不净，鸟兽死尸及其粪秽、萎华臭烂，悉当除去；蛇鼠孔穴，当塞治之。铜像、木像、石像、泥像，金、银、琉璃、颇梨等像，常当洗治，任力香涂。随力造作种种璎珞，乃至犹如转轮圣王塔。精舍内，当以香涂。若白土泥作塔像已，当以琉璃、颇梨、真珠、绫绢、彩锦、铃磬、绳锁而供养之。画佛像时，彩中不杂胶乳鸡子，应以种种华贯、散华、妙拂、明镜、末香、涂香、散香、烧香、种种技乐、歌舞供养。如昼，夜亦如是；如夜，昼亦如是。不如外道烧酥大麦而供养也。终不以酥涂塔像身，亦不乳洗。不应造作半身佛像；若佛形像身不具足，当密覆藏，劝人令治，治已具足，然后显示。见毁坏像，应当至心供养恭敬，如完无别。如是供养要身自作，若自无力，当为他使，亦劝他人令佐助之。

"若人能以四天下宝供养如来，有人直以种种功德尊重赞叹，至心恭敬，是二福德等无差别。

"所谓如来身心具足，身有微妙三十二相、八十种好，具足大力，心有十力、四无所畏、大悲三念、五智三昧、三种法门、十一种空观、十二缘智、无量禅定、具足七智、已能度到六波罗蜜岸。若人能以如是等法赞叹佛者，是人则名真供养佛。

"云何名为供养于法？善男子！若能供养十二部经，名供养法。云何供养十二部经？若能至心信乐受持、读诵、解说、如说而行，既自为已，复劝人行，是名供养十二部经。若能书写十二部经，既书写已，种种供养，如供养佛，惟除洗浴。若有供养、受持、读诵如是经者，是则名为供养法也。供养法时，如供养佛。又复有法，谓菩萨一根，辟支佛人三根、三谛，若信是者，名供养法。若有供养发菩提心受持戒者出家之人，向须陀洹至阿罗汉果，名供养僧。若有人能如是供养佛、法、僧宝，当知是人终不远离十方如来，常与诸佛行、住、坐、卧。善男子！若有人能如说多少供养如是三福田者，当知是人于无量世多受利益。

"善男子！菩萨二种：一者，在家；二者，出家。出家菩萨供养三宝，是不为难；在家供养，是乃为难。何以故？在家之人多恶因缘所缠绕故。"

4　卷四

六波罗蜜品第十八

善生言："世尊！如佛先说供养六方，六方即是六波罗蜜，是人则能增长财命，如是之人有何等相？"

佛言："善男子！若能不惜一切财物，常于他人作利益事，念于布施，乐行布施，随有随施，不问多少。当行施时，于身财物不生轻想；净施不择持戒毁戒。赞叹布施，见行施者，欢喜不妒。见有求者，心则悦乐，起迎礼拜，施床命坐。前人咨问若不咨问，辄为赞叹布施之果。见恐怖者，能为救护；处饥馑世，乐施饮食。虽作是施，不为果报，不求恩报施。不诳众生，能赞三宝所有功德。不以斗称杂余异贱欺诳于人，不乐酒博贪欲之心，常修惭愧羞耻之德。虽复巨富，心不放逸，多行惠施，不生骄慢。善男子！有是相者，当知是人则能供养施波罗蜜。

"善男子！若有人能净身、口、意，常修软心，不作罪过。设误作者，常生愧悔，信是罪业得恶果报。所修善事，心生欢喜。于小罪中，生极重想；设其作已，恐怖忧悔。终不打骂嗔恼众生，先意语言，言辄柔软。

见众生已，生爱念心；知恩报恩，心不悭吝；不诳众生，如法求财，乐作福德；所作功德，常以化人。见穷苦者，身代受之，常修慈心，怜悯一切。见作恶者，能为遮护；见作善者，赞德说果，复以身力往营佐之。身不自由，令他自在。常修远离嗔恚之心，或时暂起，觉生愧悔。实语、软语，远离两舌及无义语。善男子！有是相者，当知是人则能供养戒波罗蜜。

"善男子！若有人能净身、口、意业，众生设以大恶事加，乃至不生一念嗔心，终不恶报；若来悔谢，即时受之。见众生时，心常欢喜；见作恶者，生怜悯心。赞叹忍果，诃责嗔恚，说嗔果报多有苦毒。修施忍时，先及怨家。正观五阴众缘和合，若和合成，何故生嗔？深观嗔恚乃是未来无量恶道受苦因缘，若暂生嗔，则生惭愧、恐怖、悔心。见他忍胜，不生妒嫉。善男子！有是相者，当知是人则能供养忍波罗蜜。

"善男子！若有人能不作懈怠，不受不贪坐卧等乐，如作大事功德时力，及营小事，心亦如是。凡所作业，要令毕竟。作时不观饥渴、寒热，时与非时。不轻自身，大事未讫，不生悔心，作既终讫，自庆能办。赞叹精进所得果报。如法得财，用皆以理。见邪进者，为说恶果；善教众生，令修精进。所作未竟，不中休息。修善法时，不随他语。善男子！有是相者，当知是人则能供养进波罗蜜。

"善男子！若有人能净身、口、意，乐处空闲，若窟，若山、树林、空舍；不乐愦闹、贪着卧具，不乐听说世间之事，不乐贪欲、嗔恚、愚痴，先语软语，常乐出家，教化众生。所有烦恼轻微软薄，离恶觉观。见怨修慈，乐说定报。心若逸乱，生怖愧悔。见邪定者，为说罪过，善化众生，置正定中。善男子！有是相者，当知是人则能供养禅波罗蜜。

"善男子！若有人能净身、口、意，悉学一切世间之事，于贪、嗔、痴，心不贪乐，不狂不乱，怜悯众生。善能供养父母、师长、和上、长老、耆旧、有德，修不放逸，先语软语，不诳众生，能分别说邪道、正道及善恶报。常乐寂静，出家修道；能以世事，用教众生。见学胜己，不生妒心；自胜他人，不生骄慢。受苦不忧，受乐不喜。善男子！有是相者，当知是人则能供养般若波罗蜜。

"善男子！一一方中，各有四事。施方四者：一者，调伏众生；二者，离对；三者，自利；四者，利他。若人于财不生悭惜，亦不分别怨亲之相、时与非时，是人则能调伏众生；于财不惜，故能行施，是故得离悭吝之恶，是名离对；欲施、施时、施已欢喜，不生悔心，是故未来受人天乐至无上乐，是名自利；能令他人离于饥渴、苦切之恼，故名利他。

"戒方四者：一者，庄严菩提；二者，离对；三者，自利；四者，利他。庄严菩提者，优婆塞戒至菩萨戒，能为阿耨多罗三藐三菩提初地根基，是名庄严；既受戒已，复得远离恶戒无戒，是名离对；受持戒已，得人天乐至无上乐，是名自利；既受戒已，施诸众生无恐无畏，咸令一切离苦获安，是名利他。

"忍方四者：一者，庄严菩提；二者，离对；三者，自利；四者，利他。庄严菩提者，因忍故得修善，修善故得初地乃至阿耨多罗三藐三菩提，是名庄严；既修忍已，能离嗔恶，是名离对；忍因缘故，得人天乐至无上乐，是名自利；忍因缘故，人生喜心、善心、调心，是名利他。

"进方四者：一者，庄严菩提；二者，离对；三者，自利；四者，利他。庄严菩提者，因精进故得修善，修善法故得初地乃至阿耨多罗三藐三菩提，是名庄严；修善法时，离恶懈怠，是名离对；因是善法，得人天乐至无上乐，是名自利；教众生修善，令离恶法，是名利他。

"禅方四者：一者，庄严菩提；二者，离对；三者，自利；四者，利他。庄严菩提者，因修如是禅定力故，获得初地乃至阿耨多罗三藐三菩提，是名庄严；因是禅定，修无量善，离恶觉观，是名离对；修舍摩他因缘力故，常乐寂静，得人天乐至无上乐，是名自利；断诸众生贪欲、嗔恚、狂痴之心，是名利他。

"智方四者：一者，庄严菩提；二者，离对；三者，自利；四者，利他。庄严菩提者，因修智慧，获得初地乃至阿耨多罗三藐三菩提，是名庄严；修智慧故，远离无明，令诸烦恼不得自在，是名离对；除烦恼障及智慧障，是名自利；教化众生，令得调伏，是名利他。

"善男子！或有说言：'离戒无忍，离智无定，是故说有四波罗蜜。若能忍恶不还报者，即名为戒；若修禅定，心不放逸，即是智慧。是故戒即是忍，慧即是定。离慧无定，离定无慧，是故慧即是定，定即是慧。离戒无进，离进无戒，是故戒即精进，精进即戒。离施无进，离进无施，是故施即精进，精进即施。故知无有六波罗蜜者。'是义不然。何以故？智慧是因，布施是果；精进是因，持戒是果；三昧是因，忍辱是果。然因与果，不得为一，是故应有六波罗蜜。若有说言：'戒即是忍，忍即是戒。'是义不然。何以故？戒从他得，忍不如是；有不受戒而能忍恶，为众修善，忍无数苦，无量世中代诸众生受大苦恼，心不悔退，是故离戒应有忍辱。

"善男子！三昧，即是舍摩他；智慧，即是毗婆舍那。舍摩他，名缘一不乱；毗婆舍那，名能分别。是故我于十二部经说定慧异，当知定有六波罗蜜。如来所以最初先说檀波罗蜜；为调众生施时离贪，是故次说尸波罗蜜；施时能忍舍离之心，是故次说忍波罗蜜；施时心乐，不观时节，是故次说进波罗蜜；施时心一无有乱想，是故次说定波罗蜜；施时不为受生死乐，是故次说智波罗蜜。

"善男子！云何名为波罗蜜耶？施时不求内外果报，不观福田及非福田，施一切财，心不吝惜，不择时节，是故名为施波罗蜜；乃至小罪，虽为身命，尚不毁犯，是故名为戒波罗蜜；乃至恶人来割其身，忍而不嗔，是故名为忍波罗蜜；三月之中，一偈赞佛，不休不息，是故名为进波罗蜜；具足获得金刚三昧，是故名为禅波罗蜜。善男子！得阿耨多罗三藐三菩提时，具足成就六波罗蜜，是故名为智波罗蜜。

"善男子！菩萨有二：一者，在家；二者，出家。出家能净六波罗蜜，是不为难；在家能净，是乃为难。何以故？在家之人多恶因缘所缠绕故。"

杂品第十九

善生言："世尊！菩萨已修六波罗蜜，能为众生作何等事？"

"善男子！如是菩萨能拔沉没苦海众生。善男子！若有于财、法、食生悭，当知是人于无量世得痴贫报，是故菩萨修行布施波罗蜜时，要作自利及利益他。善男子！若人乐施，一切怨仇悉生亲想，不自在者，皆得自在；信施因果，信戒因果，是人则得成就施果。

"善男子！有人说言：'施即是意。所以者何？意是施根故。'是义不然。何以故？施即五阴。所以者何？由身、口、意具足施故。布施若为自利、他利及自他利，则具五阴，如是布施即能庄严菩提之道，远离烦恼，多财巨富，名施正果；寿命、色力、安乐、辩才，名施余果。施果三种：有胜财故，获得胜果；有田胜故，获得胜果；施主胜故，获得胜果。向须陀洹至后身菩萨乃至成佛，是名胜田，施如是田，故得胜果。若有施物具足妙好色、香、味、触，是名财胜，以是物施，故得胜果。若有施主信心淳浓，施戒闻慧，则得胜果。

"善男子！有智之人，施有五种：一者，至心施；二者，自手施；三者，信心施；四者，时节施；五者，如法求物施。善男子！至心施者，得何等果？若至心施者，是人则得多饶财宝，金、银、琉璃、砗磲、玛瑙、珍珠、珊瑚、象、马、牛、羊、田宅、奴婢，多饶眷属，至心施者，得如是果。自手施者，得何等果？自手施者所得果报，如上所说，得已能用，自手施者得如是报。信心施者，得何等果？信心施者所得果报，如上所说，常为父母、兄弟、宗亲、一切众生之所爱念，信心施者，加如是报。时节施者，得何等果？时节施者所得果报，如上所说，所需之物随时而得，时节施者，兼如是果。如法财施，得何等果？如法财施所得果报，如上所说，得是财已，王、贼、水、火所不能侵。

"若好色施，以是因缘，是人获得微妙上色。若以香施，是人因是，名称远闻。若以味施，是人因是，众乐见闻，既见闻已，生爱重心。若好触施，是人因是，得上妙触；受者受已，则能获得寿命、色力、安乐、辩才。善男子！有人说言：'施于塔像，不得寿命、色力、安、辩，无受者故。'是义不然。何以故？有信心故。施主信心而行布施，是故应得如是五报。善男子！譬如比丘修集慈心，如是慈心实无受者，而亦获得无量果报；施塔像等，亦应如是得五果报。善男子！如人种谷，终不生瓜；施于塔像，亦复如是，以福田故，得种种果。是故我说田得果报，物得果报，主得果报。

"善男子！施有二种：一者，法施；二者，财施。法施则得财法二报，财施惟还得财宝报。菩萨修行如是二施，为二事故：一、令众生远离苦恼；二、令众生心得调伏。善男子！复有三种施：一、以法施；二、无畏施；三、财物施。以法施者，教他受戒、出家、修道、白四羯磨，为坏邪见说于正法，能分别说实非实等，宣说四倒及不放逸，是名法施。若有众生怖畏王者、师子、虎、狼、水、火、盗贼，菩萨见已，能为救济，名无畏施。自于财宝破悭不吝，若好若丑，若多若少，牛、羊、象、马、房舍、卧具、树林、泉井、奴婢、仆使、水牛、驼、驴、车乘、辇舆、瓶瓮、釜镬、绳床、坐具、铜铁瓦器、衣服、璎珞、灯明、香华、扇、盖、帽、履、几杖、绳索、犁、耨、斧、凿、草木、水石，如是等物，称求者意，随所需与，是名财施。若起僧坊及起别房，如上施与出家之人，惟除象、马。

"善男子！施有四累：一、悭贪心；二、不修施；三、轻小物；四、求世报。如是四累，二法能坏：一、修无我；二、修无常。善男子！若欲乐施，当破五事：一者，嗔心；二者，悭心；三者，妒心；四者，惜身命；五者，不信因果。破是五事，常乐布施。乐施之人，获得五事：一者，终不远离一切圣人；二者，一切众生乐见乐闻；三者，入大众时不生怖畏；四者，得好名称；五者，庄严菩提。

"善男子！菩萨之人名一切施，云何名为一切施耶？善男子！菩萨摩诃萨如法求物，持以布施，名一切施。恒以净心施于受者，名一切施。少物能施，名一切施。所爱之物破悭能舍，名一切施。施不求报，名一切施。施时不观田以非田，名一切施。怨亲等施，名一切施。菩萨施财，凡有二种：一者，众生；二者，非众生。于是二中，乃至自身都不吝惜，名一切施。菩萨布施，由怜悯心，名一切施。欲施、施时、施已不悔，名一切施。

"或时设以不净物施，为令前人生喜心故。酒、毒、刀杖、枷锁等物，若得自在若不自在，终不以施。不施病人不净食药，不劫他物乃至一钱持以布施。菩萨施时，虽得自在，终不骂打，令诸仆使生嗔苦恼。如法财施，不求现在、后世果报。施已，常观烦恼罪过，深观涅槃功德微妙，除菩提已，更无所求。施贫穷时，起悲悯心；施福田时，生喜敬心；施亲友时，不生放舍心。若见乞者，则知所需随相给与，不令发言。何以故？不待求施，得无量果。

"善男子！施主有三，谓下、中、上。不信业果，深着悭吝，恐财有尽，见来求者，生嗔痴想，是名为下。虽信业果，于财生悭，恐有空竭，见来求者生于舍心，是名为中。深信业果，于财物所不生悭吝，观诸财物是无常想；见来求者，有与则喜，无与则恼，以身质物而用与之，是名为上。复有下者，见来求者，顿面不看，恶骂毁辱；复有中者，虽复施与，轻贱不敬；复有上者，未求便施，敬心而与。复有下者，为现报施；复有中者，为后报施；复有上者，怜悯故施。复有下者，为报恩施；复有中者，为业故施；复有上者，为法藏施。复有下者，畏胜故施；复有中者，等己故施；复有上者，不择怨亲。又复下者，有财言无；又复中者，多财言少；又复上者，少索多与。

"施者无财，亦复三种：最下之人，见来求者，恶心嗔责；中品之人，见来求者，直言无物；上品之人，见来求者，自鄙无物，心生愁恼。又复下者，常为贤圣之所诃责；又复中者，常为贤圣之所怜悯；又复上者，贤圣见已，心生欢喜。

"善男子！智人行施，为自他利，知财宝物是无常故，为令众生生喜心故，为怜悯故，为坏悭故，为不求索后果报故，为欲庄严菩提道故。是故菩萨一切施已，不生悔心，不虑财尽，不轻财物，不轻自身，不观时节，不观求者，常念乞者如饥思食。亲近善友，咨受正教。见来求者，心生欢喜，如失火家得出财物，欢喜赞叹，说财多过。施已生喜，如寄善人，复语乞者：'汝今真是我功德因，我今远离悭贪之心，皆由于汝来乞因缘。'即于求者生亲爱心。既施与已，复教乞者，如法守护，勤修供养佛、法、僧宝。菩萨如是乐行施已，则得远离一切放逸，虽以身分施于乞者，终不生于一念恶心，因是更增慈、悲、喜、舍。不轻受者，亦不自高，自庆有财，称求者意，增长信心，不疑业果。

"善男子！若能观财是无常相，观诸众生作一子想，是人乃能施于乞者。善男子！是人不为悭结所动，如须弥山风不能动。如是之人，能为众生而作归依，是人能具檀波罗蜜。

"善男子！有智之人，为四事故，乐行惠施：一者，因施能破烦恼；二者，因施发种种愿；三者，因施得受安乐；四者，因施多饶财宝。善男子！无贪之心，名之为施。云何无贪？施即是业，物即是作，为业为作，具足布施，名为无贪。因于布施破烦恼者，既行惠施，破悭、贪吝、嗔恚、愚痴。云何因施发种种愿？因是施已，能发种种善恶等愿，因善恶愿得善恶果。何以故？誓愿力故。云何因施得受安乐？因是施故，受人天乐至无上乐。云何因施多饶财宝？因是施故，所求金银乃至畜生，如意即得。

"善男子！若人乐施，是人即坏五弊恶法：一者，邪见；二者，无信；三者，放逸；四者，悭吝；五者，嗔痴。离是恶已，心生欢喜，因欢喜故，乃至获得真正解脱。是人现在得四果报：一者，一切乐见乃至怨家；二者，善名流布遍于四方；三者，入大众时心无怖畏；四者，一切善人乐来亲附。善男子！修行施已，其心无悔。是人若以客尘烦恼故堕于地狱，虽处恶处，不饥不渴。以是因缘，离二种苦：一、铁丸苦；二、铁浆苦。若畜生身，所需易得，无所匮乏。若饿鬼身，不受饥渴，常得饱满。若得人身，寿命、色力、安乐、辩才，及信、戒、施、多闻、智慧，胜于一切；虽处恶世，不为恶事恶法生时，终不随受；于怖畏处，不生恐怖。若受天身，十事殊胜。

"善男子！有智之人，为二事故，能行布施：一者，调伏自心；二者，坏怨嗔心。如来因是，名无上尊。善男子！智者施已，不求受者爱念之心，不求名称免于怖畏，不求善人来见亲附，亦不求望人天果报。观于二事：一者，以不坚财，易于坚财；二者，终不随顺悭吝之心。何以故？如是财物，我若终殁，不随我去，是故应当自手施与，我今不应随失生恼，应当随施生于欢喜。善男子！施者先当自试其心，以外物施；知心调已，次施内物。因是二施，获得二法：一者，永离诸有；二者，得正解脱。善男子！如人远行，身荷重担，疲苦劳极，舍之则乐。行施之人，见来求者，舍财与之，心生喜乐，亦复如是。

"善男子！智者常作如是思维：欲令此物随逐我身至后世者，莫先于施。复当深观贫穷之苦、豪贵快乐，是故系心常乐行施。善男子！若人有财，见有求者，言无言憾，当知是人已说来世贫穷薄德，如是之人名为放逸。善男子！无财之人，自说无财。是义不然。何以故？一切水草，人无不有。虽是国主，不必能施；虽是贫穷，非不能施。何以故？贫穷之人亦有食分，食已洗器，弃荡涤汁，施应食者，亦得福德。若以尘麨施于蚁子，亦得无量福德果报。天下极贫，谁当无此尘许麨耶？谁有一日食三揣麨，命不全者？是故诸人应以食半施于乞者。

"善男子！极贫之人，谁有赤裸无衣服者？若有衣服，岂无一綖施人系疮，一指许财作灯炷耶？善男子！天下之人，谁有贫穷当无身者？如其有身，见他作福，身应往助，欢喜无厌，亦名施主，亦得福德。或时有分，或有与等，或有胜者。以是因缘，我受波斯匿王食时，亦咒愿王及贫穷人所得福德等无差别。善男子！如人买香，涂香、末香、散香、烧香，如是四香，有人触者，买者、量者等闻无异，而是诸香不失毫厘。修施之德，亦复如是，若多若少，若粗若细，若随喜心，身往佐助，若遥见闻，心生欢喜，其心等故，所得果报无有差别。

"善男子！若无财物，见他施已，心不喜信，疑于福田，是名贫穷。若多财宝，自在无碍，有良福田，内无信心，不能奉施，亦名贫穷。是故智者随有多少，任力施与，除布施已，无有能得人天之乐至无上乐。是故我于契经中说：'智者自观余一揣食，自食则生，施他则死，犹应施与，况复多耶？'善男子！智者当观财是无常，是无常故，于无量世失坏耗减，不得利益；虽是无常，而能施作无量利益，云何悭惜不布施耶？智者复观世间，若有持戒、多闻，持戒多闻因缘力故，乃至获得阿罗汉果，虽得是果，不能遮断饥渴等苦。若阿罗汉难得房舍、衣服、饮食、卧具、病药，皆由先世不施因缘。破戒之人若乐行施，是人虽堕饿鬼、畜生，常得饱满，无所乏少。

"善男子！除布施已，不得二果：一者，自在；二者，解脱。若持戒人虽得生天，不修施故，不得上食、微妙璎珞。若人欲求世间之乐及无上乐，应当乐施。智者当观生死无边，受乐亦尔，是故应为断生死施，不求受乐。复作是观：虽复富有四天下地，受无量乐，犹不知足，是故我应为无上乐而行布施，不为人天。何以故？无常故，有边故。

"善男子！若有说言：施主、受者及受乐者皆是五阴，如是五阴即是无常，舍施五阴，谁于彼受？虽无受者，善果不灭，是故无有施者、受者。应反问言：有施、受不？若言：施即是施，受即我者。复应语言：我亦如是，施即是施，我即五阴。

"若言：施阴，此处无常，谁于彼受？谛听！谛听！当为汝说。种子常耶？是无常乎？若言常者，云何子灭而生于芽？若见是过，复言无常，复当语言：若无常者，子时与粪、水、土等功，云何而令芽得增长？若言子虽无常，以功业故，而得芽果，应言：五阴亦复如是。若言子中先已有芽，人、功、水、粪为作了因。是义不然。何以故？了因所了，物无增减，多则多住，少则少住，而今水、粪，芽得增长，是故本无今有。若言了因二种：一、多；二、少。多则见大，少则见小，犹如然灯，明多见大，明少见小。是义不然。何以故？犹如一种，多与水、粪，不能一时一日增长人等过人。若言了因，虽有二种，要待时节，物少了少，物多了多，是故我言了因不坏。是义不然。何以故？汝法时常，是故不应作如是说。

"善男子！子异、芽异，虽作得异，相似不断，五阴亦尔。善男子！如子业增芽，芽业增茎，茎业增叶，叶业增华，华业增果；一道五阴，增五道阴，亦复如是。若言如是异作异受，是义汝有，非我所说。何以故？如汝法中，作者是我，受者是身，而复不说异作异受。受不杀戒，即是我也，以是因缘，身得妙色，是故汝法，受者无因，作者无果，有如是过。若言我作身受，我亦如是，此作彼受。复应问言：汝身我异，身受饮食、被服、璎珞，妙食因缘，得好色力，恶食因缘，得弊色力。是好恶色，若属因缘，我何所得？若言我得忧愁欢喜，云何不是异作异受？譬如有人为力服酥，是人久服，身得大力、上妙好色。有人羸瘦，见之心喜，是人即得大色力不？若言不得，我亦如是，身所作事，我云何得？何以故？不相似故。我法不尔，阴作阴受，相似不断。

"善男子！若言五阴无常，此不至彼，而得受报。是义不然。何以故？我法或有即作即受，或有异作异受，无作无受。即作即受者，阴作阴受；异作异受者，人作天受；无作无受者，作业因缘和合而有，本无自性，何有作受？汝意若谓：异作异受，云何复言相续不断？是义不然。何以故？譬如置毒乳中，至醍醐时故能杀人，乳时异故，醍醐亦异，虽复有异，次第而生，相续不断，故能害人。五阴亦尔，虽复有异，次第而生，相续不断，是故可言异作异受、即作即受、无作无受者。

"若离五阴，无我我所。一切众生颠倒覆心，或说色即是我，乃至识即是我，或有说言色即是我，其余四阴即是我所，乃至识亦如是。若有说言：离五阴已别有我者，无有是处。何以故？我佛法中，色非我也。所以者何？无常无作，不自在故，是故四阴不名我所，乃至识亦如是。

"众缘和合，异法出生，故名为作，实无异作；众缘和合，异法出生，名为受者，实无异受，是故名为无作无受。若汝意谓：异作异受，何故此人作业不彼人受？俱有五阴。是义不然。何以故？异有二种：一者，身异；二者，名异。一者，佛得；二者，天得。佛得、天得，身名各异。是因缘故，身口应异；身口异故，造业亦异；造业异故，寿命、色力、安、辩亦异，是故不得佛得作业，天得受果。虽俱五阴，色名是一，受、想、行异。何以故？佛得受乐，天得受苦，佛得生贪，天得生嗔，是故不得名为相似。色名虽一，其实有异，或有佛得白色，天得黑色。

"若以名同为一义者，一人生时应一切生，一人死时应一切死。汝若不欲然此义者，是故不得异作异受。汝意若谓：汝亦异作异受，我亦如是异作异受。若异作异受，应同我过，何故不见自过而责我者？是义不然。何以故？我异二种：一、次第生亦次第灭；二、次第生不次第灭。是生异故，灭亦复异，是故我言：异作异受，此作此受，不同汝过。

"譬如有人欲烧聚落，于干草中放一粒火，是火次第生因缘故，能烧百里至二百里。村主求得，即便问之：汝弊恶人，何因缘故烧是大村？彼人答言：实非我烧。何以故？我所放火，寻已灭尽，所烧之处一把草耳，我今当还偿汝二把，其余之物我不应偿。是时村主复作是言：痴人！因汝小火，次第生大，遂烧百里至二百里，事由于汝，云何不偿？虽知是火异作异烧，相续不断，故彼得罪。善恶五阴亦复如是，受报时阴虽言不作，以其次第相续而生，是故受报。

"譬如有人与他共赌执炬远行至百里外，若不至者我当输汝，如其到者汝当输我。执炬之人至百里已，即从索物。他言：汝炬发迹已灭，云何于此从我索物？执炬者言：彼火虽灭，次第相续生来至此。如是二人，说俱得理。何以故？如是义者，亦即亦异，是故二人俱无过失。若有说言五阴亦尔，即作即受，异作异受，俱无过失。

"譬如此彼二岸、中流，总名恒河。夏时二岸相去甚远，秋时二岸相去则近，无常定相，或大或小，虽复增减，人皆谓河。或有说言：此不是河。智人亦说：有异不异。五阴亦尔，智人亦说即作即受，异作异受。汝意若谓：二岸是土，中流是水，河神是河。是义不然。何以故？若神是河，何故复言河清河浊，有此岸、彼岸、中流深浅，到于大海，可度不度。譬如有树，则有神居，若无树者，神何所居？河之与神，亦应如是。是故此彼二岸、中流，次第不断，总名为河。是故可言：即之与异，五阴亦尔。

"譬如有人骂辱贵胜，因恶口故，脚被锁械，是脚实无恶口之罪而被锁械。是故不得决定说言：异作异受，即作即受。惟有智者可得说言：即作即受，异作异受。

"譬如器、油、炷火、人功众缘和合，乃名灯明。汝意若谓：灯明增减。是义不然。何以故？减故不增，来故无减，以次第生故，言灯增减。汝意若谓：灯是无常，油即是常，油多明多，油少明少者。是义不然。何以故？油无常故，有尽有烧，如其常者，应二念住，若二念住，谁能烧尽？是故智人亦复说言：灯明即异，五阴亦尔。明即六入，油即是业，油业因缘故令五阴有增有减，有彼有此。

"如有人说阿坁耶语，是阿坁耶久已过去，不在今日，世人相传，次第不灭，故得称为阿坁耶语。智者亦说是阿坁耶语，非阿坁耶语，虽复是非，俱不失理。五阴亦尔，亦可说言即作即受，异作异受。

"有人巨富，继嗣中断，身复丧殁，财当入官。有人言曰：如是财物，应当属我。官人语言：是财云何异作异属？是人复言：我是亡者第七世孙，次第不断，云何是财不属我耶？官人即言：如是如是，如汝所说。智者说言：五阴亦尔，即作即受，异作异受。

"汝意若谓：五阴作业，成已便过，是身犹在，业无所依，业若无依，便是无业，舍是身已，云何得报？是义不然。何以故？一切过业，待体待时。譬如橘子因橘而生，从酢而甜，人为橘故种殖是子，是子根、茎、叶、华、生果，皆悉不酢，时到果熟，酢味则发。如是酢味，非本无今有，亦非无缘，乃是过去本果因缘。

"身、口、意业，亦复如是。若言是业住何处者，是业住于过去世中，待时待器，得受果报。如人服药，经于时节，药虽消灭，时到则发好力、好色。身、口、意业，亦复如是，虽复过灭，时到则受。譬如小儿，初所学事，虽念念灭，无有住处，然至百年亦不亡失。是过去业，亦复如是，虽无住处，时到自受，是故言非阴作阴受，亦复不得非阴受也。若能了了通达是事，是人则能获无上果。"

5 卷五

杂品之余

"善男子！若复有人于身、命、财悭吝不施，是名为悭。护惜悭人不施之心，不生怜悯，留待福田，求觅福田，既得求过，观财难得，为之受苦，或说无果、无施、无受。护惜妻子眷属等心，积财求名，见多生喜，观财是常，是名悭垢。是垢能污诸众生心，以是因缘，于他物中尚不能施，况出自物！

"智人行施，不为报恩，不为求事，不为护惜悭贪之人，不为生天人中受乐，不为善名流布于外，不为畏怖三恶道苦，不为他求，不为胜他，不为失财，不以多有，不为不用，不为家法，不为亲近。智人行施，为怜悯故，为欲令他得安乐故，为令他人生施心故，为诸圣人本行道故，为欲破坏诸烦恼故，为入涅槃断于有故。

"善男子！菩萨布施，远离四恶：一者，破戒；二者，疑网；三者，邪见；四者，悭吝。复有五法：一者，施时不选有德无德；二者，施时不说善恶；三者，施时不择种姓；四者，施时不轻求者；五者，施时不恶口骂。复有三事，施已不得胜妙果报：一者，先多发心，后则少与；二者，择选恶物，持以施人；三者，既行施已，心生悔恨。善男子！复有八事，施已不得成就上果：一者，施已见受者过；二者，施时心不平施；三者，施已求受者作；四者，施已喜自赞叹；五者，说无后乃与之；六者，施已恶口骂詈；七者，施已求还二倍；八者，施已生于疑心。如是施主，则不能得亲近诸佛贤圣之人。

"若以具足色、香、味、触施于彼者，是名净施；若能如法得财施者，是名净施；观财无常，不可久保，而行布施，是名净施；为破烦恼故，行布施，是名净施；为净自心因缘故施，是名净施；若观谁施，谁是受者，施何等物，何缘故施，是施因缘得何等果，如是布施，即十二入，受者、施主、因缘、果报皆十二入，能如是观行于施者，是名净施。

"若行施时，于福田所生欢喜心，如诸福田所求功德，我亦如是求之不息。施于妻子、眷属、仆使，生怜愍心，施于贫穷，为坏苦恼。施时不求世间果报，破骄慢施，柔软心施，离诸有施，为求无上解脱故施，深观生死多过罪施，不观福田非福田施。若能如是行布施者，报逐是人，如犊随母。

"若求果施，市易无异，如为身命耕田种作，随其种子，获其果实，施主施已，亦复如是，随其所施，获其福报。如受施者受已，得命、色、力、安、辩，施主亦得如是五报。若施畜生得百倍报，施破戒者得千倍报，施持戒者得十万报，施外道离欲得百万报，施向道者得千亿报，施须陀洹得无量报，向斯陀含亦无量报，乃至成佛亦无量报。

"善男子！我为分别诸福田故，作如是说，得百倍报至无量报。若能至心生大怜悯，施于畜生；专心恭敬，施于诸佛，其福正等无有差别。言百倍者，如以寿命、色、力、安、辩施于彼者，施主后得寿命、色、力、安乐、辩才，各各百倍；乃至无量，亦复如是。是故我于契经中说：我施舍利弗，舍利弗亦施于我，然我得多非舍利弗得福多也。

"或有人说：受者作恶，罪及施主。是义不然。何以故？施主施时，为破彼苦，非为作罪，是故施主应得善果。受者作恶，罪自钟之，不及施主。

"施主若以净妙物施，后得好色，人所乐见，善名流布，所求如意，生上种姓，是不名恶，云何说言施主得罪？

"施主施已，欢喜不悔，亲近善人，财富自在，生上族家，得人天乐至无上乐，能离一切烦恼结缚，施主乃得如是妙果，云何说言得恶果报？

"施主若能自手施已，生上姓家，遇善知识，多财饶宝，眷属成就，能用能施，一切众生喜乐见之，见已恭敬尊重赞叹，施主受报，得如是事，云何说言得恶果报？

"施主若以净物施已，以是因缘，多饶财宝，生上种姓，眷属无量，身无病苦，心无忧怖，所有财物王、贼、水、火所不能侵，设失财物，不生愁恼，无量世中身心安乐，云何说言受恶果报？

"若未施时，生于信心，施时欢喜，施已安乐，求时、守时、用时不苦。若以衣施得上妙色，若以食施得无上力，若以灯施得净妙眼，若以乘施身受安乐，若以舍施所需无乏，施主乃得如是善报，云何说言得恶果耶？

"复次，施主若施佛已，用与不用，果报已定。施人及僧，有二种福：一、从用生；二、从受生。何以故？施主施时，自破悭吝；受者用时，破他悭吝，是故说言从用生福。又复从用，人能转用，僧能增长，施已不求世之果报，不以能起烦恼因施，是故能得无上净果，名曰涅槃。

若有人能日日立要，先施他食，然后自食，若违此要，誓输佛物，犯则生愧；如其不违，即是微妙智慧因缘。如是施者，诸施中最，是人亦得名上施主。

"若能随顺求者意施，是人于后无量世中所求如意。若有净心，财物、福田悉清净者，是人则得无量果报。若给妻子、奴婢衣食，恒以怜愍欢喜心与，未来则得无量福德。复观田仓多有鼠、雀犯暴谷米，恒生怜愍，复作是念：如是鼠雀，因我得活。念已欢喜，无触恼想，当知是人得福无量。若为自身造作衣服、璎珞、环钏、严身之具、种种器物，作已欢喜，自未服用，持以施人，是人未来得如意树。

"若有说言离于布施得善果者，无有是处。离财得施，离受有施，不离悭惜成布施者，亦无是处。若不求施，若乏时施，少求多施，求恶施好，教他索施，自往行施，当知是人未来之世多获宝藏，非宝之物悉变成宝。

"为戏笑施，非福田施，不信因果施，如是布施，不名为施。若人偏为良福田施，不乐常施，是人未来得果报时不乐惠施。若人施已，生于悔心，若劫他物持以布施，是人未来虽得财物，常耗不集。若恼眷属，得物以施，是人未来虽得大报，身常病苦。

"若先不能供养父母，恼其妻子、奴婢困苦，而布施者，是名恶人，是假名施，不名义施。如是施者，名无怜愍，不知恩报，是人未来虽得财宝，常失不集，不能出用，身多病苦。

"若人如法以财布施，是人未来得无量福，有财能用。若有不以如法财施，是人未来虽得果报，恒赖他得，他若丧殁，寻便贫穷。有智之人，深观人天转轮王乐，虽复微妙，皆是无常，是故施时不为人天。

"善男子！施有二种：一者，财施；二者，法施。财施为下，法施为上。云何法施？若有比丘、比丘尼、优婆塞、优婆夷，能教他人具信、戒、施、多闻、智慧，若以纸墨令人书写，若自书写如来正典，然后施人令得读诵，是名法施。如是施者，未来无量得好上色。何以故？众生闻法，断除嗔心，以是因缘，施主未来无量世中得成上色。众生闻法，慈心不杀，以是因缘，施主未来无量世中得寿命长。众生闻法，不盗他财，以是因缘，施主未来无量世中多饶财宝。众生闻已，开心乐施，以是因缘，施主未来无量世中身得大力。众生闻法，断诸放逸，以是因缘，施主未来无量世中身得安乐。众生闻法，断除痴心，以是因缘，施主未来无量世中得无碍辩。众生闻法，生信无疑，以是因缘，施主未来无量世中信心明了。戒、施、闻、慧亦复如是。是故法施胜于财施。

"或有说言：子修善法，父作不善，因子修善，令父不堕三恶道者。是义不然。何以故？身、口、意业，各别异故。若父丧已，堕饿鬼中，子为追福，当知即得。若生天中，都不思念人中之物。何以故？天上成就胜妙宝故。若入地狱，身受苦恼，不暇思念，是故不得。畜生、人中，亦复如是。

"若谓饿鬼何缘独得？以其本有爱贪悭吝，故堕饿鬼，既为饿鬼，常悔本过，思念欲得，是故得之。若所为者生余道中，其余眷属堕饿鬼者，皆悉得之。是故智者应为饿鬼勤作福德，若以衣、食、房舍、卧具、资生所需，施于沙门、婆罗门等贫穷乞士，为其咒愿，令其得福，以是施愿因缘力故，堕饿鬼者得大势力，随施随得。何以故？生处尔故。诸饿鬼等所食不同，或有食脓，或有食粪，或食血污、呕吐、涕唾，得是施已，一切变成上妙色味。虽以不净荡涤汁等施应食者，然有遮护，竟不得食，如是施主亦得福德。何以故？以施主心慈怜悯故。若有祠祀，谁是受者？随其祀处而为受者，若近树林则树神受，舍河、泉井、山林、堆阜，亦复如是。是人祀已，亦得福德。何以故？令彼受者生喜心故。是祀福德，能护身财。

"若说杀生祀祠得福。是义不然。何以故？不见世人种伊兰子生栴檀树，断众生命而得福德。若欲祀者，应用香华、乳酪、酥、药。为亡追福，则有三时：春时二月、夏时五月、秋时九月。若人以房舍、卧具、汤药、园林、池井、牛、羊、象、马种种资生，布施于他，施已命终，是人福德随所施物，住用久近，福德常生，是福追人，如影随形。

"或有说言：终已便失。是义不然。何以故？物坏不用，二时中失，非命尽失。若出家人效在家人岁节之日喜饮食者，随世法故，非真实也，亦信世法、出世法故。若能随家所有好恶常乐施者，名一切施。若以身分及以妻子所重之物施于人者，是则名为不思议施。若有恶人，毁戒、怨家、不知恩义、不信因果、强乞索者，大势力人、健骂詈者，得已嗔恚、诈现好相、大富贵者，施如是等十一种人，名不思议施。

"善男子！一切布施有三根本：施于贫穷，以怜悯故；施于怨家，不求报故；施福德人，心喜敬故。善男子！若人多财，无量岁中供养三宝，虽得无量福德果报，不如劝人共和合作。若人轻于少物、恶物，羞不肯施，是人增长来世贫苦。若人共施，财物、福田、施心俱等，是二得果无有差别。有财、心俱等，福田胜者，得果报胜。有田、心俱下，财物胜者，得果则胜。有田、财俱下，施心胜者，得果亦胜。有田、财俱胜，施心下者，得果不如。

"善男子！智者施时，不为果报。何以故？定知此因必得果故。若人无慈，不知恩义，不贪圣人所有功德，惜财、身、命，贪着心重，如是之人不能布施。智者深观一切众生求财物时，不惜身命，既得财物，能舍施人，当知是人能舍身命；若人悭吝不能舍财，当知是人亦惜身命。若舍身命求得财物以布施者，当知是人是大施主。若人得财，贪惜不施，当知即是未来世中贫穷种子。是故我于契经中说：四天下中，阎浮提人有三事胜：一者，勇健；二者，念心；三者，行净。不见果报，能预作因；不惜身命求得财已，能坏悭吝，舍以用施；既舍施已，心不生悔，复能分别福田非福田，是名勇健。

"善男子！施已生悔，因于三事：一者，于财贪爱；二者，咨承邪见；三者，见受者过。复有三事：一者，畏他诃责；二者，畏财尽受苦；三者，见他施已，受诸衰恼。善男子！智人三时不生悔心，复有三事：一者，明信因果；二者，亲近善友；三者，不贪着财。信因果者，复有二事：一者，从他闻法；二者，内自思维。亲近善友，复有二事：一者，深信；二者，智慧。不贪着财，复有二事：一、观无常；二、不自在。

"善男子！施主若能如是观察，如是行施，当知是人能具足行檀波罗蜜，是故我先说：有布施非波罗蜜，有波罗蜜非是布施，有亦布施亦波罗蜜，有非布施非波罗蜜。

"善男子！智有三种：一者，能舍外物；二者，舍内外物；三者，施内外物已，兼化众生。云何教化？见贫穷者，先当语言：汝能归依于三宝不？受斋戒不？若言能者，先授三归及以斋戒，后则施物。若言不能，复应语言：若不能者，汝能随我说一切法无常、无我、涅槃寂灭不？若言能者，复当教之，教已便施。若言我今能说二事，惟不能说诸法无我，复应语言：汝若不能说诸法无我，能说诸法是无性不？若言能者，教已便施。若能如是先教后施，名大施主。

"善男子！若能如是教化众生及诸怨亲，无所选择，名大施主。善男子！智者若有财宝物时，应当如是修行布施。如其无财，复当转教余有财者，令作是施。若余施主先知此法不须教者，应以身力往佐助之。若穷无物，应诵医方，种种咒术，求贱汤药，需者施之。至心瞻病，将养疗治。劝有财者和合诸药，若丸若散，若种种汤。既了医方，遍行看病，按方诊视，知病所在，随其病处而为疗治。疗治病时，善知方便，虽处不净，不生厌心；病增知增，损时知损。复能善知如是食药能增病苦，如是食药能除病苦。病者若求增病食药，应当方便，随宜喻语，不得言无；若言无者，或增苦剧。若知定死，亦不言死，但当教令归依三宝，念佛、法、僧，勤修供养，为说病苦皆是往世不善因缘，获是苦报，今当忏悔。病者闻已，或生嗔恚，恶口骂詈，默不报之，亦不舍弃。虽复瞻养，慎无责恩，瘥已犹看，恐后劳复。若见平复，如本健时，心应生喜，不求恩报。如其死已，当为殡葬，说法慰喻知识、眷属。无以增病食药施人，若病瘥已，喜心施物，便可受之，受已转施余穷乏者。若能如是瞻养治病，当知是人是大施主，真求无上菩提之道。善男子！有智之人求菩提时，设多财宝，亦当读诵如是医方，作瞻病舍，具病所需饮食、汤药以供给之。

"道路凹窄，平治令宽，除去刺石粪秽不净。险处所需，若板若梯若橡若索，悉皆施之。旷路作井，种果树林，修治泉潢。无树木处，为畜竖柱。负担息处，为作基埵，造立客舍，具诸所需瓶盆、灯烛、床卧、敷具。臭秽流处，为作桥隥。津济渡头，施桥船筏，不能渡者，自往渡之。老小羸瘦无筋力者，自手携将而令得过。路次作塔，种华果树。见怖畏者，辄为救藏，以物善语，诱喻捕者。

"若见行者次至险处，辄前扶接，令得过险。若见失土破亡之人，随宜给与，善言慰喻。远行疲极，当为洗浴，按摩手足，施以床座，若无床座，以草为敷；热时以扇衣裳作荫，寒时施火衣服温暖；若自为之，若教人为。贩卖市易，教令依平，无贪小利，共相中欺。见行路者，示道非道。道者，所谓多饶水草，无有贼盗；宣说非道，多诸患难。见人靴履、衣裳、钵盂朽故坏者，即为缝补、浣染、熏治。有患鼠、蛇、蜂、虱、毒虫，能为除遣。施人如意、摘爪、耳钩。缝治浣濯招提僧物，谓坐卧具。厕上安置净水、澡豆、净灰土等。若自造作衣服、钵器，先奉上佛，并令父母、师长、和上先一受用，然后自服。若上佛者，以华香赎。凡所食啖，要先施于沙门、梵志，然后自食。见远至者，软言问讯，施以净水洗浴身体，与油涂足，香华、杨枝、澡豆、灰土、香油、香水、蜜毗钵罗、舍勒小衣作涂油者。洗已，复以种种香华、丸药、散药、饮食、浆水，随所需施。复施剃刀、洒水囊等，针、缕、衣衲、纸、笔、墨等，若不能常随，斋日施。若见盲者，自前捉手，施杖示道。若见有苦亡失财物，父母丧殁，当以财给，善语说法，慰喻劝谏，善说烦恼、福德二果。善男子！若能修集如是施者，名净施主。

"善男子！菩萨二种：一者，在家；二者，出家。出家菩萨为净施主，是不为难；在家菩萨为净施主，是乃为难。何以故？在家之人多恶因缘所缠绕故。"

净三归品第二十

善生言："世尊！如佛先说，有来乞者，当先教令受三归依，然后施者。何因缘故，受三归依？云何名为三归依耶？"

"善男子！为破诸苦，断除烦恼，受于无上寂灭之乐，以是因缘，受三归依。如汝所问'云何三归依'者，善男子！谓佛、法、僧。佛者，能说坏烦恼因，得正解脱。法者，即是坏烦恼因，真实解脱。僧者，禀受破烦恼因，得正解脱。

"或有说言：若如是者，即是一归。是义不然。何以故？如来出世及不出世，正法常有，无分别者。如来出已，则有分别，是故应当别归依佛。如来出世及不出世，正法常有，无有受者，佛弟子众能禀受故，是故应当别归依僧。正道解脱，是名为法；无师独觉，是名为佛；能如法受，是名为僧。若无三归，云何说有四不坏信？得三归者，或有具足或不具足。云何具足？所谓归佛、法、僧；不具足者，所谓如来归依于法。善男子！得三归者，无不具足，如比丘、比丘尼、优婆塞、优婆夷戒。

"善男子！如佛、缘觉、声闻各异，是故三宝不得不异。云何为异？发心时异，庄严时异，得道时异，性分各异，是故为异。何因缘故说佛即法？能解是法，故名为佛；受分别说，故名为僧。

"若有说言：佛入僧数。是义不然。何以故？佛若入僧中，则无三宝，及三归依、四不坏信。善男子！菩萨法异，佛、法亦异。菩萨二种：一者，后身；二者，修道。归依后身，名归依法；归依修道，名归依僧。观有为法，多诸罪过，独处修行，得甘露味，故名为佛；一切无漏无为法界，故名为法；受持禁戒，读诵解说十二部经，故名为僧。

"若有问言：如来灭已，归依佛者，是何归依？善男子！如是归依，名为归依过去诸佛无学之法。如我先教提谓长者：汝当归依未来世僧。归依过去佛，亦复如是。福田果报，有多少故，差别为三。若佛在世及涅槃后，供养果报，无有差别，受归依者，亦复如是。如佛在世为诸弟子立诸要制，佛虽过去，有犯之者，亦获罪报，归过去佛，亦复如是。犹如如来临涅槃时，一切人天为涅槃故，多设供养，尔时如来未入涅槃，犹故在世，悬受未来世供养事，归过去佛，亦复如是。譬如有人父母在远，是人或时嗔骂得罪，或时恭敬赞叹得福，归过去佛，亦复如是。是故我说：我若在世及涅槃后所设供养，施者受福等无差别。

"善男子！若男若女，若能三说三归依者，名优婆塞、名优婆夷。一切诸佛虽归依法，法由佛说，故得显现，是故先应归依于佛。净身、口、意，至心念佛，念已即离怖畏、苦恼，是故应当先归依佛。

"智者深观如来智慧解脱最胜，能说解脱及解脱因，能说无上寂静之处，能竭生死苦恼大海，威仪详序，三业寂静，是故应当先归依佛。

"智者深观生死之法，是大苦聚，无上正道能永断之；生死之法，渴爱饥馑，无上甘露味能充足；生死之法，怖畏险难，无上正法能除断之；生死错谬，邪僻不正，无常见常，无我见我，无乐见乐，不净见净，无上正法悉能断除；以是因缘，应归依法。

"智者应观外道徒众无惭无愧，非如法住，虽为道行，不知正路；虽求解脱，不得正要；虽得世俗微善之法，悭吝护惜，不能转说，非善行性作善行想。佛僧寂静，心多怜悯，少欲知足，如法而住，修于正道，得正解脱，得已复能转为人说，是故应当次归依僧。

"若能礼拜如是三宝，来迎去送，尊重赞叹，如法而住，信之不疑，是则名为供养三宝。若有人能归三宝已，虽不受戒，断一切恶，修一切善，虽复在家，如法而住，是亦得名为优婆塞。

"若有说言：先不归依佛、法、僧宝，当知是人不得戒者。是义不然。何以故？如我先说：善来比丘！是竟未得归依三宝，而其戒律悉得具足。

"或有说言：若不具受，则不得戒，八戒斋法，亦复如是。是义不然。何以故？若不具受不得戒者，有求优婆夷，云何得戒？实是得戒，但不具足八戒斋法。若不具受，虽不名斋，可得名善。

"善男子！若能洁净身、口、意业，受优婆塞戒，是名五阴。云何五阴？不受邪见，不说邪见，信受正见，说于正见，修行正法，是名五阴。

"受三归已，造作痴业，受外道法，自在天语，以是因缘，失于三归。若人质直，心无悭贪，常修惭愧，少欲知足，是人不久得寂静身。若有造作种种杂业，为受乐故修于善事，如市易法，其心不能怜悯众生，如是之人，不得三归。若人为护舍宅身命，祠祀诸神，是人不名失归依法；若人至心信其能救一切怖畏，礼拜外道，是人则失三归依法。若闻诸天有曾见佛功德胜已，礼拜供养，是人不失归依之法。

"或时礼拜自在天王，应如礼拜世间诸王、长者、贵人、耆旧、有德，如是之人，亦复不失归依之法。虽复礼拜所说邪法，慎无受之。供养天时，当起慈心，为护身命、财物、国土、人民恐怖。所说邪见，何故不受？智者应观外道所说，云一切物悉是自在天之所作。若是自在之所作者，我今何故修是善业？或说投渊、赴火、自饿、舍命，即得离苦。此即苦因，云何说言得远离苦？一切众生作善恶业，以是业缘，自受果报。

"复有说言：一切万物、时节、星宿，自在天作。如是邪说，我云何受现在造业，亦受过去所作业果？智者了了，知是业果，云何说言时节、星宿，自在作耶？若以时节、星宿因缘受苦乐者，天下多有同时、同宿，云何复有一人受苦，一人受乐，一人是男，一人是女？天、阿修罗有同时生，同宿生者；或有天胜，阿修罗负；阿修罗胜，诸天不如。复有诸王同时、同宿、俱共治政，一人失国，一则保土。诸外道等亦复说言：若有恶年、恶宿现时，当教众生令修善法以禳却之。若是年宿，何得修善而得除灭？以是因缘，智者云何受于外道邪错之说？

"善男子！一切众生随于业行，若修正见，受于安乐；修邪见者，受大苦恼。因修善业，得大自在；得自在已，众生亲近，复为宣说善业因缘，善业因缘故得自在。一切众生皆由修善业因缘故得受安乐，非年宿也。善男子！阿阇世王、提婆达多，皆由造恶业因缘故堕于地狱，非因年宿得是报也。郁头蓝弗邪见因缘，未来当堕大地狱中。

"善男子！一切善法，欲为根本，是欲因缘，得三菩提及解脱果。入出家法，破大恶业及诸有业，能受持戒，亲近诸佛，能一切舍施于乞者，能作定性坏恶果报，灭大恶罪，得决定聚，离于三障，善能修集坏烦恼道。是欲因缘，能受三归；因三归已，即能受戒；既受戒已，行见、修道，过于声闻。若有畏于师子、虎、狼恶兽等类，归依于佛，尚得解脱，况发善心求出世者不得解脱！阿那邠坻教告家内在胎之子，悉受归依，是胎中子实不成就。何以故？是法要当口自宣说；虽不成就，亦能护之。

　　"善男子！诸外道说：一切世间，皆是自在天之所作。亦复说言：未来之世过百劫已，当有幻出。所言幻者，即是佛也。若自在天能作佛者，是佛云何能破归依自在天义？若自在天不能作佛，云何说言一切皆是自在天作？外道复说：大梵天王、大自在天、毗纽天主，悉皆是一。复说：生处各各别异，自在天者名自在天，名常，名主，名有，名曰律陀，名曰尸婆，是一一名，各有异事，亦求解脱，亦即解脱。是义不然。何以故？若自在天能生众生，造作诸有，作善恶业及业果报，作贪、嗔、痴系缚众生。

　　"复言：众生得解脱时，悉入身中，是故解脱是无常法。是义不然。何以故？若无常者，云何得名为解脱也？如婆罗门子还得寿命，是故不得名自在天。是三种天亦不得一。何以故？阿周那人毗纽大天为作解脱，以是义故，亦不得一。若言解脱是无常者，当知即幻，非佛名幻。若能了了正见真我，是名解脱。

　　"复有说言：见微尘者，是名解脱。复有说言：见性异我异，是名解脱。是义不然。何以故？若能修道见四真谛，是人乃得见性见我。若人能受三归依者，是人乃能真见四谛。是三归依，乃是一切无量善法，乃至阿耨多罗三藐三菩提之根本也。

"菩萨二种：一者，在家；二者，出家。出家菩萨净三归依，是不为难；在家修净，是乃为难。何以故？在家之人多恶因缘所缠绕故。"

八戒斋品第二十一

善生言："世尊！若有人能受三归斋戒，是人当得何等果报？"

"善男子！若人能受三归依者，当知是人所得福报不可穷尽。善男子！迦陵伽国有七宝藏，名宾伽罗，其国人民大小男女，于七日中、七月、七年，常以车乘、象、马、驼、驴担负持去，犹不能尽。若有至心受三归斋，是人所得功德果报，出胜彼藏所有宝物。

"善男子！毗提呵国有七宝藏，名半陆迦，其国人民男女大小，于七日中、七月、七年，常以车乘、象、马、驼、驴担负持去，犹不能尽。若有至心受三归斋，是人所得功德果报，出胜彼藏所有宝物。

"善男子！波罗奈国有七宝藏，名曰蠰佉，其国人民男女大小，于七日中、七月、七年，常以车乘、象、马、驼、驴担负持去，亦不能尽。若有至心受三归斋，是人所得功德果报，出胜彼藏所有宝物。

"善男子！乾陀罗国有七宝藏，名伊罗钵多，其国人民男女大小，于七日中、七月、七年，常以车乘、象、马、驼、驴担负持去，亦不能尽。若有至心受三归斋，是人所得功德果报，出胜彼藏所有宝物。

"善男子！若有从他三受三归、三受八戒，是名得具一日一夜优婆塞斋。明相出时，是时则失。是故不得佛像边受，要当从人，根本清净，受已清净，庄严清净，觉观清净，念心清净，求报清净，是名三归清净斋法。

"善男子！若能如是清净归依受八戒者，除五逆罪，余一切罪悉皆消灭。如是戒者，不得一时二人并受。何以故？若一时中二人共受，何因缘故一人毁犯，一人坚持？是戒力故，后世生时不能造恶，受已作罪，复不永失。若先遣信，欲刑戮人，信迟未至，其人寻后发心受斋，当受斋时，信至即杀，虽后一时，以戒力故，不得杀罪。若诸贵人，常敕作恶，若欲受斋，先当敕语，遮先诸恶，乃得成就；若先不遮，辄便受斋者，不名得斋。欲受斋者，先当宣令所属国境，我欲受斋，凡是斋日，悉断诸恶罚戮之事。若能如是清净受持八戒斋者，是人则得无量果报至无上乐。

"弥勒出时，百年受斋，不如我世一日一夜。何以故？我时众生具五浊故。是故我为鹿子母说：善女！若娑罗树能受八斋，是亦得受人天之乐至无上乐。

"善男子！是八戒斋，即是庄严无上菩提之璎珞也。如是斋者，既是易作，而能获得无量功德。若有易作而不作者，是名放逸。

"善男子！菩萨二种：一者，在家；二者，出家。出家菩萨能教众生净八戒斋，是不为难；在家菩萨教他清净，是乃为难。何以故？在家之人多恶因缘所缠绕故。"

6　卷六

五戒品第二十二

善生言："世尊！何等之人得三归依？何等之人不得三归？"

"善男子！若人信因、信果、信谛、信有得道，如是之人则得三归；若人至心信不可败，亲近三宝，受善友教，如是之人则得三归；优婆塞戒，亦复如是。若能观是优婆塞戒多有无量功德果报，能坏无量弊恶之法。众生无边，受苦亦尔，难得人身；虽得人身，难具诸根；虽具诸根，难得信心；虽得信心，难遇善友；虽遇善友，难得自在；虽得自在，诸法无常。

"我今若造恶业，因是恶业获得二世身心恶报。以是因缘，身、口、意恶即是我怨。设三恶业不得恶报，现在之恶亦不应作；是三恶业现在能生弊恶色等，死时生悔。以是因缘，我受三归及八斋法，远离一切恶不善业。

"智者当观戒有二种：一者，世戒；二者，第一义戒。若不依于三宝受戒，是名世戒，是戒不坚，如彩色无胶，是故我先归依三宝，然后受戒。若终身受，若一日一夜，所谓优婆塞戒、八戒斋法。夫世戒者，不能破坏先诸恶业；受三归戒，则能坏之，虽作大罪，亦不失戒。何以故？戒力势故。如有二人同共作罪，一者受戒，二不受戒，已受戒者犯则罪重，不受戒者犯则罪轻。何以故？毁佛语故。

"罪有二种：一者，性重；二者，遮重。是二种罪，复有轻重，或有人能重罪作轻，轻罪作重。如鸯掘魔受于世戒，伊罗钵龙受于义戒。鸯掘魔罗破于性重，不得重罪；伊罗钵龙坏于遮制，而得重罪。是故有人重罪作轻，轻罪作重，是故不应以戒同故得果亦同。

"世戒亦有不杀、不盗，义戒亦有不杀、不盗，至不饮酒亦复如是。如是世戒根本不净，受已不净，庄严不净，觉观不净，念心不净，果报不净，故不得名第一义戒，惟名世戒，是故我当受于义戒。

"善男子！后世众生身长八丈，寿命满足八万四千岁，是时受戒，复有于今恶世受戒，是二所得果报正等。何以故？三善根平等故。或有说言可断命处乃得戒者，是义不然。何以故？夫禁戒者，悉于一切可杀不可杀中得，一切可杀不可杀者无量无边，戒之果报，亦复如是无量无边。

"善男子！一切施中，施无怖畏最为第一，是故我说五大施者，即是五戒。如是五戒，能令众生离五怖畏。

是五种施，易可修行，自在无碍，不失财物，然得无量无边福德。离是五施，不能获得须陀洹果乃至得阿耨多罗三藐三菩提。

"善男子！若受戒已，当知是人为诸天人恭敬守护，得大名称，虽遭恶对，心无愁恼，众生亲附，乐来依止。阿那邠坻长者之子，虽为八千金钱受戒，亦得无量功德果报。善男子！为财受戒尚得利益，况有至心为于解脱而当不得。

"善男子！有五善法围绕是戒，常得增长，如恒河水。何等为五？一者，慈；二者，悲；三者，喜；四者，忍；五者，信。若人能破殷重邪见，心无疑网，则具正念，庄严清净，根本清净，离恶觉观。

"善男子！若人能远五恶事者，是名受戒，远离一切身、口、意恶。若有说言离五戒已度生死者，无有是处。善男子！若人欲度生死大海，应当至心受持五戒。是五戒中，四于后世成无作戒，惟爱难断故不得成，以是因缘，淫欲缠绵，应当至心慎无放逸。若有说言：更有无量极重之法，过去诸佛何缘不制，而制于酒？善男子！因于饮酒，惭愧心坏，于三恶道不生怖畏，以是因缘，则不能受其余四戒，是故过去诸佛如来制不听饮。若有说言：如来已说酒多过失，何故不在五戒初说？是义不然。何以故？如是酒戒名为遮重，不为性重；如来先制性重之戒，后制遮重。

"善男子！如来先说白黑月中各有三斋，随外道故；诸外道辈常以此日供养诸天，是故如来说有三斋。善男子！如因帐窗，帐勒故不堕，三斋之法，亦复如是。众生若有发心受持，终不堕于三恶道中。善男子！有人若欲施时，供养三宝时，若坐禅时，若修善时，若读经时，供养父母时，当先立制，我若不作，要自克罚，是人福德日夜增长，如恒河流。如是五戒，有五种果：一者，无作果；二者，报果；三者，余果；四者，作果；五者，解脱果。若有具足受持五戒，当知是人得是五果。

"若优婆塞常能出至寺庙僧坊，到已，亲近诸比丘等；既亲近已，咨问法味；既问法已，当至心听；听已受持，忆念不忘能分别义；分别义已，转化众生，是名优婆塞自利利他。若优婆塞不能习学如是所说，轻慢比丘，为求过失而往听法，无信敬心，奉事外道，见其功德，深信日、月、五星、诸宿，是优婆塞不名坚固如法住也。

"若优婆塞虽不自作五恶之业，教人作者，是优婆塞非如法住。若优婆塞先取他物，许为了事，是优婆塞非如法住。是优婆塞典知关津，税卖估物，是优婆塞非如法住。若优婆塞计价治病，治已卖物，是优婆塞非如法住。若优婆塞违官私制，非如法住。若优婆塞自不作恶，不教他作，心不念恶，名如法住。若优婆塞因客烦恼所起之罪，作已不生惭愧悔心，非如法住。若优婆塞为身命故，作诸恶事，非如法住。若优婆塞虽得人身，行于非法，不名为人。

"若得信心，能作福德，善修正念，观一切法，皆是无常、无我我所，于一切法心无取着，见一切法不得自在，生灭苦空无有寂静。人身难得，虽得人身，难具诸根；虽具诸根，难得正见；虽具正见，难得信心；虽得信心，难遇善友；虽遇善友，难闻正法；虽闻正法，难得受持。能如是观，是名人身。

"若人能观欲界无常，乃至非想非非想处皆悉无常，以是因缘，不求三恶乃至非想非非想处。如是观已，见三不坚：以不坚身易于坚身，礼拜供养，来迎去送，自手施与，亲执福事，是名以不坚身易于坚身。以不坚财易于坚财，能自食用，亦以布施供给病瘦行路之人，供养沙门、婆罗门等、贫穷、下贱，是名以不坚财易于坚财。以不坚命易于坚命，修于六念、慈悲喜舍，证四真谛，善能观察生老病死，明信善恶业之果报，定知恩爱当有别离，一切众生不得自在，未得圣道，生死力大，一切世乐常与苦俱，虽复受之，心不染着，犹如寒月求火自暖，虽复为之，终不作恶；修忍二施以润众生，深观苦乐其性平等；凡所发言，言则柔软，善化众生，令如法住，远离恶友，心无放逸，饮酒、博弈、射猎之事悉不为之，是名以不坚命易于坚命。

"善男子！若得人身，多饶财物，兼得自在，先应供养父母、师长、和上、耆旧、持法之人，供给远至、初行之人疾病所需；言则柔软，多有惭愧；不偏信敬有德一人，见有贤圣持戒多闻，能以舍宅、饮食、卧具、衣服、病药而供养之。深信僧中多有功德，修习向道得须陀洹果，乃至能修向阿罗汉得阿罗汉果，修金刚三昧、电光三昧。观如是已，平等奉施。如是施已，得无量福。是故我于《鹿子经》中，告鹿子母曰：'虽复请佛及五百阿罗汉，犹故不得名请僧福。'若能僧中施一像似极恶比丘，犹得无量福德果报。何以故？如是比丘虽是恶人，无戒多闻，不修善法，亦能演说三种菩提，有因有果，亦不诽谤佛、法、僧宝，执持如来无上胜幡，正见无谬。若供养僧，即是供养佛、僧二宝；若观佛法功德微妙，即是具足供养三宝。

"若人施时不求果报，即是供养无上菩提，具足成就檀波罗蜜，修菩提道，能得未来无量功德，亦能自利及利益他。能修慈悲，为破他苦，自舍己乐。未得菩提，心无忧悔，虽闻菩提久远难得，而其内心初无退转。为诸众生无量世中受大苦恼，亦不疲厌。乐如法行，不求世乐，乐处寂静，出家修道；未得出家，虽在家居，如解脱人不作众恶，得三种戒：戒戒、定戒、无漏戒。

"善男子！菩萨二种：一者，在家；二者，出家。出家菩萨如法修行，是不为难；在家菩萨如法修行，是乃为难。何以故？在家之人多恶因缘所缠绕故。"

尸波罗蜜品第二十三

善生言："世尊！云何菩萨趋向菩提，其心坚固？"

"善男子！菩萨坚固，具足四法：一者，受大苦时，终不舍离如法之行；二者，得大自在，常修忍辱；三者，身处贫穷，常乐施与；四者，盛壮之年，常乐出家。若有菩萨具足四法，趋向菩提，其心坚固。

"菩萨具足如是四法，复作是念：是菩提道初根本地，名之为戒。如是戒者，亦名初地，亦名导地，亦名平地，亦名等地，亦名慈地，亦名悲地，亦名佛迹，亦名一切功德根本，亦名福田。以是因缘，智者应当受持不毁。

"复次，智者又作是念：戒有二果：一、诸天乐；二、菩提乐。智者应当求菩提乐，不求天乐。若受戒已，所不应作而故作之，所不应思而故思维，懈怠懒惰，乐于睡眠，念恶觉观，邪命恶愿，是名污戒。若受戒已，心生悔恨，求人天乐，多诸放逸，不生怜悯，是名污戒。若畏贫穷，若为恐怖，若为失财，若畏作役，若为身命，若为利养，若为爱心而受禁戒，既受戒已，心生疑惑，是名污戒。

"善男子！若人不乐久处生死，深见过罪，观人天乐、阿鼻狱苦平等无差，怜悯众生，具足正念，为欲利益无量众生使得成道，为具无上菩提道故，为如法行故，受持是戒，心不放逸。能观过去、未来、现在身、口、意业，知轻知重。凡所作事，先当系心，修不放逸；作已、作时，亦复如是修不放逸。若先不知，作已得罪，若失念心亦得犯罪，若客烦恼时暂起者亦得犯罪，若小放逸亦得犯罪。是人常观犯轻如重，观已生悔及惭愧心，怖畏愁恼，心不乐之，至心忏悔；既忏悔已，心生欢喜，慎护受持，更不敢犯，是名净戒。

"善男子！有智之人既受戒已，当观三事不作恶行：一者，自为；二者，为世；三者，为法。云何自为？我自证知此是恶事，知作恶业得如是果，知作善业得如是果。所作恶业无有虚妄，决定还得诸恶之果；所作善业亦无虚妄，决定还得诸善之果，若是二业无虚妄者，我今云何而自欺诳？以是因缘，我受戒已，不应毁犯，当至心持，是名自为。

"云何为世？有智者观见世间之人，有得清净天耳、天眼，及他心智，我若作恶，是人必当见闻知我，若见闻知我，当云何不生惭愧而作恶耶？复观诸天具足无量福德，神足、天耳、天眼，具他心智，遥能见闻，虽近于人，人不能见。若我作恶，如是等天当见闻知，若是天等了了见我，我当云何不生惭愧故作罪耶？是名为世。

"云何为法？有智之人观如来法清净无染，得现在利，能令寂静度于彼岸，能作解脱，不选时节。我为是法故受持戒，我若不能先受小制，云何能得受大制耶？破小制已，增五有苦，若至心持，增无上乐。我受身来所以未得证解脱者，实由不从过去无量诸佛如来受禁戒故；我今受戒，未来定当值遇恒河沙等诸佛。深观是已，生大怜悯，至心受戒，受已坚持，为阿耨多罗三藐三菩提，利益无量诸众生故。

"善男子！若在家，若出家，若三归，若八斋，若五戒，若具足，若不具足，若一日一夜，若一时一念，若尽形寿至心受持，当知是人得大福德。善男子！若受戒已，修三善业，多闻、布施、修定、修善，供养三宝，是则名为庄严菩提。若受戒已，能读如来十二部经，是名无上大法之藏，勤加精进，欲得具足尸波罗蜜。如是戒者，今世受已，后虽不受，成无作戒。

"善男子！有戒非波罗蜜，有波罗蜜非戒，有戒有波罗蜜，有非戒非波罗蜜。是戒非波罗蜜者，所谓声闻、辟支佛戒。是波罗蜜非是戒者，所谓檀波罗蜜。是戒是波罗蜜者，如昔菩萨受瞿陀身时，为诸虫兽及诸蚁子之所唼食，身不倾动，不生恶心；亦如仙人为众生故，十二年中青雀处顶，不起不动。非戒非波罗蜜者，如世俗施。

"善男子！菩萨摩诃萨住尸波罗蜜时，所受众苦，谁能说之？有人若受小小戒已，少欲知足，不能怜悯诸苦众生，当知是人不能具足尸波罗蜜。若能修忍三昧智慧，勤行精进，乐于多闻，当知是人则能增长尸波罗蜜，庄严菩提，证菩提果。如是戒者，无量众善故，无量果报故，无量戒禁故，以是因缘，庄严菩提。

"善男子！菩萨摩诃萨既受戒已，口不说恶，耳不乐闻，不乐说世，亦不乐闻，终不放心在恶觉观，不亲恶友，是故名得寂静净戒。菩萨若见破戒恶人，不生恶心，为设种种善巧方便而调伏之；若不调伏，当生怜悯，不为身命破戒舍戒。食已，先修惭愧之心、不放逸心，为治身命，如疗恶疮。若入村落，如刀刺林，摄护诸根，修集正念，观察可作及不可作，不生放逸。

"若人作福亦因于我，若人作罪亦因于我，是故我得大供养时，不应生喜；得衰苦时，不应生嗔。得少供养，应作是念：我今信、戒、施、闻、智慧如法住少故，得如是微少供养，是故我今不应生于愁苦之念。我为二事受他信施：一者，为增他福；二者，为增自善。是故若得少物恶物，不应生恼。久住迟得，轻骂已得，尔时复当自责其身：是我宿罪，非众生过，是故我今不应生恼。若受戒已，为他作罪，亦应说言如是所作实非是道。何以故？十二部经不说诸恶为菩提道，是故我今获得杂报。若能如是深观察者，当知是人则能具足尸波罗蜜。

"善男子！若有人能摄护诸根，身四威仪不作诸恶，能堪众苦，不作邪命，当知是人则能具足尸波罗蜜。若于轻重戒中等生怖畏，虽遭恶时，不犯小戒，不令烦恼秽污其心，修集忍辱，当知是人则能具足尸波罗蜜。若离恶友，令诸众生远恶邪见，知恩报恩，当知是人则能具足尸波罗蜜。若为善事，不惜身命，罢散自事，营成他事，见骂詈者，不生恶心，当知是人则能具足尸波罗蜜。若见如来所开之处，如本持之，护众生命，不惜财命，乃至命终不犯小戒，虽得微妙七珍之物，心不生贪，不为报恩以善加人，为怜悯故受持禁戒，既受持已，善发大愿，愿诸众生悉得净戒，当知是人则能具足尸波罗蜜。

"善男子！菩萨二种：一者，在家；二者，出家。出家菩萨具足尸波罗蜜，是不为难；在家具足，是乃为难。何以故？在家之人多恶因缘所缠绕故。"

业品第二十四

善生言："世尊！诸佛如来未出世时，菩萨摩诃萨以何为戒？"

"善男子！佛未出世，是时无有三归依戒，惟有智人求菩提道，修十善法。是十善法，除佛无能分别说者，过去佛说流转至今，无有漏失，智者受行。善男子！众生不能受持修集十善法者，皆由过去不能亲近咨承佛故。

"善男子！一切众生皆有杂心，杂心因缘有杂烦恼，杂烦恼故造作杂业，杂业因缘受于杂有，杂有因缘受于杂身。善男子！一切众生得杂身已，见于杂色；见杂色已，生恶思维，是恶思维名为无明；无明因缘，生于求心，名之为爱；因爱所作，名之为业；是业因缘，获得果报。有智之人，能破析之，由内烦恼，外有因缘，则能系缚，修十善已，则能解之。是故如来初得阿耨多罗三藐三菩提时，分别演说十善之法；因十善故，世间则有善行恶行、善有恶有乃至解脱，是故众生应当至心分别体解十善之道。若有风云，为持大水、阿修罗宫、大地、大山、饿鬼、畜生、地狱、四天王处乃至他化自在天处，悉因众生十善道故。转轮圣王所有四轮：金、银、铜、铁，七众受戒，求三菩提，亦因十善业因缘故。

"是十善业道因缘故，一切众生内外之物，色之与命，皆有增减，是故智者应当具足修十善道。若诸众生少壮老时，春秋冬夏，所起烦恼，各各别异；小、中、大劫所起烦恼，亦复如是，各各别异。众生初修十善业时，得无量命，色、香、味具，因贪、嗔、痴，一切皆失。

"是十恶业道因缘故，时节、年岁、星辰、日月、四大变异。若人能观如是事者，当知是人能得解脱。众生皆由苦因缘故，则生信心；既得信心，能观善恶；如是观已，修十善法。

"意行十处，故名十道。身三道者，谓杀、盗、淫；口四道者，恶口、妄语、两舌、无义语；心三道者，嗔、妒、邪见，是十恶业悉是一切众罪根本。若诸众生异界、异有、异生、异色、异命、异名，以是因缘，应名无量，不但有十。如是十事，心三名为业，不名为道；身、口七事，亦业亦道，是故名十。是十业道，自作、他作、自他共作，从是而得善恶二果，亦是众生善恶因缘。是故智者尚不应念，况身故作？若人令业烦恼诸结得自在者，当知即是行十恶道；若有能坏烦恼诸结不令自在，是人即是行十善道。

"若人始设方便，若先不思维，当时猝作，是人不得业所摄罪。是故智者应当勤修十善业道，证四真谛，亦复如是。作期为恶，若失期者，亦不得罪。是故智者应修十善，因是十善众生修已，增长寿命及内外物。烦恼因缘故，十恶业增；无烦恼因缘故，十善业增。

"善男子！是十业道，一一事中各有三事：一者，根本；二者，方便；三者，成已。根本者，若有他想，有众生想，若以疑心断其命根，若动身作相，或口说杀，是名根本。求刀磨利，买毒作索，是名方便。杀已手触，称量提持，若自食啖，若与人食，得物用度，任意施与，欢喜受乐，无有惭愧，心不悔恨，自赞其身，生大骄慢，是名成已。

"欢喜是他财有，亦作他想，若自往取，若遣人取，若以疑心移置异处，是名根本。若坏垣墙，咨问计数，置梯缘墙入舍，求觅乃至手触，是名方便。若得物已，负担藏隐，任意施与，卖用勿遗，欢喜受乐，无有惭愧，心不悔恨，自赞其身，生大骄慢，是名成已。

"若是妇女，系属他人，起于他想，若以疑心作非梵行，是名根本。若遣使往，若自相见，若与信物，若以手触，若软细语，是名方便。若事已竟，遗以璎珞，共坐饮食，欢喜受乐，无有惭愧，心不悔恨，自赞其身，生大骄慢，是名成已。

"若于大众舍离本相，若于三时若二时中，虚妄说之，是名根本。若于先时，次第庄严，构言语端，或受他语，起往彼说，是名方便。若事成已，受取财物，任意施与，欢喜受乐，无有惭愧，不生悔恨，自赞其身，生大骄慢，是名成已。

"是妄语中，杂有两舌，能坏和合，是名根本。若说他过及余恶事，言和合者，必有不可；若离坏者，则有好事，是名方便。和合既离，受他财物，任意施与，欢喜受乐，无有惭愧，不生悔恨，自赞其身，生大骄慢，是名成已。

"若变容色，恶口骂詈，是名根本。若闻他罪，庄严辞章，起去到彼，欲说是恶，是名方便。若骂詈已，还受他物，任意施与，欢喜受乐，无有惭愧，不生悔恨，自赞其身，生大骄慢，是名成已。

"若说欲事、非时之言，是名根本。若歌若颂无义章句，随人所憙，造作百端，是名方便。若教他已，还受财物，任意施与，欢喜受乐，无有惭愧，不生悔恨，自赞其身，生大骄慢，是名成已。

"于他财物生贪欲得，是名根本。发烦恼心，是名方便。作已得财，任意施与，欢喜受乐，复向余说，无有惭愧，不生悔恨，自赞其身，生大骄慢，是名成已。

"若打骂人，是名根本。若捉杖石，问其过罪，是名方便。打已生喜，受取财物，任意施与，欢喜受乐，无有惭愧，不生悔恨，自赞其身，生大骄慢，是名成已。

"若诽谤业、因果、真谛、贤圣之人，是名根本。若读诵、书写、信受邪书，赞叹称誉，是名方便。受已，向他分别演说，增其邪见，受取财物，任意施与，欢喜受乐，无有惭愧，不生悔恨，自赞其身，生大骄慢，是名成已。

"或复有人，于十业道一时作二：妄语、两舌。或一时三，所谓妄语、两舌、恶口。又复有三，所谓邪见、恶口、妄语。如是说者，即是无义，是名为四。嗔之与贪，不得一时；其余八事，可得一时。云何一时？六处遣使，自作二事：一者，淫他妻妇；二者，谓无业果。先作期要，一时得业。是十恶业，或得作色无无作色，或有作色及无作色。若无方便及成已者，则得作色无无作色；若有庄严及成已者，则得作色及无作色。是十业道，有轻有重，若杀父母及辟支佛，偷三宝物，于所生母及罗汉尼作非梵行，妄语坏僧，是名为重。

"善男子！是十业道，各有三种：一、从贪生；二、从嗔生；三、从痴生。若为贪利故害命者，是名从贪；若杀怨家，是名从嗔；杀父母者，是名从痴。

"劫盗他财，亦复三种：自为己身、妻子、眷属，贪他财物，而往劫夺，是名从贪；盗怨家物，是名从嗔；劫夺下姓，是名从痴。

"邪淫亦三：若为自乐行非梵行，是名从贪；淫怨眷属，是名从嗔；于所生母作非梵行，是名从痴。

"妄语三种：若为财利自受快乐，是名从贪；为坏怨故，是名从嗔；若畏他死，是名从痴。

"两舌三种：为财利故，是名从贪；为坏怨故，是名从嗔；破坏和合邪见之众，是名从痴。

"恶口三种：为财利故，骂詈妇儿，是名从贪；故向怨家说所恶事，是名从嗔；说他往昔先人过罪，是名从痴。

"无义语亦三种：若为欢乐，歌叫喧哗，是名从贪；为胜他故，歌叫喧哗，是名从嗔；为增邪见，歌叫喧哗，是名从痴。从贪生者，是名为妒；从嗔生者，是名为恚；从痴生者，是名邪见。

"修十善已，一一事中得三解脱。是十恶业决定当得地狱果报，或有饿鬼，或有畜生；余果则得人中短命，贫穷乏财，妇不贞廉，有所言说人不信受，无有亲厚，常被诽谤，耳初不闻善好之言，能令外物四大衰微，无有真实，恶风暴雨，烂臭败坏，土地不平，无有七宝，多有石沙、荆棘、恶刺，时节转变无有常定，果蓏少实，味不具足。

"若欲破坏如是等事，应当至心修行十善。是十善法，三天下具，或有戒摄，或非戒摄；北郁单越惟有四事；地狱有五；饿鬼、畜生、天中具十，非戒所摄；欲界六天无有方便，惟有根本、成已二事。

"夫业道者，一念中得。如其杀者、可杀俱死，是则不得根本业果。若作庄严，事竟不成，惟得方便，不得根本。作庄严已，便得杀者，得根本罪。如其杀已，不追成已，无无作罪。若杀者一念中死，可杀之者次后念死，杀者不得根本业罪。若遣使杀，使得作罪，口救之者，得无作罪；若恶口救，亦得作罪及无作罪。若其杀已，心善、无记，亦得作罪及无作罪。

"若有说言：过去已灭，未来未生，现在无住，云何名杀？一念不杀，微尘不坏，若一不杀，多亦不能，云何言杀？是义不然。何以故？虽复现在一念不杀，能遮未来使不起故，故得名杀。以是义故，不可以见一处无杀，举一切处悉便无杀。有人刺手则便命终，或有截足而命全者。头则不尔，刺截俱死。若有作已得大罪者，是名业道；三业自得，七业自他。若无作者，亦无无作。

"或有说言：身业三事有作无作，口不如是。是义不然。何以故？若口有作无无作者，口救杀已，不应得罪，是故口业亦应有作及以无作。心则不尔。何以故？贤圣之人不得罪故。何因缘故名作无作？是业堕于三恶道故，生于人中寿命短故，所有六入常受苦故。余果相似；根本正果或有相似或不相似。受果报时，在活地狱、黑绳地狱，饿鬼、畜生、人中三处，受于余果。若于一人作杀庄严，作庄严已，有二人死，当知惟于本所为人得作无作。

"若有说言：色是无记，命亦无记，如是无记，云何杀已而得杀罪？是义不然。何以故？如是身命是善恶心器，若坏是器，遮于未来善恶心故，是故得罪。若王敕杀，侍臣称善，是王与臣罪无差别；猎亦如是。若有垂终，其命余残有一念在，若下刀杀，是得杀罪；若命已尽而下刀者，不得杀罪。若先作意规欲挝打，然下手时，彼便命终不得杀罪。若作毒药与怀妊者，若破歌罗罗，是人则得作无作罪。若自刑者，不得杀罪。何以故？不起他想故，无嗔恚心故，非他自因缘故。

"或有说言：若心在善、不善、无记，悉得杀罪，犹如火毒，虽复善心、不善、无记，触食之者悉皆死者。是义不然。何以故？世间有人捉火不烧，食毒不死，非恶心杀，亦复如是不得杀罪，如诸医等。

"或有说言：婆薮仙人说咒杀人、杀羊祀天，不得杀罪。是义不然。何以故？断他命故，痴因缘故。若见人死，心生欢喜，当知是人得成已罪。见他杀已，心生欢喜，出财赏之，亦复如是。若使他杀，受使之人到已，更以种种苦毒而杀戮之。口敕之者，惟得作罪，受使之人，兼得二罪，作以无作。

"若发恶心夺取他物，是人亦得作无作罪。若数时取，若寄时取，因市易取，亦得偷罪。若自不取、不贪、不用，教他令取，是人亦得作无作罪。若欲偷金，取时得银，出外识已，还置本处，是人不得盗罪。若欲偷金，得已即念无常之想，心生悔恨，欲还本主而复畏之，设余方便还所偷物，虽离本处，不得偷罪。奴仆财产先悉生意与主同共，后生贪想辄取主物，取已生疑而便藏避，复思是物同共无异，虽离本处，不得偷罪。

"若人行路为贼所劫，既至村落，村主问言：汝失何物？我当偿之。若说过所失，取他物者，是得偷罪。若有发心，施他二衣，受者取一，云不需二，辄还留者，是得偷罪。若人发心，欲以房舍、卧具、医药、资生所需施一比丘，未与之间，更闻他方有大德来，辄回施之，是得偷罪。若取命过比丘财物，谁边得罪？若羯磨已，从羯磨僧得；若未羯磨，从十方僧得；若临终时，随所与处，因之得罪；若偷佛物，从守塔人主边得罪。若暴水漂财物、谷米、果蓏、衣服、资生之物，取不得罪。

"若于非时、非处，非女、处女、他妇，若属自身，是名邪淫。惟三天下有邪淫罪，郁单越无。若畜生，若破坏，若属僧，若系狱，若亡逃，若师妇，若出家人，近如是人，名为邪淫。出家之人，无所系属，从谁得罪？从其亲属、王所得罪。恶时、乱时、虐王出时、怖畏之时，若令妇妾出家剃发，还近之者，是得淫罪。若到三道，是得淫罪。若自若他，在于道边、塔边、祠边、大会之处作非梵行，得邪淫罪。若为父母、兄弟、国王之所守护，或先与他期，或先许他，或先受财，或先受请，木泥、画像及以死尸，如是人边作非梵行，得邪淫罪。若属自身而作他想，属他之人而作自想，亦名邪淫。如是邪淫亦有轻重，从重烦恼则得重罪，从轻烦恼则得轻罪。

"若有疑心，若无疑心，若见、若闻、若觉、若知、若问、不问，异本说者，是名妄语。若言不本见闻觉知，亦是妄语，不名具足。若破相说，无覆藏相，是非妄语。若异音说，前人不解，亦是妄语，不名具足。若颠倒语，若发大声不了了语，若有所说前人不解，亦是妄语，不名具足。两舌、恶口，若坏前人，不坏前人，作已得罪。无义语，亦复如是。如是七事，亦道亦业；其余三事，是业非道。何以故？自不行故，妨于自他得大罪故。

"或有说言：一切微尘次第而住，亦念念灭，灭已无住，若无住者，尚无有作，况有无作？是义不然。何以故？世间之法，有因有果，无因无果。如面水镜，则有像现，离面无像。作亦如是，从身有作，从是作法则出无作，如面水镜，则有像现。譬如有人发恶心故，则恶色现；发善心故，则善色现。作以无作，亦复如是。若因善业得善妙色，若因恶业得粗恶色。作以无作，亦复如是。

　　"若以念念常灭无有作无作者，如先所说灯、河等喻，虽念念灭，以二谛故，说作无作。微尘虽复次第不住，亦复不破世谛法也；正以微尘次第得名。父母、罗汉其有杀者，得无量罪；父母、罗汉及以他人，阴、界、入等等无差别，所以得重，以是福田，报恩田故。如说二字不得一时，然此二字终不和合，义不可说，虽念念灭，亦名妄语，不破世谛。犹如射箭，虽念念灭，因于身业微尘力故，到不到处；作以无作，亦复如是。如舞独乐，虽念念灭，因于身业微尘力故，而能动转；作以无作，亦复如是。如旋火轮，虽念念灭，因于身业微尘力故，火得圆匝。

　　"初发心异，方便心异，作时心异，说时心异，众缘和合故得名作；以作因缘生于无作，如威仪异，其心亦异，不可得坏，故名无作。从此作法得无作已，心虽在善、不善、无记，所作诸业无有漏失，故名无作。若身作善，口作不善，当知是人，获得杂果。若身善业有作无作，口不善业惟有有作，无有无作，当知是人惟得善果，不得恶果。是故经中说七种业有作无作。如人重病，要需众药和合治之，若少一种，则不能治。何以故？
其病重故。一切众生亦复如是，具诸恶故，要需众戒然
后治之，若少一戒，则不能治。"

7　卷七

业品之余

"善男子！众生作罪，凡有二种：一者，恶戒；二者，无戒。恶戒之人，虽杀一羊，及不杀时，常得杀罪。何以故？先发誓故。无戒之人，虽杀千口，杀时得罪，不杀不得。何以故？不发誓故。是故一切善不善法，心为根本。因根本故，说诸比丘犯有二种：一者，身犯；二者，口犯，无心犯也。如是戒者，时不具足，枝不具足，则不得戒。譬如钻火，有燧、有力、有干粪草，然后得火，若少一事，则不得火，戒法亦尔。如是戒者，若得、若舍、若持、若毁，皆随于心；如来了了知诸法性，是故制之。

"若复有人，因于善业思维力故，不造诸恶，名如法戒；若从他得，名为受戒。若离戒受有功德者，一切恶兽师子、虎、狼应得功德，然实不得。以是因缘，受善戒者得无量福，受恶戒者得无量罪。是故经中说恶律仪：一者，畜羊；二者，畜鸡；三者，畜猪；四者，钓鱼；五者，网鱼；六者，杀牛；七者，狱卒；八、畜猎狗；九、作张弶；十、作猎师；十一、咒龙；十二、杀人；十三、作贼；十四、两舌；十五、以苦鞭靼、枷锁、押额、铁钉、烧炙加人。国王、大臣受寄抵谩不知恩者，恶性恶心大恶村主典税物者，毁戒比丘心无惭愧，如是之人，皆无戒也。虽复不名不善业道，而得大罪。何以故？尽寿作故。如是等事，若不立誓，不从人受，则不成就。如是恶戒四时中舍：一者，得二根时；二者，舍寿命时；三者，受善戒时；四者，断欲结时。

"或有说言：如善戒具足，恶戒亦尔。是义不然。何以故？恶戒易得故，一因缘得故，所谓立誓。善戒不尔，有五方便，所谓五根，是故难得；以难得故，要须具足。

"若有说言：优婆塞戒无无义语、两舌、恶口，是故优婆塞戒、八戒斋法，沙弥、比丘不具足得。是义不然。何以故？我今受持净口业故。

"若有说言：我受五戒，净身、口、意。心若不净，当知是人不得具戒。譬如有人受恶戒已，虽不杀生，是人常有恶戒，成就毁禁，比丘亦复如是。何以故？受持戒已，一一戒边多业多果故。众生无量，戒亦无量；物无量故，戒亦无量。是善恶戒，俱有三种，谓上、中、下。若不受恶戒，虽多作罪，不名恶戒。

"若有难言：何缘五戒尽形寿受，八戒斋法一日一夜？当言如来善知法相，通达无碍，作如是说。

"善男子！世间福田，凡有二种：一、功德田；二、报恩田。坏此二田，名五逆罪。是五逆罪，有三因缘：一者，有极恶心；二者，不识福德；三者，不见正果。若人异想杀阿罗汉不得逆罪，父母亦尔。若无惭愧，不观报恩，心无恭敬，但作方便，不作根本，虽非逆罪，亦得大报。善教授故，生怜爱故，能堪忍故，难作作故，受大苦故，是故父母名报恩田。若复有人杀父母已，虽复修善，是善无报。是故我说：人所荫处，乃至少时，慎勿毁折枝条华果。

　　"善男子！我涅槃后，有诸弟子，当作是说：若以异想、异名杀父母，不得逆罪，即昙无德。或复说言：虽以异想杀于父母，故得逆罪，即弥沙塞。或复有说：异想、异名杀于父母，俱得逆罪，即萨婆多。何以故？世间真实，是可信故，父母真实，想亦不转，恶心杀之，即得逆罪。实是父母，无父母想，不发恶心，父母虽死，不得逆罪。何以故？具足四事，乃得逆罪：一者，实是父母作父母想；二者，恶心；三者，舍心；四者，作众生想。具是四事，逆罪成就；若不具者，则不成就。

　　"若为怜悯故，若为恭敬故，若为受法故，若为怖畏故，若为名称故，授与死具，虽不手杀，亦得逆罪。若为他使令杀父母，啼哭忧愁而为之者，如是罪相，初中后轻。欲杀父母，误杀他人，不得逆罪。欲杀他人，误杀父母，亦复如是。欲杀母时，误杀相似，杀已藏刀，复中母身，不得逆罪。母有异见，儿有异杀，但得杀罪，不得逆罪。

"是五逆罪，杀父则轻，杀母则重，杀阿罗汉重于杀母，出佛身血重杀罗汉，破僧复重出佛身血。有物重意轻，有物轻意重，有物重意重，有物轻意轻。物重意轻者，如无恶心杀于父母；物轻意重者，如以恶心杀于畜生；物重意重者，以极恶心杀所生母；物轻意轻者，如以轻心杀于畜生。如是恶业，有方便重，根本、成已轻；有方便、根本轻，成已重；有方便、根本重，成已轻；有根本轻，方便、成已重。物是一种，以心力故得轻重果。

"善男子！有人以食欲施于我，未与我间转施饿狗，我亦称赞如是人者是大施主。若是福田、若非福田，心不选择而施与者，是人获得无量福德。何以故？心善净故。是业四种：一者，现报；二者，生报；三者，后报；四者，无报。业有四种：一者，时定果报不定；二者，报定时不必定；三者，时定果报亦定；四者，时果二俱不定。

"时定者，所谓现在、次生、后世。若时不定，果报不定，是业可转。若果报定应后受者，是业可转现在受之。何以故？善心智慧因缘力故。恶果定者，亦可转轻。何因缘故名果报定？常作无悔故，专心作故，乐喜作故，立誓愿故，作已欢喜故，是故是业得果报定。除是之外，悉名不定。

"众生行业，有轻有重，有远有近，随其因缘，先后受之。如有修身、修戒、修心、修慧，定知善恶当有果报，是人能转重业为轻，轻者不受。若遭福田，遇善知识，修道修善，是人能转后世重罪现世轻受。若人具有欲界诸业，得阿那含果，能转后业现在受之。阿罗汉果，亦复如是。

"善男子！智者若能修身、修戒、修心、修慧，是人能坏极恶之业，如阿伽陀、咒及除毒宝，破坏恶毒。若作小罪，初方便轻，后成已重，是人不修身、戒、心、慧，令轻作重。

"众生若作一种、二种乃至种种，有作不具足，有作具足。先念后作，名作具足；先不生念直造作者，名作不具足。复有作已不具足者，谓作业已果报不定；复有作已亦具足者，谓作业已定当得报。复有作已不具足者，果报虽定，时节不定；复有作已亦具足者，时报俱定；复有作已不具足者，持戒、正见；复有作已亦具足者，毁戒邪见。复有作已不具足者，信因信果；复有作已亦具足者，不信因果。复有作已不具足者，作恶之时，有善围绕；复有作已亦具足者，作恶之时，恶来围绕。

复有作已不具足者，虽作众恶，人中受报；复有作已亦具足者，人中作恶，地狱受报。复有作已不具足者，有正念心；复有作已亦具足者，无有念心。复有作已不具足者，三时生悔；复有作已亦具足者，三时不悔。如恶，善亦如是。因是作已亦具足故，作小得大，作大得小。

"一意模身，身既成就，有无量意，模身初意，即是善也。身既成就，得二种果，杂善不善，如人、天亦如是。地狱众生恶意模身，身既成已，一向不善。饿鬼、畜生亦恶意模身，身既成已，杂善不善。善恶中阴，以善恶模身，身既成已，俱得杂报，善以不善。歌罗罗时乃至老时，亦得杂报，善以不善。是故经说有四种业：黑业黑报，白业白报，杂业杂报，不黑不白是业无报。黑业黑报，所谓地狱；白业白报，所谓色天；杂业杂报，所谓欲天、人中、畜生、饿鬼；不白不黑无报，所谓无漏。

"善男子！若人不解如是业缘，无量世中，流转生死。何以故？不解如是业因缘者，虽生非想非非想处，寿八万劫，福尽还堕三恶道故。善男子！一切模画无胜于意，意画烦恼，烦恼画业，业则画身。贪因缘故，色声妙好，威仪详序；嗔因缘故，色声粗恶，威仪猝暴；如嗔，痴亦如是。

"无量世界，一百三十六地狱处，无量畜生，无量饿鬼，皆因业作；人、天亦尔。无量众生获得解脱，亦因于业。善男子！是十善道有三事：一者，能遮烦恼；二者，能作善心；三者，能增长戒。如除毒药，凡有三种：一者，阿伽陀药；二者，神咒；三者，真宝。若人善修不放逸行，具足正念，分别善恶，当知是人决定能修十善业道；若多放逸，无有惭愧及以信心，当知是人决定能作十不善业道。是十业道，复有三事：一者，方便；二者，根本；三者，成已。若有人能勤于礼拜供养父母、师长、和上、有德之人，先意问讯，言则柔软，是名方便。若作已竟，能修念心，欢喜不悔，是名成已。作时专著，是名根本。

"善男子！是十业道，复有三种，谓上、中、下。或方便上，根本中，成已下；或方便中，根本下，成已上；或方便下，根本上，成已中。是十业道，三法围绕，所谓无贪、恚、痴，有贪、恚、痴。是十业道，有共戒行、不共戒行。舍戒有六：一者，断善根时；二者，得二根时；三者，舍寿命时；四者，受恶戒时；五者，舍戒时；六者，舍欲界身时。

"或复说言：佛法灭时，便失戒者。是义不然。何以故？受已不失，未受不得。断身、口、意恶，故名戒戒；根本四禅，四未到禅，是名定戒；根本四禅，初禅未到，名无漏戒；舍身后世，更不作恶，名无作戒；守摄诸根，修正念心，见闻觉知色、声、香、味、触、法不生放逸，名摄根戒。何因缘故得名为戒？戒者名制，能制一切不善之法，故得名制。又复戒者，名曰窄隘，虽有恶法，性不能容，故名窄隘。又复戒者，名曰清凉，遮烦恼热不令得入，是故名凉。又复戒者名上，能上天上，至无上道，是故名上。又复戒者名学，学调伏心智慧诸根，是故名学。

"善男子！或时有人具足一戒，所谓波罗提木叉戒；或具二戒，加定共戒；或具三戒，加无漏戒；或具四戒，加摄根戒；或具五戒，加无作戒。善男子！波罗提木叉戒，现在作得；定共戒者，三世中得。

"善男子！若复有人欲受戒时，至心能观生死罪过、解脱功德，信心欢喜，是人兼得作无作戒。如是戒者，随命长短，命长长得，命短短得。是无作戒，三因缘舍：一者，少庄严故；二者，心放逸故；三者，作不坚故。不舍因缘亦有三事：一者，有本愿故；二者，作业坚故；三者，至心放逸故。

"善男子！除十善业及十恶业、善戒恶戒已，更有业戒所不摄者，谓善恶法。如是善恶，有作无作。有人具足作及无作，若现在作善未舍之顷，具作无作；第二念中成就过去作无作，作已过去，惟有无作无有作也。若人得戒，虽作不善，是人现世成就二法：恶法有作，善法无作。

"是作无作，二因缘舍：一者，所施物尽；二者，心舍善作。二世成就，过去、现在；无作三世。定戒二因缘舍：一者，退时；二者，断善根时。复有三时：一者，舍身时；二者，退时；三者，生上时。无漏戒有三时舍：一者，退时；二者，转钝作利时；三者，得上果时。心善业一时失，谓上生时；身、口、意善，断善根时一时俱失。善男子！若得具足戒、定戒、无漏戒、摄根戒，是人了了解十业道。

"善男子！因十业道，众生寿命有增有减：减者，寿命十年；增者，至无量年。北郁单越定寿千年，此寿百年，东西二方二百五十；此寿无量，彼亦无量。四天王寿，人数九百万岁，寿命不定，如三天下。三十三天寿千八百万岁，命亦不定。焰摩天寿三千六百万岁，命亦不定。兜率天寿七千二百万岁，除后身菩萨，余一切命皆亦不定。化乐天寿万四千四百万岁，命亦不定。他化自在天寿二万八千八百万岁，命亦不定。

"他化自在天上一年，即热地狱一日一夜，如是三十日为一月，十二月为一岁，彼地狱寿命二万八千八百万岁，命亦不定。化乐天上一年，即大声地狱一日一夜，如是三十日为一月，十二月为一岁，彼狱寿命万四千四百万岁，命亦不定。兜率天一年，即是小声地狱一日一夜，如是三十日为一月，十二月为一岁，彼地狱寿命七千二百万岁，命亦不定。焰摩天一年，即众合地狱一日一夜，如是三十日为一月，十二月为一岁，彼地狱寿命三千六百万岁，命亦不定。三十三天一年，即是黑绳地狱一日一夜，如是三十日为一月，十二月为一岁，彼地狱寿命一千八百万岁，命亦不定。四天王上一年，即是活地狱中一日一夜，如是三十日为一月，十二月为一岁，彼地狱寿命九百万岁，命亦不定。阿鼻地狱寿命一劫，大热地狱寿命半劫，惟此二处寿命决定。人中五百年，是饿鬼中一日一夜，如是三十日为一月，十二月为一岁，彼鬼寿命万五千岁，命亦不定。畜生道中，除难陀、婆难陀，其余一切命亦不定。阿鼻地狱一年，即是非想非非想处一日一夜，如是三十日为一月，十二月为一岁，彼天寿命八万大劫；无所有处六万劫，识处四万劫，空处二万劫。

　　"若有发起轻微烦恼，爱着空定，当知是人生四无色。从十年增至八万岁，从八万岁减还至十年，如是增减满十八反，名一中劫。谷贵三灾，疾病三灾，刀兵一灾，名一小劫。水火二灾各五段过，有一风灾，五风灾过，名一大劫。

　　"阎浮提中刀兵起时，东西二方人暂生嗔。此病起时，彼小头痛，力少微弱。此谷贵时，彼则念食。如是恶事，郁单越无。因不杀故，寿命增长；偷因缘故，寿命减少。有二种劫：一者，水劫；二者，火劫。水劫起时，地狱众生若报尽者，悉得出离，若未尽者，移至他方大地狱中。若此世间八大地狱空无众生，是名众生脱于地狱。四大海中所有众生，业若尽者，悉皆得脱，若未尽者，悉转生于他方海中。若是海中无一众生，是名得脱。

"阎浮提地直下过于五百由延，有阎罗王城，周匝纵广七万五千由延。如是城中，饿鬼众生业已尽者，悉得出离，业未尽者，转生他方阎罗王所。若是城中乃至无有一众生者，是名得脱。

"尔时有人内因缘故，获得初禅，得已，即起大声唱言：初禅寂静！初禅寂静！诸人闻已，即各思维一切皆共获得初禅，即舍人身，生初禅地。

"时初禅中，复有一人，内因缘故，修得二禅，得已，即起大声唱言：二禅寂静！二禅寂静！众生闻已，各自思维，复获二禅，舍初禅身，生二禅处。当尔之时，从阿鼻狱上至初禅，乃至无有一众生在。

"善男子！四天下外，有由乾陀山，中有七日，众生福德因缘力故，惟一日现，赖之成熟百谷草木。火劫起时，七日都现，烧然一切百谷草木、山河大地、须弥山王乃至初禅。二禅众生见是火灾，心生怖畏。彼中复有先生诸天语后来天：汝等莫怖！我往曾见如是火灾，齐彼而止，不来至此。如诸众生增十年寿至八万岁，减八万寿还至十年，经尔所时，如是火灾热犹未息。

"是时便从中间禅处降注大雨，复经寿命一增一减，众生业行因缘力故，为持此水，其下复出七重风云。是时雨止，水上生膜，犹如乳肥；四天下中，须弥山王渐渐生现，水中自然具有一切种种种子。

"是时二禅复有一人短命福尽，业力故堕生于世间，寿无量岁，光明自照，独处经久，心生愁恼，而自念言：我既独处，若我有福，愿更有人来生此间，与我为伴。发是念已，是时二禅有诸众生薄福命尽，业因缘故，便来生此。是人见已，心生欢喜，即自念言：如是人者，我所化生，即是我作，我于彼人，有自在力。彼人亦念：我从彼生，彼化作我，彼于我身，有自在力。以是因缘，一切众生生我见想。善男子！阴、界、入等，众生世界、国土世界，皆是十业因缘而有。

"善男子！菩萨二种：一者，在家；二者，出家。出家菩萨能观如是十业道者，是不为难；在家观者，是乃为难。何以故？在家之人多恶因缘所缠绕故。"

羼提波罗蜜品第二十五

善生言："世尊！佛先已说檀波罗蜜、尸波罗蜜，菩萨云何而得修集忍波罗蜜？"

佛言："善男子！忍有二种：一者，世忍；二者，出世忍。能忍饥渴、寒热、苦乐，是名世忍；能忍信、戒、施、闻、智慧、正见无谬，忍佛、法、僧，骂詈、挝打、恶口、恶事、贪、嗔、痴等，悉能忍之，能忍难忍，难施难作，名出世忍。善男子！菩萨若值他人打骂、轻贱、毁呰、恶口、骂詈，是时内心无加报想。菩萨虽作如是忍事，不为现在，但为后利。有善报之，恶则不反。

"善男子！有是忍辱非波罗蜜，有波罗蜜非是忍辱，有是忍辱是波罗蜜，有非忍辱非波罗蜜。是忍辱非波罗蜜者，所谓世忍，声闻、缘觉所行忍辱。是波罗蜜非忍辱者，所谓禅波罗蜜。亦是忍辱亦波罗蜜者，所谓若被割截头目手足，乃至不生一念嗔心，檀波罗蜜、尸波罗蜜、般若波罗蜜。非忍辱非波罗蜜者，所谓声闻、缘觉持戒布施。

"善男子！若欲修忍，是人应当先破骄慢、嗔心、痴心，不观我及我所相，种性常相。若人能作如是等观，当知是人能修忍辱；如是修已，心得欢喜。有智之人，若遇恶骂，当作是念：是骂詈字，不一时生，初字出时后字未生，后字生已初字复灭，若不一时，云何是骂？直是风声，我云何嗔？我今此身五阴和合，四阴不现，则不可骂，色阴十分和合而有，如是和合，念念不停，若不停住，谁当受骂？然彼骂者，即是风气。风亦二种：有内、有外。我于外风都不生嗔，云何于内而生嗔耶？世间骂者，亦有二种：一者，实；二者，虚。若说实者，实何所嗔！若说虚者，虚自得骂，无豫我事，我何缘嗔！若我嗔者，我自作恶。何以故？因嗔恚故，生三恶道。若我于彼三恶道中受苦恼者，则为自作自受苦报，是故说言：一切善恶皆因我身。

"善男子！生忍因缘有五事：一者，恶来不报；二者，观无常想；三者，修于慈悲；四者，心不放逸；五者，断除嗔恚。善男子！若人能成如是五事，当知是人能修忍辱。若人软言，净身、口、业，和颜悦色，先意问讯，能观一切苦乐因缘，当知是人能修忍辱。若能修空三昧，观诸众生悉是无常，受苦等想，被骂辱时，能观骂者如狂如痴，稚小无智，当知是人能修忍辱。智人当观：胜我者骂，我不应嗔。何以故？我若嗔者，或夺我命。若不如者，嗔亦不应报。何以故？非俦匹故。我若报者，辱我身口，譬如有人授毒与他，人无责者，如其自服，人则嗤笑。我亦如是，若嗔彼者，当于未来受大苦恼，一切圣人悉当责我。以是因缘，我身若被截斫分离，不应生嗔，应当深观往业因缘，当修慈悲，怜悯一切。如是小事不能忍者，我当云何能调众生？忍辱即是菩提正因，阿耨多罗三貌三菩提即是忍果，我若不种如是种子，云何获得如是正果？

"善男子！若有智人乐修忍辱，是人常得颜色和悦，好乐喜戏，人见欢喜，观之无厌，于受化者心不贪着。智人见怨以恶来加，当发善愿，愿彼怨者未来之世为我父母、兄弟、亲戚，莫于我所生憎怨想。复当观察：若人形残，颜色丑恶，诸根不具，乏于财物，当知皆从嗔因缘得，我今云何不修忍辱？以是因缘，智者应当深修忍德。

"善男子！菩萨摩诃萨修忍辱时，常乐观察生死罪过，乐修法行，勤于精进，读诵书写如来正典，供养师长、有德之人。能瞻病苦，修于慈悲，怜悯一切，见苦恼者，能令远离。常乐出家，乃至尽寿持戒、精进，摄持六根，不令得起烦恼因缘，宁舍身命终不毁戒。若他有事，乐为营理，常有惭愧，乐赞忍德。为调众生堪忍众苦，于怨尚能忍于恶事，况复亲所。能忍二嗔：一、众生嗔；二、非众生嗔。舍己乐具，令众得乐，不念多恶，不忘少善，远离两舌，前后默然，不说彼短，说烦恼过，令众得离，他所不喜，不为说之，净身、口、意，了诸罪业。若客烦恼因缘作罪，作已惭愧，心生悔恨。

"善男子！菩萨二种：一者，在家；二者，出家。出家菩萨修净忍辱，是不为难；在家修忍，是乃为难。何以故？在家之人多恶因缘所缠绕故。"

毗梨耶波罗蜜品第二十六

善生言："世尊！菩萨摩诃萨能修六波罗蜜，谁为正因？"

"善男子！若善男子、善女人，已生恶法为欲坏之，未生恶法为遮不起，未生善法为令速生，已生善法为令增广，修勤精进，是名精进。如是精进，即是修行六波罗蜜之正因也。是勤精进，能脱一切诸烦恼界。

"善男子！若能受于三恶道苦，当知是人真实能修毗梨耶波罗蜜，平等修集，不急不缓。精进二种：一、正；二、邪。菩萨远离邪精进已，修正精进。修信、施、戒、闻、慧、慈、悲，名正精进。至心常作，三时无悔，于善法所不生知足，所学世法及出世法，一切皆名正精进也。菩萨虽复不惜身命，然为护法，应当爱惜；身四威仪，常修如法。修善法时，心无懈息；失身命时，不舍如法，若能到于六事彼岸，悉是精进之因缘也。

"若自读诵、书写、思维十二部经，名自为法勤行精进。若能以是转化众生令调伏者，名为他法勤行精进。若为菩提修菩提道：布施、持戒、多闻、智慧，修学世法，供养父母、师长、有德之人，修舍摩他、毗婆舍那，读诵、书写十二部经，复能远离贪、恚、痴等，名为菩提勤行精进。如是悉名为正精进，是名六波罗蜜之正因也。

"善男子！懈怠之人，不能一时一切布施，不能持戒，勤行精进，摄心念定，忍于恶事，分别善恶，是故我言六波罗蜜因于精进。

"善男子！有勤精进非波罗蜜，有波罗蜜非勤精进，有亦精进亦波罗蜜，有非精进非波罗蜜。精进非波罗蜜者，如邪精进、善事精进、声闻缘觉所有精进。有波罗蜜非精进者，所谓般若波罗蜜。有亦精进亦波罗蜜者，所谓布施、持戒、忍辱、精进、禅等五波罗蜜。有非精进非波罗蜜者，一切凡夫、声闻、缘觉，布施、持戒、忍辱、禅定、智慧及余善法。

"善男子！菩萨有二种：一者，在家；二者，出家。出家菩萨修勤精进，是不为难；在家修进，是乃为难。何以故？在家之人多恶因缘所缠绕故。"

禅波罗蜜品第二十七

善生言："世尊！菩萨摩诃萨修禅波罗蜜，云何禅定？"

"善男子！禅定即戒、慈、悲、喜、舍，远离诸结，修集善法，是名禅定。善男子！若离禅定，尚不能得一切世事，况出世事？是故应当至心修集。

"菩萨欲得禅波罗蜜，先当亲近真善知识，修集三昧方便之道，所谓戒戒、摄诸根戒，断于邪命，如法而住。随顺师教，于善法所，不生知足，修行善时心无休息，常乐寂静，远离五盖，心乐思维观生死过，常修善法至心不废，其足正念，断诸放逸。省于言语，亦损眠食，心净身净，不亲恶友，不与恶交，不乐世事。知时知法，了知自身，观心数法。若有喜相、愁相、嗔相、软相、坚相，知已能除，犹如金师，善知冷热，不令失所。乐甘露味，虽处世法，身心不动，犹如须弥，不为四风之所倾动，正念坚固，亦见知觉有为多过。若人乐修如是三昧不休不息，当知是人能具足得，譬如钻火，以不息故，火则易得。

"善男子！若离三昧欲得世法、出世菩提，无有是处。善男子！一切三昧，即是一切善法根本，以是因缘，应当摄心。如人执镜，则见一切善恶之事，是故三昧名菩提道之庄严也。受身心乐，名为三昧；不增不减，名等三昧。从初骨观乃至得阿耨多罗三藐三菩提，皆名三昧。是三昧，有四缘：一者，从欲；二者，从精进；三者，从心；四者，从慧。是四缘故，得无量福，增一切善。复有三种：一者，从闻；二者，从思；三者，从修。从是三法，渐渐而生。复有三时，所谓生时、住时、增时。

"善男子！欲界之中有三昧子，是子因缘，得三菩提。是三昧者，有退、住、增。若在四禅，性则坚固，从初乃至非想非非想处，上地胜下，次第如是。根本禅中则有喜乐，非中间禅。六通亦尔，在于根本，不在余处。是三昧名菩提庄严，因是三昧，能得学道及无学道，四无量心、三解脱门，自利利他，无量神足，知他心智，能调众生，无量智慧，五智三昧，转钝为利，断于一切生老病死，能得成就一切种智，见诸法性如罗縠视。

"善男子！智者应当作如是观：一切烦恼是我大怨。何以故？因是烦恼能破自他，以是因缘，我当修集慈悲之心，为欲利益诸众生故，为得无量纯善法故。若有说言离于慈悲得善法者，无有是处。如是慈悲能断不善，能令众生离苦受乐，能坏欲界。是慈若能缘于欲界，名欲界慈。善男子！众生若能修集慈心，是人当得无量功德。修慈心时，若能先于怨中施安，是名修慈。

"善男子！一切众生凡有三聚：一者，怨；二者，亲；三者，中。如是三聚，名为慈缘。修慈之人，先从亲起，欲令受乐；此观既成，次及怨家。善男子！起慈心时，有因戒起，有因施起；若能观怨作子想者，是名得慈。善男子！慈惟能缘，不能救苦；悲则不尔，亦缘亦救。善男子！若能观怨一毫之善，不见其恶，当知是人名为习慈。若彼怨家设遇病苦，能往问讯瞻疗所患，给其所需，当知是人能善修慈。

"善男子！若能修忍，当知即是修慈因缘，如是慈心，即是一切安乐因缘。若能修慈，当知是人能破一切骄慢因缘，能行施、戒、忍辱、精进、禅定、智慧，如法修行。若人修定，当知是人修梵福德，得梵身故，名梵福德。若人能观生死过罪、涅槃功德，是人足下所履粪土，应当顶戴，是人难忍能忍，难施能施，难作能作，是人能修四禅、四空及八解脱。复作是念：一切众生身、口、意恶，未来若受苦恼报者，悉令我受；若我所有善果报者，悉令众生同我受之。如是慈悲，缘广故广，缘少故少。

"慈悲三种，谓下、中、上。复有三种：一者，缘亲；二者，缘怨；三者，缘中。复有三种：一者，缘贪；二者，缘众生；三者，缘非众生。如是缘者，悉名三昧；

悲、喜、舍心，亦复如是。

"善男子！有禅非波罗蜜，有波罗蜜非禅，有亦是禅亦波罗蜜，有非禅非波罗蜜。是禅非波罗蜜者，谓世俗禅、声闻缘觉所有禅定。是波罗蜜非禅定者，所谓施、戒、忍辱、精进。亦是禅亦波罗蜜者，谓金刚三昧。非禅非波罗蜜者，谓一切众生声闻缘觉从闻思惟所生善法。

"善男子！菩萨有二种：一者，在家；二者，出家。出家菩萨修于净禅，是不为难；在家修净，是乃为难。何以故？在家之人多恶因缘所缠绕故。"

般若波罗蜜品第二十八

善生言："世尊！菩萨云何修净般若波罗蜜？"

"善男子！若有菩萨持戒、精进、多闻、正念，修于忍辱，怜悯众生，心多惭愧，远离嫉妒，真实了知诸善方便；为众受苦，不生悔退；乐行惠施，能调众生；善知所犯轻重之罪，勤劝众生施作福业；知字知义，心无骄慢，亲近善友；能自利益及利益他；恭敬三宝、诸师、和上、长老、有德；于身菩提不生轻想；能观菩提深妙功德，知善恶相，知世出世一切声论，知因知果，知初方便及以根本，当知是人能得智慧。

"如是智慧有三种：一、从闻生；二、从思生；

三、从修生。从字得义，名从闻生；思维得义，名从思生；从修得义，名从修生。能读如来十二部经，能除疑罔，能读一切世论世事，能善分别邪正之道，是名智慧。能善分别十二部经，阴、入、界等因果字义，毗婆舍那、舍摩他相，上、中、下相，善、恶、无记及四颠倒，见道、修道，能善分别如是等事，是名智慧。

"善男子！有智之人，求于十力、四无所畏、大悲三念处，常亲近佛及佛弟子。世无佛法，乐在外道，出家修学，虽处邪道，乐求正要，常修慈、悲、喜、舍之心及五通道。得五通已，观不净想及无常想，能说有为多诸过罪。为正语故，教诸众生令学声论，能令众生离身心病，乐以世事教于他人，所作事业无能胜者，所谓咒、方、种种医药。能善求财，得已能护，用以道理，如法惠施。虽知一切，不生骄慢，得大功德，不生知足，能教众生信、施、持戒、多闻、智慧，知善、不善、无记方便。善知学行因缘次第，知菩提道及道庄严，知诸众生上、中、下根，知外声论心不存着，知众生时随宜调伏，知众生世及国土世，知从具足六波罗蜜。

"善男子！有是智慧非波罗蜜，有波罗蜜非是智慧，有是智慧是波罗蜜，有非智慧非波罗蜜。是智慧非波罗蜜者，所谓一切世间智慧、声闻缘觉所得智慧。是波罗蜜非智慧者，无有是义。是智慧是波罗蜜者，所谓一切六波罗蜜。非智慧非波罗蜜者，所谓一切声闻缘觉施、戒、精进。善男子！若人有能勤修如是六波罗蜜，是人名为供养六方，能增财命。

"善男子！菩萨有二种：一者，在家；二者，出家。出家菩萨修净智慧，是不为难；在家修净，是乃为难。何以故？在家之人多恶因缘所缠绕故。"

说是法时，善生长者子等千优婆塞，发阿耨多罗三藐三菩提心。既发心已，即从坐起，礼佛而退，辞还所止。

（选自新超峰寺白话佛经杂志社印·能学法师译《优婆塞戒经》）

出版后记

　　星云大师说："我童年出家的栖霞寺里面，有一座庄严的藏经楼，楼上收藏佛经，楼下是法堂，平常如同圣地一般，戒备森严，不准亲近一步。后来好不容易有机缘进到藏经楼，见到那些经书，大都是木刻本，既没有分段也没有标点，有如天书，当然我是看不懂的。"大师忧心《大藏经》卷帙浩繁，又藏于深山宝刹，平常百姓只能望藏兴叹；藏海无边，文辞古朴，亦让人望文却步。在大师倡导主持下，集合两岸近百位学者，经五年之努力，终于编修了这部多层次、多角度、全面反映佛教文化的白话精华大藏经——《中国佛教经典宝藏》，将佛教深睿的奥义妙法通俗地再现今世，为现代人提供学佛求法的方便途径。

　　完整地引进《中国佛教经典宝藏》是我们的夙愿，

三年来，我们组织了简体字版的编审委员会，编订了详细精当的《编辑手册》，吸收了近二十年来佛学研究的新成果，对整套丛书重新编审编校。需要说明的是此次出版将丛书名更改为《中国佛学经典宝藏》。

佛曰：一旦起心动念，也就有了因果。三年的不懈努力，终于功德圆满。一百三十二册，精校精勘，美轮美奂。翰墨书香，融入经藏智慧；典雅庄严，裹沁着玄妙法门。我们相信，大师与经藏的智慧一定能普应于世，济助众生。

东方出版社